¿Cómo empieza un típico día en tu casa?

¿Te pasas veinte minutos tratando de que esos jovencitos se levanten y se preparen para ir a la escuela mientras tu pequeño de tres años arma un berrinche?

¿Se niegan a tomar el desayuno, protestan por la ropa que preparaste para el día y luego se quejan del almuerzo que pusiste en sus bolsos?

¿Ya perdiste el control, incluso antes de que comience el día?

El método del doctor Leman, orientado a la acción, te devolverá el control de las cosas. Te muestra:

- Cómo aprenden los niños.
- Cómo ser la autoridad en tu casa sin ser autoritaria(o).
- Por qué los premios y castigos ya no funcionan.
- Por qué —y cómo— disciplina la realidad.

Con incidentes de la vida real y anécdotas familiares, aquí hallarás ayuda real y útil sin confusiones. Comienza a usar la realidad para enseñarles a tus hijos, día a día. Comienza a lograr que te escuchen, con amor, sabia y correctamente.

Cría hijos sensatos
sin perder la cabeza

Cría hijos sensatos sin perder la cabeza

Dr. Kevin Leman

Revell
a division of Baker Publishing Group
www.RevellBooks.com

3 6800 00114 0368

A Kristin Leman O'Reilly,

nuestra segunda hija, la del medio, que soportó la ropa heredada y muchas menos fotografías en el álbum familiar. Tu sonrisa contagiosa, tu sensibilidad con los demás y tu amor a Dios hacen que me sienta orgulloso de ser tu papá. ¡Que disfrutes de este libro mientras crías a tus propios monstritos! Sé que lo harás muy bien. Te amo, Krissy. Dios te bendiga.

Índice

PRIMERA PARTE

Por qué ha de funcionar la disciplina de la realidad en tu casa

1

¡Porque afuera hay una selva! Toma una liana

Criar a un niño en estos días puede ser atemorizador.

Horrorizado, vi el informe del tiroteo de Littleton, Colorado, donde unos adolescentes murieron asesinados en su propia escuela secundaria. Y meses después, un tipo con un arma invadió un preescolar en el sur de California. Estos incidentes llegaron a ser titulares en los periódicos, pero en muchas áreas urbanas es tan común que te disparen desde un auto en movimiento que ni siquiera es noticia. En todas partes, los niños corren riesgo. ¿Y quién sabe qué tragedias habrá en el nuevo milenio?

Aunque no me preocupan solamente las balas. Hoy, los chicos son rehenes de los burdos programas televisivos, de los videojuegos violentos y de las escuelas que no enseñan valores. ¿Podrán pasar por todas esas cosas con espíritus tiernos y firmeza moral, confianza en sí mismos y preocupación por el prójimo? ¿Es posible criar chicos buenos en esta época de locura?

Claro que es posible. Aunque da miedo.

Muchos padres que conozco se preocupan por si son ellos los que corren peligro, porque temen equivocarse en algo y dañar a sus hijos para toda la vida. Temen ser demasiado exigentes, o demasiado permisivos, demasiado posesivos o demasiado distantes. Terminan paralizados, incapaces de ayudar a crecer a sus hijos porque tienen mucho miedo de hacer algo que pudiera salir mal.

Recuerdo que la primera vez que tuve en brazos a mi primera hija quedé petrificado. Era un puñadito de gozo y alegría, pero yo la sostenía como si fuera de porcelana porque temía lastimarla. Y en efecto, en los veintisiete años que pasaron desde entonces, sí cometí errores, y mi esposa también. Estoy seguro de que en ciertos aspectos habremos lastimado a la pequeña Holly, pero también la ayudamos a crecer. Ahora es una bella joven recién casada, jefa del departamento de Lengua Inglesa en una escuela secundaria. ¡Vaya! ¡Qué alivio! ¡Lo logramos!

Por supuesto que no podemos tomarnos un respiro demasiado largo. Porque detrás de Holly hay otros cuatro pequeños Lemans. Mientras escribo esto, el más pequeño tiene siete años; así que seguimos en el fragor de la lucha. Y sigue asustándonos, sobre todo al ver los cambios del mundo que nos rodea.

Sin embargo, te tengo la mejor noticia: vas a cometer errores al criar a tus hijos, como los cometimos Sande y Kevin Leman. ¡Te lo garantizo! Tal vez no los mismos, pero los cometerás... y muchos. Recuerdo todavía la ocasión en que mi hija de once años me miró enojada y dijo: «¿Sabes qué tendrías que hacer? *¡Lee tu propio libro!*». Es que los errores son cosa común en este camino de ser padres. Pero la buena noticia es que puedes aprender de ellos, mejorar como padre y como madre para formar hijos responsables, y forjar relaciones de alegría y gozo con ellos.

Hillary Rodham Clinton tomó el título para su libro de un antiguo proverbio: «Para criar a un niño hace falta toda una aldea». El dicho tiene cierto sentido, supongo. Porque a todos nos sirve la ayuda de los demás en el cuidado de nuestros hijos. Ahora, Hillary, hay un problema: allí afuera no hay una aldea sino una selva. Y vamos balanceándonos de liana en liana, aferrados a lo que nos salve la vida. No necesitamos que la comunidad críe a nuestros hijos, ni que lo hagan las escuelas, ni que el gobierno nos diga cómo hacerlo. Ni siquiera que las iglesias los críen. Lo que necesitamos es que los padres y las madres den un paso al frente y hagan lo que les corresponde. Y que todos los demás: la comunidad, la escuela, el gobierno, la iglesia, apoyen a estos padres en sus esfuerzos.

Es el desafío que te presento. Da un paso al frente y sé padre o madre. Decide que tu familia es tu vocación más importante y asume el compromiso. Acepta ese empleo de criar a tus hijos. No te será fácil. Tampoco resultará siempre divertido. Pero valdrá la pena.

Jamás serás la madre perfecta o el padre perfecto. Ni siquiera hace falta que seas de los mejores. Pero te insto a que te tomes el tiempo de ser bueno o buena como padre o madre, que hagas el esfuerzo. Puedes hacerlo. Y este libro podrá ayudarte.

La idea que impera hoy

Ha llegado el momento adecuado para una idea que llamo disciplina de la realidad. Es una forma congruente, decisiva y respetuosa en que los padres pueden amar y disciplinar a sus hijos. (Observa que digo «disciplinar» y no «castigar», y digo «amar» y no «ahogar en amor»). La disciplina de la realidad sigue un curso que se ubicaría entre el estilo autoritario y el permisivo, que da cierta libertad de decisión a los chicos, pero al mismo tiempo les da responsabilidades.

También yo me alegro, como todo el mundo, de que ya no vivamos en la Edad Media, cuando se suponía que a los niños solo se los veía pero no se los escuchaba, y cuando ante el menor «pío», les caía el cielo encima. También siento alivio porque ya no vivimos en esa exagerada permisividad de las décadas de 1950 y 1960, en la que tantos padres perdieron el rumbo debido a la idea de que la disciplina inhibiría las jóvenes psiquis de sus hijos.

Ahora veo que muchas familias se debaten entre esos dos extremos. Como terapeuta familiar, hablo con padres e hijos todas las semanas, y viajo mucho para hablar ante padres y maestros sobre la crianza de los niños, la disciplina y la guía. Lo que veo y oigo es que hoy, en muchos hogares, hay padres que son sofisticados y con un alto nivel de educación pero que siguen sin saber bien cuál es la diferencia entre la disciplina y el castigo, entre la permisividad y la amorosa enseñanza. Y preguntan cosas como:

¿De qué manera amo de verdad a mis hijos?
¿Cómo los respeto?
¿Cómo hago que sean responsables de sus acciones?
¿Cómo logro que hagan lo que pienso que tienen que hacer, sin recurrir a la violencia física o verbal?
¿Qué pasa con las nalgadas? ¿Son necesarias? ¿Hasta qué punto? ¿Con qué frecuencia?

En este libro presento la «disciplina de la realidad». Es un intento por responder a todas esas preguntas de manera sensata, fácil de implementar.

Volaba a casa en una ocasión después de aparecer en el programa «Club 700», cuando un hombre de negocios que estaba del otro lado del pasillo comenzó a hablar conmigo. No suelo hablar cuando vuelo, pero este hombre sí era conversador. Después de hablar por un buen rato, me preguntó: «¿A qué se dedica usted?».

Siempre dudo antes de decir que soy psicólogo o conferencista cristiano. Porque ambas cosas tienden a asustar a la gente. Así que, dije simplemente:

—Vengo de hacer un programa.

Me hizo más preguntas y describí los comentarios para la formación de la familia, que había presentado en la televisión.

—De veras suena muy bien. ¿De dónde obtuvo tanta sabiduría, siendo tan joven? (Al menos, era más joven que él).

—A decir verdad —respondí—, la aprendí en un solo libro.

El hombre puso la mano en el bolsillo enseguida y sacó una pequeña computadora con anotador, preparándose para anotar el título y el autor de ese libro tan brillante.

—La Biblia —dije lentamente—: B-I-B-L-I-A.

Y a decir verdad, esa disciplina de la realidad está inspirada en las Escrituras. Concretamente, su base está en un breve pasaje del Nuevo Testamento, en el que el apóstol Pablo escribe:

«Hijos, obedezcan en el Señor a sus padres, porque esto es justo. "Honra a tu padre y a tu madre —que es el primer mandamiento con promesa— para que te vaya bien y disfrutes de una larga vida en la tierra". Y ustedes, padres, no hagan enojar a sus hijos, sino críenlos según la disciplina e instrucción del Señor».

Efesios 6:1-4

Una versión más detallada, traducida del inglés, nos dice:
«Hijos, obedezcan a sus padres; es lo correcto porque Dios les ha dado autoridad sobre los hijos. Honren a su padre y a su madre. Este es el primero de los Diez Mandamientos de Dios, que termina con una promesa. Y la promesa es esta: que si honras a tu padre y a tu madre, tuya será una vida larga y llena de bendición.

»Ahora, unas palabras para ustedes, los padres. No vivan reprendiendo y persiguiendo a sus hijos, causando en ellos enojo y resentimiento. Más bien, críenlos con la amorosa disciplina que el Señor mismo aprueba, con sugerencias y consejos cristianos»[1].

Las palabras sobre las que quiero centrar la atención en particular son *obedezcan, autoridad* y *amorosa disciplina*. Mi objetivo es darles a los padres formas específicas en que pueden usar correctamente su autoridad al criar a sus hijos con una disciplina amorosa para que sean obedientes.

En este punto tal vez quieras ubicarme en alguna escala, digamos. ¿Qué tan firmes creo que tienen que ser los padres? ¿Recomiendo que se les dé una nalgada a los chicos o no? Bueno, sí creo que hay un momento para una nalgada, pero en la mayoría de los casos, no debiera ser lo primero. Al mismo tiempo, creo firmemente en que cuando disciplinamos a los niños, sus psiquis no corren peligro. Esa técnica de guantes de seda se agotó con los prematuros excesos del doctor Spock.

Ahora, la clave de la disciplina de la realidad es el amor. Una de las cosas más asombrosas que veo, una y otra vez, es que muchos chicos no se sienten amados en sus propios hogares. El consejero de familias Craig Massey realizó una encuesta entre 2,200 adolescentes de hogares cristianos en los Estados Unidos. Lo sorprendente

---

1. Tomado por el autor de *The Living Bible*, en inglés.

es que el setenta y nueve por ciento afirmaba sentir falta de amor en sus casas. Para que la disciplina resulte, lo primero que tiene que suceder es que el chico se sienta amado de veras. Sobre este cimiento de amor, la disciplina de la realidad utiliza técnicas orientadas a la acción que obligan al chico a aceptar la responsabilidad y a aprender a rendir cuentas por sus acciones.

Siete principios de la disciplina de la realidad

No estoy muy seguro de que sea correcto brindar un conjunto de «pasos» o «secretos» en cuanto a la disciplina de la realidad. Porque nunca es tan sencillo. Suele ser más una cuestión de ensayo y error. Uno desarrolla cierto sentido de esta disciplina. El resto del libro trata sobre los detalles para aplicar este método de crianza, aunque es difícil condensarlo todo en unas pocas frases atractivas. Ahora bien, tomando en cuenta todo eso, quisiera incluir aquí siete «principios» sobre los que se basa la disciplina de la realidad.

1. Establece una saludable autoridad sobre tus hijos

Una familia no es una democracia. Los padres tienen que tener el control. Como dice Efesios 6, Dios les ha dado autoridad a los padres con respecto a los hijos. Así que, no estás estableciendo tu propia autoridad nada más, sino la de Dios.

Si hacemos de los hijos el centro de la familia, les enseñamos que son el centro del universo y que su felicidad reina supremamente. Nada podría estar más alejado de la verdad. Hay muchísimos chicos malcriados que salen al mundo y encuentran, con gran asombro, que no gira alrededor de ellos. En casa son príncipes y princesas, pero en la vida real son peones, por lo que no logran lidiar con eso. La mejor preparación para que se relacionen con el mundo real es un hogar en el que los niños sean miembros valorados de la familia, pero no los reyes absolutos ni el principio y el fin de todo.

Los niños necesitan que los padres sean eso, padres. Quieren justamente eso: que sus padres sean tal cosa. Sus demostraciones de poder y rebeldía son pruebas que le presentan a tu voluntad de ser padre o madre. Si no estableces tu autoridad parental, nadie lo hará por ti. Ni la escuela, ni los medios ni tampoco, por cierto, sus pares. No temas tomar el mando en tu hogar. Lo que digas, es lo que vale.

Pero al mismo tiempo, tu autoridad tiene que ser sana. A la luz de Efesios 6:4, no puedes «provocar a ira a tus hijos», persiguiéndolos y reprendiéndolos continuamente. Tu autoridad tiene que ser demostración de amor más que de poder.

2. Haz que tus hijos asuman la responsabilidad de sus acciones

Como padres, todos aprendemos en casa. Deberíamos enseñarles a nuestros hijos todos los días que hay consecuencias para cada acción, que pueden ser positivas y negativas. Esa es una de las cosas más importantes que aprenderán.

—Escribe una nota porque estoy llegando tarde —te dice tu hija en el auto.

—¿Y qué escribo? —preguntas con inocencia—: Que hoy Ashley ha llegado tarde porque... ¿por qué?

—¡Necesito una nota! —ruega ella, preocupándose porque no vas a salvarla esta vez.

—Bueno —respondes—. Tengo que decir la verdad. ¿Qué digo entonces? Llegó tarde porque estuvo hablando por teléfono durante veinte minutos con su amiga en lugar de prepararse para la escuela. Por favor, hagan lo que sea que hacen con los que llegan tarde sin razón alguna.

—¡Mamá!

Ashley piensa que eres el Grinch ladrón de Navidad, pero en realidad estás dándole un regalo genial. Le estás mostrando que sus acciones tienen importancia. Te niegas a salvarla de un lío en el que se metió ella solita. Si la excusas, solo estás permitiendo que siga con su conducta irresponsable. Pero no, respetarás su decisión al punto que permitas que enfrente las consecuencias. Estás haciendo que asuma la responsabilidad de sus acciones.

3. Que la realidad sea su maestra

Si un gato cruza la calle justo cuando viene un auto, se convertirá en un gato aplastado. A todos nos entristece algo así, pero la realidad es que si el gato se hubiera detenido para mirar a ambos lados, seguiría con vida. Es una lección valiosa que los niños pueden aprender por medio de la observación y también a través de la experiencia.

Por eso me encantan los pececitos dorados como mascotas. Si no les das de comer, morirán. Los niños aprenden que tienen que preocuparse por las criaturas o las cosas que están a su cuidado porque si no, las pierden. No puedes darle resucitación boca a boca a un pez muerto. No puedes deshacer esa muerte por mucho que lo desees. Y tus hijos tal vez se pongan muy tristes por eso, pero así es como aprenden (en efecto, aunque cuides bien a los peces a veces se mueren igual. Y eso también puede darte la oportunidad de enseñarles a tus hijos la realidad de la vida y de la muerte).

Busca momentos de enseñanza en que puedas usar la realidad para que aprendan una lección poderosa. Deja que se queden levantados hasta tarde una noche, solo para mostrarles lo cansados que estarán al día siguiente (pero recuerda que es responsabilidad tuya establecer una hora razonable para que vayan a dormir).

No tengas miedo de dejar que fracasen. Muchísimos padres se preocupan pensando que el fracaso puede dañar la autoestima de sus hijos. Y por eso, engañan, cambian las reglas, fingen que el chico no fracasó o impiden que intente cosas nuevas. Se sienten culpables por no haber protegido a sus pequeños de ese fracaso y esa culpa los lleva a tomar todo tipo de malas decisiones (visita la feria de ciencias de la escuela de tus hijos. ¿Puedes elegir los dos o tres proyectos que de verdad están hechos por los chicos, con sus propias manos?).

Tu hogar necesita ser un lugar en el que tus hijos puedan fracasar... y aprender de sus fracasos. Rodéalos de amor, mostrándoles lo importantes que son para ti, pero no intentes deshacer sus fracasos. No es tarea nuestra como padres librar a nuestros hijos de sus enredos. Nuestra tarea es evitar que se metan en ellos. La realidad es una gran maestra y si les enseñas a que aprendan de ella, sus lecciones continuarán toda la vida.

4. Usa la acción más que las palabras

Tus hijos ya saben lo que vas a decir. Y la mitad de las veces, hasta pueden decirlo por ti: «No te atrases. Perderás el autobús», «Cuidado, ¡vas a sacarte un ojo!», «No lo voy a repetir...». Pero, por supuesto, tú sí lo dices una y otra vez... y otra y otra vez. Tenemos siempre esa tentación a enseñar con palabras. «Esta vez, lo dejaré pasar. Pero que no suceda de nuevo». ¿Qué crees que habla con más potencia: la frase «que no suceda de nuevo» o la acción de dejarlo pasar esta vez? La acción es la que gana. Siempre.

Cuando mi hijo Kevin estaba en octavo grado me pidió que lo ayudara a prepararse para una prueba de ortografía de la escuela. Por lo general, siempre estuve muy dispuesto a ayudarlo, pero eran las diez de la noche y se había pasado dos horas mirando televisión. Le dije que no y le expliqué que tendría que haber hecho primero su tarea escolar. Ahora ya era demasiado tarde.

Te parecerá duro, quizá. Supongo que podría haber dicho con el dedo en alto: «Está bien, pero la próxima no seré tan amable contigo». Esas palabras no habrían tenido significado alguno, pero mi acción le enseñó a ser un poco más responsable. ¿Y sabes qué pasó? Lo oí muy temprano a la mañana siguiente, estudiando en su cuarto para la prueba.

Con la disciplina de la realidad es necesario que digas muy claro cuáles son tus expectativas. Que tus hijos sepan cuáles son sus responsabilidades con la familia, la escuela, los demás. Pero luego, no tienes que seguir repitiéndolo. Deja que tus acciones hablen por ti.

5. Mantente al pie del cañón, pero no te dispares en el pie

Los chicos son maratonistas, miembros de ese batallón de monstritos que quieren morderte los talones. Saben que si siguen gimoteando, rogando y presentando argumentos, lograrán agotarte y salirse con la suya. Tienes que resistir más que ellos. Te presentarán millones de razones por las que tu disciplina «¡no es justa!». Pero, como el que manda eres tú y tomaste una decisión, tienes que sostenerla. Es cierto que tus decisiones no siempre serán tan sabias como las de Salomón, pero tienes que enseñarles que lo que dices se hace. Si cedes, volverán a gimotear la próxima vez. Resiste, dura más que ellos y aprenderán que no sirve de nada gimotear y protestar.

Hay excepciones, sin embargo. Recuerda que tu autoridad tampoco es suprema. La de Dios sí la es. Así que si te parece que una decisión diferente sería lo más sabio o justo, puedes cambiar de idea.

Hace poco estaba hablando con una mujer cuya hija quería dejar la escuela privada y asistir a la pública, a la que iban algunas de sus amigas. La mujer sentía que cuando fuera a la escuela pública a su hija no le iba a gustar, pero decidió que eligiera ella misma. Después de explicarle qué era lo que les preocupaba, los padres establecieron reglas: «No puedes cambiar de idea después. Si comienzas el año escolar en la escuela pública, tendrás que terminarlo allí». La hija insistió en que quería la pública.

A poco de empezar las clases, la hija cambió de discurso. Detestaba la escuela pública y quería la privada que había dejado. Pero la mamá se resistió a decirle: «Te lo dije», y se mantuvo al pie del cañón. Tendría que quedarse en esa escuela que odiaba. Pudiste elegir y ahora tienes que sufrir las consecuencias. Diríamos que es buena la disciplina de la realidad, ¿verdad?

Bueno, no exactamente. Los padres estaban por dispararse en el pie. Con algo tan importante como la educación, tienes que tomar la decisión correcta, incluso si por eso tienes que cambiar las reglas (en realidad, cuestiono que darle a la hija la opción haya sido actuar con sabiduría). En todo caso, si «mantenerse al pie del cañón» implica peligro para la salud o el bienestar de tu hijo o hija, lo mejor será dar marcha atrás.

6. Las relaciones son más importantes que las reglas

Los principios de la disciplina de la realidad no están grabados en piedra. Tienen cierto margen. La gente siempre quiere conocer reglas para criar a sus hijos, pero más bien se trata de un arte. No es que haya casilleros que llenar en una pizarra, ni flechas con cuadros que se conecten. A veces tienes que seguir tu instinto, pero el objetivo será siempre el mismo: enseñarles a tus hijos a amar al prójimo, a pensar primero en los demás, a ser dadores y no toma-dores, y a saber que las cosas cambian según ellos se comporten.

Si en tu casa la disciplina es mera cuestión de reglas en carte-les pegados sobre las paredes, nada de eso funcionará. Claro que podrás lograr que cumplan las reglas, pero lo más probable es que no crezcan para llegar a ser adultos responsables y capaces de amar. Las reglas encuentran su valor supremo como expresión de las relaciones dentro de la familia. Son las expectativas de la mane-ra en que los distintos miembros de la familia se amarán los unos a los otros. Cuando los niños ven que sus padres tienen un firme compromiso con la familia, también ellos lo tendrán.

El verano pasado mis dos hijas menores Hannah (12) y Lauren (7), tenían que volar desde Buffalo, Nueva York, hasta Arizona, donde vivimos. Yo tenía que quedarme en Nueva York por cues-tiones de trabajo, pero decidí tomar el vuelo con ellas para ase-gurarme de que llegaran bien a casa. Luego, volvería a Buffalo en el siguiente vuelo. Cuando una azafata se enteró de mi plan, me dijo:

—¿No confía usted en nosotros? Tenemos un servicio que se ocu-pa de los niños durante el vuelo y los entrega sanos y salvos a quien esté esperándolos en el destino. Podemos hacerlo por usted.

—No es su trabajo hacerlo, es mío —respondí.

Mi relación con mis hijas era más importante que mi trabajo, y ellas lo sabían. Y quiero decirte que ese es el capítulo más impor-tante sobre la «disciplina» que pudiera haberles enseñado. Porque como doy señales de mi compromiso con la relación, ellas también dan las suyas. Lo mismo vale para ti, si rechazas un ascenso en el trabajo porque causaría desastres en tu familia, o si postergas un viaje de negocios para ir al concierto de la escuela de tu hijo, o pro-gramas las vacaciones familiares según las fechas de los partidos de fútbol de tu hija. No es que los chicos sean el centro del universo, pero las relaciones mutuas dentro de la familia tienen prioridad. Si vives así, ellos también aprenderán a hacer lo mismo.

Veo que muchas familias inscriben a sus hijos en todo tipo de actividades. Los chicos llevan registro para poder recordar todo lo que tienen que hacer: partidos, ensayos, lecciones, reuniones, etc.

El resultado es que los padres solo están con sus hijos en el auto, mientras los llevan de un lugar al otro. (Es más, en uno de mis otros libros tengo un capítulo que se titula: «¡Auxilio! Soy taxi y no soy de color amarillo». Te lo dice todo, ¿verdad?). Ahora bien, tu casa tiene que ser un hogar, no un hotel. Necesitas tener relaciones con tus hijos, que ellos sean la prioridad por encima de toda actividad programada. Me encanta lo que dice mi amigo Josh McDowell: «Las reglas sin relaciones llevan a las rebeliones». No puedes tener un hotel con un reglamento y decir que es un hogar. La vida es demasiado corta como para que desaproveches esos años de formación en que tus hijos crecen y maduran ante tus ojos. Así que, no temas restringir los compromisos extracurriculares de tus hijos. Necesitas ese tiempo para forjar una vida de familia.

Este principio de las relaciones antes que las reglas, también significa que puedes formar vínculos únicos con cada uno de tus hijos. Tómate el tiempo que sea necesario para entender quiénes son ellos, con sus intereses, talentos y constitución emocional. Los chicos siempre buscan la justicia y se quejarán si no los tratas a todos por igual. Necesitan saber que pueden confiar en que los amas a todos por igual, incluso si las expresiones de ese amor difieren un poco de uno a otro, según sus peculiaridades. Al que le gustan los deportes, llévalo a ver un partido. Al que le guste ser actor, llévalo al teatro. Dale al músico lecciones de guitarra y al que le gusta la contabilidad, una computadora. Tus hijos podrán comparar los precios de las cosas durante un tiempo, pero pronto entenderán que todos te importan con las características y particularidades de cada uno, como exclusivos.

Cuando se casó nuestra hija Holly, la novia y el novio dedicaron un momento para agradecer en público a sus padres. Cuando Holly nos dio las gracias a su madre y a mí, dijo pocas palabras, pero con ellas lo dijo todo: «Me amaron tal como era».

7. Vive según tus valores

Hoy, todo el mundo habla de que hay que inculcar valores en nuestros hijos. Tenemos a los chicos de ocho años mirando las vulgaridades de «South Park», a los de diez años bailando al ritmo de las insinuaciones sexuales de las Spice Girls, a las de doce años arreglándose como Britney Spears. Para muchísimos chicos y chicas de hoy, mentir y engañar es correcto, siempre y cuando no te atrapen. Y, entonces, la respuesta consiste en encogerse de hombros y decir: «No importa». La sociedad está buscando una solución.

Y aquí hay una: Vive según tus valores.

Tus hijos aprenden al observarte. ¿Qué aprenderán? Si la cajera se equivoca y te da veinte en lugar de diez dólares de vuelto, ¿qué haces? ¿Te guardas la diferencia? ¿Por qué no? Bueno, porque tu hijo te está mirando. ¿Qué aprenderá el pequeño Alfonso sobre la honestidad? Y cuando un conductor te cruza el auto en la autopista, ¿qué aprenden tus hijos? Y cuando pasa junto a ti esa persona del sexo opuesto tan atractiva o cuando tus amigos se burlan de alguien, o cuando el árbitro sanciona mal a alguien en la Liga Menor... ¿qué valores observan tus hijos en ti?

No puedes cacarear ni protestar en contra de la sociedad si no vives según lo que dices sostener.

Hace poco, nuestra hija menor, Lauren, tenía un billete de diez dólares. Para una niña de siete años eso es mucho dinero. Yo sabía que no se lo había dado.

—Lauren —pregunté—, ¿de dónde obtuviste ese billete de diez dólares?

Se quedó callada, mirándome con esos ojos de galletita, y luego murmuró:

—Me lo encontré.

—¿Dónde?

—En la calle.

Por dicha, no sabe mentir bien. Ahora bien, Sande estaba conmigo, por lo que insistió:

—¿Dónde encontraste el dinero, Lauren? Di la verdad.

—En la bolsa.

—¿Qué bolsa?

—En la cocina.

—Ahora bien. Es importante que digas la verdad, amor. ¿Dónde encontraste el dinero?

Luego entendimos la historia. Le habíamos dado a Kris, nuestra segunda hija que también está casada, veinte dólares para que fuera a la tienda. La bolsa estaba sobre la mesa de la cocina con el vuelto, que eran unos quince dólares. Lo que estaba en la bolsa ya estaba guardado, pero el dinero quedó allí, hasta que Lauren lo encontró. Entonces vimos que sacaba de su bolsillo un billete de cinco dólares, todo arrugado.

¿Cómo íbamos a lidiar con esto? ¿Qué medidas serían acordes a la disciplina de la realidad? Supongo que podríamos haberle impuesto algún tipo de multa, quitándole algo, pero esas «altas finanzas» eran algo nuevo para Lauren. Percibíamos que no estaba del todo segura del lío en que se había metido. Pero tenía que aprender cosas, de todos modos.

Esa noche, cuando la arropé en la cama, le conté el cuento de un niño que había robado algo. Lo inventé, pero incluí todo: al chico lo arrestaron y lo llevaron a la cárcel. Quería que Lauren conociera la realidad en cuanto a lo que es robar.

Al día siguiente, en el auto, le pregunté:

—¿Qué les pasa a los que roban?

—Van a la cárcel —respondió.

Bien. Había entendido el mensaje. Pero en los siguientes días volví al tema del robo y de la mentira. Tenía que saber que esas conductas eran inaceptables en nuestro hogar y en la vida.

Algunos dirán que no disciplinamos a Lauren. No la castigamos por tomar ese dinero, pero le enseñamos. Hallamos una ocasión para enseñarle y la aprovechamos al máximo. En este caso, nos pareció suficiente hablar sin actuar. Si vuelve a suceder (aunque lo dudo) apuesta lo que sea a que la acción será fuerte e inmediata.

Ahora bien, por eso digo que la disciplina de la realidad es un arte. La clave está en lograr que tus hijos entiendan la realidad de la situación, que vean las consecuencias de sus conductas y aprendan a tomar mejores decisiones en el futuro. Claro que no necesitas exagerar. Conozco a un hombre que hacía que sus hijos cavaran pozos de dos metros en el jardín si traían malas calificaciones. ¿Cuál era su lógica? Que se pasarían la vida cavando pozos si no estudiaban y obtenían mejores notas. ¡Eso sí es exagerar!

Creo que la disciplina de la realidad consiste en poner en acción Efesios 6:4: no hacer que tus hijos se irriten al llevarlos por un camino de altibajos, un yo-yo de incongruencias con permisividad en un momento y dureza al minuto siguiente. La disciplina de la realidad requiere de paciencia, habilidad y del compromiso de querer enseñar y guiar; no solo descargar tu enojo y tu ira, llamándolo «disciplina».

El amor de Dios por nosotros es incondicional. Nos ama justamente porque somos lo que somos, imperfectos, propensos a cometer errores. Y quiere que amemos a nuestros hijos del mismo modo: con amor incondicional. El deseo de amar tanto como sea posible es el primer prerrequisito para todo padre o toda madre que quiera poner en práctica la disciplina de la realidad. La realidad en sí misma es condicional: si haces determinadas cosas, tendrás determinadas consecuencias. Pero el amor incondicional puede guiarnos a través de las duras lecciones de la realidad.

Es una distinción crucial que todo padre y toda madre deben identificar y poner en práctica. Uno no deja de amar a sus hijos cuando los disciplina. Más bien, los ama más todavía porque los obliga a aprender de la realidad. Uno los prepara para una vida responsable.

El segundo prerrequisito de la disciplina de la realidad es el siguiente: hay que estar dispuesto a dedicar tiempo para ponerlo en práctica. En mi trato con padres e hijos, veo todo el tiempo que hay falta de compromiso para dedicarse a disciplinar a los chicos adecuadamente. Vivimos en una sociedad que nos lo da todo al instante. Los cajeros automáticos nos dan dinero en la calle. La gente anda con teléfonos celulares y localizadores para no tener que esperar para hablarles a quienes quieran. Los hornos de microondas ponen comida en la mesa en segundos, en lugar de horas. Por eso, la gente quiere la «buena conducta instantánea» de sus hijos.

Pero no funciona así. Alguien dijo: «Ser padres es una inversión a largo plazo, no un préstamo a corto plazo». Ser padres implica el aguijón del fracaso y la frustración de errar por poco, aunque también la alegría del éxito. Viene todo junto con el paquete, en especial si pones en práctica la disciplina de la realidad.

27

Distínguete

Hay todo tipo de lo que llaman «expertos» en nuestra época, esos que dicen que como padres no hacemos un gran aporte a la vida de los hijos. Dicen que lo que más afecta a los chicos son sus pares. Que la biología es la que determina el patrón de conducta del niño. Que les damos nuestros genes y, luego, ya no tenemos influencia. Es una doctrina moderna.

Quiero decirte que, por el contrario, sí aportamos algo, y es enorme. Si tienes dudas, visita la penitenciaría más cercana y pregúntales a los prisioneros cuántos provienen de hogares en los que sus padres se amaban y respetaban. Fíjate de qué manera influyó en su conducta el hogar del que provienen.

O ve a ver a personas que respetas, gente a quien te gustaría que tus hijos imiten. Pregúntales qué importancia tuvieron sus padres en su éxito. Claro que hallarás algunos «autodidactas» que encontraron su camino a pesar de haber tenido malos padres. Pero, en su mayoría, verás que son los padres quienes les muestran a sus hijos el camino a seguir.

Hay muchos que han comprado esta teoría de que los padres tenemos un rol trivial. Los «expertos» han intimidado a esos progenitores al punto de que *temen ser padres*. Y, por eso, bajan los brazos. Delegan sus responsabilidades en los maestros y los directores de escuela, en los pastores de jóvenes y en las celebridades. Algunos son seres humanos muy buenos, pero *no son tú*. No tienen la responsabilidad de criar a tus hijos, la responsabilidad de su bienestar. Esa responsabilidad es tuya.

Quiero preguntarte algo. Si alguien golpeara a tu puerta esta noche y quisiera tu auto para usarlo por unas horas, ¿se lo darías? Entonces, ¿por qué sí le darías a tu hijo? Nos han engañado, haciéndonos pensar que las actividades son algo genial para los niños. ¡No es así! Los niños están sobreexpuestos a las actividades y eso es lo que crea todo tipo de tensiones en la familia.

Es que cuando los padres no dan un paso al frente y se ocupan de ser lo que deben, sus hijos crecen solos, como en estado silvestre. Los ves corriendo por el centro de compras o juntándose frente a un kiosco o bar, burlándose de la gente, fumando y diciendo palabrotas como si fueran marineros. ¿Dónde están los padres?, te preguntas. Sabes que esos chicos quizá se estén preguntando lo mismo. Necesitan a sus padres con desesperación, pero lo que pasa es que sus madres y sus padres tienen miedo de hacer su trabajo.

No hace mucho, me encontraba firmando libros en una librería de Walden, cuando vi que se me acercaba un niñito de unos seis años. Hacía ruido, gritando, y agitaba los brazos haciendo caer los libros de los estantes. La madre parecía cansada o aburrida. Y casi sin inmutarse, le dijo: «No toques esos libros. No son tuyos». Su pedido no hizo mella en la conducta del chico.

Entonces, la mujer me vio y vio el libro que estaba firmando. Era una edición anterior de este mismo libro. Al ver el título, dijo: «¡Qué bien me vendría un libro como este!».

Tenía razón. Si me hubiera dado cuenta antes, se lo habría regalado, pero la mujer ya estaba fuera de la librería, corriendo detrás del niño por la calle.

Ahora, no quiero diagnosticar a esa familia a partir de un encuentro tan breve, pero me parece que la mujer había bajado los brazos. Ya no era madre de su hijo sino guardaespaldas o mucama. Creo que la habían amedrentado los «expertos», esos que dicen que no podemos hacer un aporte significativo en la vida de nuestros hijos. Quizá prefería dejar que el chico eligiera cómo comportarse en la vida: bien o mal. O tal vez no quería reprimir su espíritu creativo. No sé por qué había abandonado su tarea, pero de veras se veía que necesitaba asumir su rol de madre.

Es lo que te pido que hagas: asume tu rol. Haz tu trabajo. No lo delegues a las escuelas ni a la televisión. ¿Realmente quieres que tus hijos sean como todos los otros chicos? Sé madre. Sé padre. Decídete a aportar algo significativo a la vida de tu hijo para que las cosas cambien. Lo creas o no, eso es justamente lo que tus hijos quieren. Todo acto de rebeldía es un ruego: *¡Sé mi madre! ¡Sé mi padre! ¡Trátame como si yo te interesara!*

Los chicos quieren que se les guíe. Necesitan parámetros. La permisividad crea un monstruo que representa un peligro para ellos y también para la armonía del hogar. Cuando se portan mal, se sienten mal consigo mismos. Necesitan saber cómo corregirse.

Pero, ¿no destruirías su autoestima si los corriges demasiado? Esa es otra tontería que impulsan esos «expertos». Son los mismos que no quieren que en las escuelas haya calificaciones porque alguno podría sentirse mal al sacar una baja nota. Y por cierto, no querríamos que nadie fracase, ¿verdad? Conozco una escuela que eliminó todas las calificaciones por debajo de «aprobado». Ahora, si un chico desaprueba una materia, le dan un informe que dice que está «progresando». Pero, ¿cómo van a aprender los chicos si no se les permite fracasar?

Los maestros de idiomas ahora evitan corregir las faltas de ortografía para no ahogar la creatividad. Y, como resultado, los chicos no saben escribir bien. En algunos partidos de fútbol ni siquiera se lleva cuenta del puntaje porque alguien podría perder, y con eso se dañaría su autoestima.

Digo yo: ¿de dónde viene la autoestima? ¿De ganar un partido de fútbol o una prueba de ortografía? No. Esas victorias ayudan a que el chico se sienta bien durante un tiempo, pero eso se esfuma rápidamente. ¿Proviene la autoestima de fingir que siempre haces todo bien? ¡No! La autoestima que perdura surge de cuando los chicos saben que forman parte de la familia, de la comunidad, de un grupo de amigos. Cuando se dan cuenta de que pueden aportar y devolver algo, y así ven lo relevantes que son. Pueden soportar todo tipo de fracasos siempre y cuando sepan dónde están parados.

Muchísimos padres se preocupan por darles todo a sus hijos, protegiéndolos de toda experiencia negativa. Tenemos que hacer que los niños aprendan a ser dadores. Dejemos que aporten algo a la familia. Hagamos que sepan cuáles son sus responsabilidades. Establezcamos ciertos parámetros y ayudémoslos a que puedan cumplirlos. Así es como se desarrolla su autoestima.

No permitas que los «expertos» críen a tus hijos por ti. Oh, claro que tal vez sientas que no sabes nada y, por supuesto, harán su mejor esfuerzo porque te sientas así. Sin embargo, ser padres no es tan complicado como te lo presentan los expertos. Requiere de cierto esfuerzo, pero no hace falta un título universitario. Cuando de tus hijos se trata, tú eres el experto o la experta. Así que, asume tu rol y haz tu trabajo.

Me incluyo en el grupo de personas «de afuera» que no tienen que decirte qué hacer con tu vida. Si en este libro hallas algo que te sea útil, subráyalo. Y si encuentras algo con lo que no estás de acuerdo, táchalo. Siéntete libre para modificar mis sugerencias si lo deseas. Y si algo de lo que digo no tiene sentido en tu situación en particular, descártalo. Usa las ideas que te sirvan. Eres quien mejor conoce a tus hijos. Serás quien pueda juzgar qué es lo que resulte para ellos tratando de ofrecer amor incondicional a esos regalos especiales que Dios te ha dado: tus hijos.

✔ Para repasar y aplicar

¿Qué aspectos de nuestro mundo moderno hacen que te sea difícil criar a tus hijos?

Repasa los siete principios de la disciplina de la realidad. ¿Cuál es el que más te cuesta entender?

✔ Para poner en práctica

Conversa sobre los principios de la disciplina de la realidad con tu cónyuge. Juntos, decidan si los pondrán en práctica o no. ¿O prefieren leer el resto del libro para ver cómo funcionan?

2

La incongruencia o cómo criar a un yo-yo

¿Recuerdas ese fantástico día en que llegó al mundo tu primer bebé? Jamás olvidaré la experiencia de presenciar el nacimiento de mi hija. ¡Qué alegría fue darme cuenta de que formaba parte de la creación de ese milagroso regalo de Dios! Mi esposa, Sande, celebró conmigo. Toda la aprehensión y el dolor de las horas del trabajo de parto se evaporaron cuando pusieron en sus brazos a la pequeña Holly, que medía cincuenta y cuatro centímetros y medio y era lo más precioso del mundo. En los días siguientes, les mostraba orgulloso a Holly a todos mis amigos y no me costó nada llegar a la conclusión de que era el bebé más hermoso de todos los que había en la clínica.

Nos llevamos a Holly a casa al tercer día y, para la ocasión, nuestros amigos habían puesto un enorme cartel en el frente de la casa, que decía: ¡BIENVENIDA A CASA, HOLLY! Demás estaría decir que era un padre primerizo feliz, entusiasmado y que no cabía en mí de la alegría. Mi esposa todavía ríe al recordar la primera noche, cuando pusimos a Holly en el moisés, junto a nuestra cama, y puse el termostato tan alto que hacía muchísimo calor, ¡unos cuarenta grados centígrados!

Está bien... está bien... ¿qué tiene de malo que haya graduado el termostato a esa temperatura? Mi lema era: mejor prevenir que curar. Acababa de ser padre y conocía cuál era mi responsabilidad: cuidar de esta niñita que era totalmente dependiente.

Grande fue mi sorpresa cuando esa misma semana el obstetra de Sande nos aconsejó: «Quiero que ambos empiecen a dejar a su hija en casa con una niñera en algún momento durante las primeras semanas de su vida».

Tuve que pedirle que lo repitiera. Porque además de parecerme una misión difícil, era algo que se me presentaba como totalmente inadecuado. En el momento en que más dependiente era nuestro bebé, nuestro médico sugería que la dejáramos en casa para salir de paseo.

Pero desde entonces, he dado gracias a Dios muchas veces por ese sabio consejo. En la sabiduría que había acumulado a lo largo de muchos años, sabía que si Sande y yo íbamos a amar a Holly de veras, teníamos que asegurarnos de mantener siempre fuerte y vivo el amor entre nosotros. Sabía que cuanto más fuerte fuéramos como matrimonio, más lo seríamos como padres. Y así, en esas primeras semanas de vida empezamos a forjar el ingrediente esencial para la disciplina efectiva en nuestro hogar: el amor. Fueron semanas que nos ofrecieron el momento perfecto para empezar a disciplinarnos a nosotros mismos y a nuestra pequeñita.

Claro que no fue sencillo. No es fácil dejar a tu bebé recién nacido en casa. El primer problema fue encontrar a la niñera. Parece haber cierta tendencia en los padres primerizos a pensar que la única niñera calificada para cuidar a su bebé es la enfermera profesional especializada en pediatría o, por supuesto... ¡la abuela! Pero Sande y yo adoptamos el consejo del médico y nos disciplinamos para salir al menos una noche a la semana, dejando a Holly con una niñera.

Detesto pensar qué podría haber pasado si hubiéramos ignorado el consejo del doctor, centrando cada uno de nuestros movimientos en nuestra primogénita. Habría sido como muchos de los chicos que veo cada semana en mi consultorio. Son niños criados con la filosofía que dice: «Amor, amor, amor... si tan solo pudiera amar lo suficiente al pequeñito Buford, todo estaría bien». Aunque todo no está bien. Porque los niños que reciben amor sin disciplina suelen ser irrespetuosos o demasiado dependientes de sus padres.

Veamos lo que no es nutrir

A muchos padres les lavan el cerebro con la idea de que nutrir a sus hijos es hacerlo todo por ellos y tomar todas las decisiones. Las madres o los padres que caen en esa trampa, a veces dicen: «No me importa si tienes quince años, ¡quédate quieto! Yo te abotono la camisa». Si quieres el caos y el desastre en tu vida, entonces hazlo todo por tus hijos. Mientras tanto, estarás robándoles la oportunidad de pararse sobre sus propios pies, aprender a rendir cuentas y asumir responsabilidades, cualidades que son vitales para la formación de una vida adulta bien equilibrada.

Pero volvamos por un momento a nuestra pequeñita Holly. ¿Nos decía el médico de Sande que la abandonáramos o que no la cuidáramos con ternura ni la mimáramos o abrazáramos? Claro que no. Todo eso es absolutamente importante. Los psicólogos llaman «tiempo de formar vínculos» al amor y cuidado tierno de los padres —y en particular, de la madre— durante las primeras semanas y meses de vida. Porque entonces es cuando los progenitores transmiten al pequeño esa noción de que lo aman y lo cuidan. Muchos estudios demuestran que se puede causar daño permanente a la personalidad de un bebé recién nacido si le falta el estímulo que brindan las caricias y los mimos. Esos primeros días y meses de vida son muy importantes.

Más bien, lo que nos decía el médico de Sande era que incluso durante la infancia los padres necesitan establecer disciplina en la vida del niño. Al salir una noche a la semana dejando a Holly con la niñera, establecimos una rutina que ella detectaría desde muy temprano. Establecer un horario programado para algo, como por ejemplo la comida o el sueño, es una forma de poner orden en la vida del niño. Ese horario o programa puede ser flexible, y aun así enseñarle el orden al pequeño. Y a medida que aprende sobre el orden, aprenderá también lo que es la responsabilidad y el rendir cuentas; por tanto, sabrá dónde encaja en la imagen completa, conociendo cuáles son sus responsabilidades.

Cuando doy seminarios sobre vida familiar, crianza de hijos y disciplina, en Estados Unidos y Canadá, muchas veces me preguntan cosas que podría resumir de este modo: «¿Por qué, como padres, no podemos tomar todas las decisiones por nuestros hijos? Nosotros sabemos qué es lo mejor para ellos».

Comprendo a esos padres, porque yo también lo soy. Sentimos que realmente sabemos qué es lo mejor para nuestros hijos. Y al querer transmitirles amor y preocupación por ellos, también queremos guiarlos para que se aparten de los tropiezos de la vida y no se lastimen. Pero al mismo tiempo, debiéramos querer enseñarles que sí pueden cometer algunos errores. Los hijos necesitan saber que tienen derecho a equivocarse. Necesitan oportunidades en que puedan tomar decisiones en sus propias vidas.

Los autoritarios toman todas las decisiones

A muchos padres no les agrada este concepto de la «libertad para equivocarse y fracasar», cuando lo presento en un seminario. Hace unos años hablaba acerca de «establecer la autoridad de Dios y los padres en el hogar», cuando un hombre se levantó para interrumpir mi discurso: «¡Oiga Leman! ¡Se pasó de la raya! Basta de tanta basura. Yo sé lo que es mejor para mis hijos, por lo que tomo todas las decisiones por ellos. Muchas gracias, pero conmigo no va eso de darle al chico la oportunidad de tomar decisiones que puedan realmente afectar su vida».

Podía entender lo que sentía el individuo, pero también sabía que necesitaba pensar en lo que estaba diciendo en realidad. Por eso le pregunté: «¿Quién va a tomar la decisión para que su hijo acepte a Dios en su vida?». El hombre se sentó. Sabía que nadie más que su hijo podría tomar esa decisión.

Lo que quería que viera ese padre es que hay ciertas decisiones que solo uno mismo puede tomar. Es más, a medida que los niños crecen debieran tomar cada vez más decisiones por sí mismos. Creo que en los hogares de hoy, una de las mayores necesidades es que deben ser el tipo de entorno en el que el niño pueda conocerse cada vez más.

El hogar debiera ser el lugar donde los niños puedan cometer errores al intentar cosas que deciden por sí mismos.

¿Recuerdas Efesios 6:1-4, el pasaje que cité en el primer capítulo? Dije que sería la base para todo lo que íbamos a tratar aquí. En particular, me agradan los tres primeros versículos. Son de esas cosas que me gusta pegar en la puerta del refrigerador o poner sobre la almohada de mis hijos:

> Hijos, obedezcan en el Señor a sus padres, porque esto es justo. «Honra a tu padre y a tu madre —que es el primer mandamiento con promesa— para que te vaya bien y disfrutes de una larga vida en la tierra».
>
> Efesios 6:1-3

Ahora, no olvidemos el cuarto versículo de ese pasaje. Nos dice mucho sobre cómo usar nuestra autoridad con nuestros hijos, cómo tomamos decisiones por ellos o permitimos que las tomen por sí mismos y cómo les enseñaremos a ser responsables en el hogar:

> Y ustedes, padres, no hagan enojar a sus hijos, sino críenlos según la disciplina e instrucción del Señor.
>
> Efesios 6:4

El autoritarismo parece funcionar

Las Escrituras nos dicen que ejerzamos autoridad sobre nuestros hijos, pero notemos que no nos indica que seamos *autoritarios*. Hay muchas personas que han crecido en hogares autoritarios, o que al menos tenían padres que habían crecido así. En un sistema autoritario, los chicos no tienen mucho que decir. Hacen lo que se les dice y cierran la boca. Lo confuso del autoritarismo es que muchas veces parece funcionar. El típico patrón del hogar autoritario es el orden que parece indicar que los hombres son mejores que las mujeres y los adultos, mejores que los niños.

Hubo una época, hace unos cuarenta a sesenta años, en que nuestra sociedad apoyaba el concepto autoritario. Pero los tiempos han cambiado. Y el problema de hoy es que los chicos ya no se consideran inferiores a los adultos. Han aprendido a defenderse, a hablar, y con frecuencia se sienten iguales a cualquier adulto. Hay un sentido, por supuesto, en el que todos somos iguales, en particular a los ojos de Dios. Pero cuando los chicos se sienten iguales a los adultos en términos de la vida hogareña y de su rol en ese hogar, la palabra *autoridad* se deforma y asume significados retorcidos.

Como consejero familiar veo todas las semanas evidencia de que los chicos de hoy no están en realidad programados para responder bien ante el autoritarismo o la permisividad. En ambos casos, se interpone ese sentimiento de que son «iguales» a mamá y papá. Una y otra vez veo problemas de disciplina en hogares en los que se practica a diario el autoritarismo y, por otro lado, en el extremo opuesto, chicos a quienes sus permisivos padres les permiten hacer lo que quieran.

Cuando tratamos a los niños con un enfoque autoritario, lo hacemos con la actitud general de que sabemos qué es lo mejor para ellos y que podemos tomar todas las decisiones que les atañen, con lo cual esencialmente no tienen siquiera noción que les permita tomar las decisiones que requerirá la vida. El padre autoritario suele respaldar su actitud tipo «yo sé más», con la fuerza, no es esa la «amorosa disciplina» de la que habla Efesios 6:4. Tal vez el versículo que más se malinterpreta en la Biblia (y también se cita mal) es: «no escatiméis la vara», pero Proverbios 13:24 dice: «El que detiene el castigo, a su hijo aborrece; mas el que lo ama, desde temprano lo corrige» (RVR60).

Los judíos creían en la disciplina pero cuando los autores de la Biblia utilizan la palabra vara, se centran en la corrección y la guía, más que en los golpes y los castigos. Por ejemplo, el pastor utilizaba su vara o cayado, no para golpear a las ovejas, sino para guiarlas. Todos conocemos bien esa frase del Salmo 23 que dice: «tu vara de pastor me reconforta» (v.4). Pero dudo que muchos nos sintiéramos reconfortados si la vara del Señor nos golpeara en la cabeza o el trasero cada vez que nos equivocáramos.

Otra cosa que me preocupa, de esa filosofía que afirma que «no escatiméis la vara», es que se basa en controlar a los hijos en vez de nutrirlos verdaderamente y guiarlos. He visto muchísimos ejemplos de padres con buenas intenciones que dominan a sus hijos verbal y físicamente. Hay muchos padres que tienen una extraña confusión en cuanto a qué es lo que hace que un chico sea bueno o se comporte bien. Parecen preferir al pequeño sumiso, que nunca se niega, fácil de llevar, como si fuera un cachorrito.

Yo también quiero que mis hijos tengan buena conducta, pero no estoy tan seguro de querer que se dejen controlar fácilmente por otras personas. Quiero que estén preparados para entrar en la adolescencia. Que estén preparados para ese mundo turbulento donde se sentirán vapuleados y tironeados por los cambiantes vientos de la presión de los pares.

Y quiero que sean capaces de estar firmes, de ser responsables, maduros, de pensar por sí mismos. Pero si lo único que hice mientras crecían fue controlarlos y dominarlos, estarán en desventaja. Prefiero los conceptos que sostienen la disciplina de la realidad, que les brindan a mis hijos muchas oportunidades para tomar decisiones; por tanto, no hay lugar como el hogar para aprender a tomar decisiones. Creo que el hogar debe ser el sitio donde los niños puedan aprender a fracasar, para luego levantarse y seguir adelante.

Quiero repetir que aunque soy crítico del autoritarismo y su exagerado uso de la «vara», no estoy diciendo que no crea en que hay que actuar para disciplinar a los hijos con amor. A veces, y tenemos que ser cuidadosos para saber justamente cuándo es necesario, una nalgada, un chirlo, son lo que necesitan. Hablaré más al respecto en el capítulo 5. Por ahora, lo importante es que los padres hemos de movernos con rapidez en todos los casos, para darles a los niños la guía y la dirección que necesitan para llegar a ser personas responsables, que rindan cuenta de sus acciones. Si como padres no actuamos, terminaremos del otro lado de la situación: en la permisividad.

La rebeldía: cosecha de la permisividad

Lo que dicen los padres permisivos, en esencia, es lo siguiente: «Oh, haz lo que quieras. Lo que hagas estará bien». En mis años como consejero de padres e hijos, he visto que el entorno permisivo hace que los chicos sean rebeldes. Y se rebelan porque sienten enojo y odio hacia los padres que no les pusieron límites ni les dieron pautas. Muchos progenitores podrán cuestionarme en esto, pero creo que los chicos quieren orden en sus vidas y que si les damos la oportunidad de «hacer lo que les venga en gana», al final terminan plantándose en el centro.

En un estudio con niños de la escuela primaria, se les permitió comer lo que quisieran en la cafetería de la escuela durante treinta días. El estudio mostró que aunque, como era predecible, preferían comer golosinas y comida chatarra, al cabo de unas semanas tendían a volver a la dieta balanceada. Creo que lo que el estudio indica es que los chicos necesitan orden y equilibrio en sus vidas.

No estoy diciendo que haya que darles libertad sin límites para que hagan lo que les venga en gana, pero sí que en determinadas condiciones, cuando el chico tiene libertad para decidir, aprenda a tomar decisiones de manera sensata y responsable.

Una tarde estaba en mi oficina escuchando a los padres de Ryan, de once años, que me decían que se habían visto obligados a guardar bajo llave todo lo que fuera de valor (¡incluso sus billeteras!), en una caja de seguridad en el banco. La razón era simple: Ryan les robaba de todo. Parece que tenía muy arraigado el hábito de jugar en las máquinas de videojuegos y que además le gustaba mimarse con todo tipo de caprichitos.

La conducta de Ryan podría haber sido comprensible si sus padres nunca le hubieran dado dinero para administrar, pero no era ese el caso. Siempre le habían dado su mesada.

Pensarás que tal vez fueran duros o poco amables con él. Tampoco era ese el problema.

39

Un día, estando con ambos en una sesión de terapia, la madre me dio la pista que necesitaba. Me dijo, bastante orgullosa:

—Sabe, jamás dejamos a Ryan solo en la casa.

—Es una lástima —respondí.

Al principio, la madre no entendió lo que le decía pero mientras hablábamos, vio a qué me refería. Al darle atención constante, sus padres le habían robado la oportunidad de ser independiente y responsable. Por eso, a los once años, se comportaba con total irresponsabilidad, de manera perjudicial con sus padres.

Con el clásico estilo permisivo, los progenitores de Ryan no podían entender qué pasaba. Me dijeron:

—Siempre le dimos todo lo que quiso. Hemos tratado de brindarle todo.

¡Qué trágico error en la interpretación de lo que es el amor de los padres! El amor no es darle a tu hijo todo lo que quiera. Si hay algo de lo que me voy convenciendo cada vez más, es esto: Hoy, en nuestra sociedad, estamos criando a muchísimos niños para que sean tomadores. No conocen el significado de la palabra *dar*, pero usan todo el tiempo otra palabra: *«¡Dame, dame, dame!»*.

Los grises existen

Ya hemos hablado un poco sobre los extremos del autoritarismo y la permisividad. Sabemos instintivamente, y por medio de muchísimos ejemplos, que ninguno de esos extremos funcionan muy bien. Pero parece haber muchos padres que pasan de un extremo al otro, siendo permisivos hasta cierto punto y luego, blandiendo el hacha de la ira autoritaria. Veo a muchísimos padres montados en este péndulo. Llevan a sus hijos como yo-yos, con incongruencia, y luego se preguntan por qué los chicos se comportan como yo-yos.

¿Qué pueden hacer los padres? ¿Cómo apartarse de ese incoherente péndulo que va del autoritarismo a la permisividad? ¿Cómo encontrar un terreno intermedio que sea sensato para los padres y los hijos? Ese terreno intermedio recibe diversos nombres. El que más me agrada es: autoridad. No confundamos la autoridad con el autoritarismo, porque hay una diferencia abismal. Los padres con autoridad no dominan a sus hijos ni toman decisiones por ellos. Más bien, utilizan los principios de la disciplina de la realidad, que son normas a la medida de los hijos porque les brindan la amorosa corrección y enseñanza que el Señor aprueba (Efesios 6:4).

¿Cómo funciona todo esto? Bien, supongamos que tu hijo de siete años rompe un juguete que le pertenece a otro chico. ¿Qué deberías hacer? ¿Qué tipo de disciplina correspondería a tal situación? Creo que será una disciplina basada en la realidad. Y la realidad de una situación como esta es que si rompes lo que es de otro, tienes que pagarlo.

Ahora bien, pensarás: *El doctor Leman tiene que estar bromeando. Un chico de siete años, ¿pagando lo que rompió?* No bromeo, en absoluto. Tu hijo de siete años puede conseguir el dinero. Provendrá de su mesada o de su caja de ahorros. Te sorprendería saber cuántos chicos de siete años tienen una caja de ahorros antes de cumplir esa edad. Hay abuelos y abuelas que se ocupan con dedicación a mantener esa cuenta siempre activa.

De modo que si tu hijo de siete años rompe un juguete que le pertenece a otro chico, puedes aplicar la amorosa disciplina de hacer que asuma su responsabilidad. Aprenderá que ese tipo de conducta le cuesta dinero.

Claro que podrías retarlo o darle una nalgada. Podrías gritarle, humillarlo, decirle de todo y mandarlo a su cuarto. Todas esas cosas serían lo que llamo castigo. El castigo se centra en el chico y deja de lado el problema real. Cuando castigamos a un niño o una niña le estamos indicando que no nos gusta su persona, que no lo amamos. Pero con la disciplina de la realidad puedes hacer que asuma su responsabilidad por lo que decidió hacer, enseñándole las consecuencias que conlleva una mala decisión.

Así, en nuestro hogar, si uno de nuestros hijos o hijas rompe un juguete, no importa si es suyo o de otro, no salimos corriendo a comprar otro para reemplazarlo. Porque eso sencillamente le enseñaría a ser irresponsable. Nuestros hijos pronto aprenderían que pueden romper lo que quieran y que siempre habrá alguien que lo reemplace. A mi parecer, eso no es ser realista. La buena disciplina se basa siempre en la realidad de la situación. Y en esta situación la

41

realidad dice: «Rompiste el juguete, ahora pagarás uno nuevo con tu mesada».

En el capítulo 4 ampliaré el tema de cómo usar la mesada como herramienta de enseñanza y disciplina; te asombrará ver cómo funciona. En muchas situaciones podrás dejar que la realidad sea la maestra, si solo das un paso atrás y permites que actúe.

Creo que la crianza y la disciplina de los hijos utilizando la autoridad implica al menos tres cosas:

1. La disciplina por medio de la acción. La disciplina tiene que ser rápida, directa, efectiva y lo más cercana a la violación de la regla familiar como sea posible. Lo que acabamos de mencionar podría servir de ejemplo. Si el chico rompe un juguete, tendrá que reemplazarlo, pagarlo o arreglarlo.

2. Los padres tienen que escuchar a sus hijos. El hecho de escucharlos es poderoso, y mucho, pero somos pocos los que usamos este recurso. Es mucho más fácil no escuchar, ni a los hijos, ni al cónyuge, ni a nadie. O si tratamos de oír lo que dicen, en realidad no escuchamos con los sentimientos, lo que significa que no estamos escuchando en absoluto. Aprendí de manera dramática lo que significa no estar escuchando, durante una conversación con mi hija. En esa época yo era psicólogo invitado al programa televisivo de Toni Tennille, que se transmitía a todo el país. Invité a Holly, nuestra hija mayor, a acompañarme para que viera el programa.

Holly dijo:

—Papá, realmente me gustaría ir.

—Bueno, amor, por eso te invité. Pensé que sería buena idea que vieras cómo se hacc un programa de televisión, cómo son los estudios y todo eso.

Pasaron unos segundos de silencio y luego, al mirar a Holly, vi que tenía los ojos llorosos.

—¡Holly! ¿Qué sucede?

—Papá, no es eso lo que quería decir.

—Bueno… ¿Qué querías decir? —respondí.

—Papá, después de que salgas en televisión con Toni Tennille, ¿podría cantar solo una canción?

¡Vaya! Era obvio que yo no había escuchado en realidad. Lo que Holly decía era que sí quería ir al programa, pero quería aparecer en televisión. ¡Quería cantar para todo el país! Yo no había sintonizado su onda y, cuando lo hice, me enfrenté con la formidable tarea de ayudarla a entender «la realidad». Con ternura y firmeza, a la vez, tuve que explicarle que yo no tenía autoridad para permitirle cantar en televisión pero que sí esperaba que quisiera acompañarme, para observar. ¡Y lo entendió!

Este breve incidente podría haber pasado como un simple hecho tipo «falta de comunicación», aunque prefiero verlo como bello ejemplo de que realmente necesitamos aprender a escuchar. Tenemos que estar siempre conscientes de lo que nuestros hijos sienten, de cómo ven y perciben la vida (veremos más al respecto en el próximo capítulo).

3. *Los padres deben darse a sus hijos.* Dar de uno mismo (no hablo de darles cosas) es algo esencial, un ingrediente importantísimo de la disciplina efectiva. Muchas veces, los padres y las madres me preguntan en tono de disculpa: «¿Qué tengo que ofrecerles a mis hijos?». Y siempre respondo: «Se tienen a sí mismos».

Lisa y llana, la verdad es esta: los hijos nos quieren. Quieren nuestro tiempo. Pero como el tiempo es precioso, a muchos nos parece que se nos acaba demasiado pronto. ¿No es irónico que tantas veces nos falte tiempo para nuestros hijos? Solemos pensar que podremos estar con ellos más adelante. Tal vez, en unos meses más o quizá después del primer año, cuando ya estemos establecidos en el nuevo empleo. Y lo más raro de todo es que mágicamente, ese tiempo parece no llegar nunca. Mientras corremos por la vida el tiempo se hace más y más precioso y, antes de que podamos darnos cuenta, nuestros hijos ya son adolescentes, luego adultos que dejan el hogar y jamás llegamos a conocerlos. Lo que hicimos fue tratar de disciplinarlos sin saber en realidad quiénes eran.

Con frecuencia oigo hablar a los padres del «tiempo de calidad». Claro que entiendo lo que quieren decir, pero en todos mis años de consejero y psicólogo jamás oí a ninguno de mis jóvenes pacientes (los niños) hablar del «tiempo de calidad». Lo único que sabe el niño es que quiere tu tiempo y tu atención, sea para verlo dar volteretas o para llevarlo a comer un Big Mac. Al tratar de encontrar tiempo para tus hijos, no te preocupes demasiado por la «calidad». Dales todo el tiempo que puedas, y la calidad vendrá por sí misma. Al darles tiempo, aprenderás a conocerlos. Podrás construir el cimiento de una disciplina amorosa y orientada a la acción.

En resumen, no olvides nunca que los niños esperan disciplina por parte de los adultos. Y si esa disciplina es amorosa, estará dirigida a la instrucción, la enseñanza, la guía y, por sobre todas las cosas, a que tus hijos asuman la responsabilidad de sus acciones.

Los padres que no disciplinan a sus hijos están abriendo las puertas a la rebeldía. En esencia, les dan permiso para que los desprecien. Los hijos en realidad pueden llegar a odiar a los padres que no se mantienen firmes ni los disciplinan.

Pero si aprendemos a ser firmes, la recompensa es enorme. En la nota que incluyo debajo, lo veremos como resumen. Lo escribió esa pequeña que conociste al principio de este capítulo. Es la misma niñita a la que empezamos a «disciplinar» en sus primeras semanas de vida al tomarnos una noche a la semana para salir y ocuparnos de nuestro matrimonio mientras la cuidaba una niñera.

Cuando Holly tenía siete años, me dio esta notita para el Día del Padre. La puse en un marco y la tengo colgada en mi oficina:

El papa mas vueno del mundo.
Mi papa es el mejor.
Eres EL MEJOR.
También cuando me disiplinas te amo igual,
Con amor
Holly

Su ortografía no es del todo buena pero, para su papá, la alegría lo compensa todo. Naturalmente, me encanta que me diga que soy «el papá más vueno del mundo», pero lo que más me impacta es otra cosa. Me parece interesante que diga «disciplina» en lugar de «castigo». Los niños quieren que los disciplinemos porque esa acción les muestra que son importantes para nosotros.

✔ Para repasar y aplicar

¿Qué tipos de crianza hay o qué tipos de padres? ¿A cuál se parece más el estilo que aplicas en tu hogar?

¿Cuál es la diferencia entre criar «con autoridad» y ser «autoritario»?

✔ Para poner en práctica

- *Escucha.* Pregúntales a tus hijos cómo se sienten con respecto a sí mismos y sus actividades, la escuela, la familia, lo que pasa cada día. Y realmente escúchalos cuando te respondan.
- *Pasa tiempo con tus hijos.* Incluye este tiempo en tu agenda, solo para estar con ellos.
- *Pasa tiempo sin tus hijos.* Contrata a una buena niñera y planifica una salida.

3

Todo depende del lente con que se mire

Al pensar en la disciplina de la realidad, conviene detenerse y responder a una pregunta básica: ¿Qué es la realidad?

Siendo alumno de la escuela secundaria, me convocaron una vez para que declarara en un tribunal como testigo de un accidente automovilístico. Con diecisiete años, recuerdo haber pensado que era extraño que dos de los demás testigos fueran tan ciegos. Yo sabía que estaba en lo cierto. El auto culpable había sido el azul, y no el rojo como habían dicho ellos. ¡Y el auto azul iba hacia el este, y no al oeste!

En ese tribunal, aprendí en carne propia el concepto de lo que suele llamarse «el lente con que se mire». Criar a tus hijos con la disciplina de la realidad también tiene ese elemento de «el lente con que se mire». Uno de tus principales objetivos, al usar esa disciplina, es ayudar a que tu hijo piense y aprenda. Pero para lograrlo, necesitas entender lo que es la realidad y, en particular, lo que es para tus hijos. No importa lo que pienses o sepas sobre una situación determinada, en lo que concierne a la disciplina, la realidad será la forma en que tu hijo o hija la vean. No se trata de lo que sucedió precisamente, ni lo que está sucediendo. Lo que cuenta es lo que piensa tu hijo. La realidad con que tendrás que tratar será la percepción que tenga tu hijo o hija de lo que sucede.

En este capítulo quiero hablar de tres áreas que no parecieran estar relacionadas. Pero las tres nos brindan elementos esenciales sobre la forma en que aprenden los hijos, y lo que es la realidad según la ven ellos (para más información sobre el orden de nacimiento y sus efectos en el desarrollo de la personalidad y la felicidad en el matrimonio, lee mis libros *The new birth order book* [Nuevo libro sobre el orden de nacimiento] y *Sex begins in the kitchen* [El sexo comienza en la cocina], publicados por Revell).

Aprenden según el orden de nacimiento

En el segundo capítulo echamos una mirada al modo en que nos perciben los niños cuando los llevamos por el sube y baja de la incongruencia, entre el autoritarismo y la permisividad. El terreno medio, felizmente, es el camino de la autoridad, que en mi opinión encuentra su máxima expresión en la disciplina de la realidad. Cuando utilizas esta disciplina tienes que estar mucho más consciente de las percepciones de tu hijo o hija, y tienes que aprender a entender y a relacionarte con las necesidades específicas de ellos.

Por eso pienso que es de suma importancia entender que el orden de nacimiento tiene implicancias enormes en la forma en que cada uno de los niños de tu familia aprende la realidad y la percibe. Como cada chico opera desde un punto de vista diferente, dentro de la familia, se puede decir que cada uno de ellos percibe a su familia de manera distinta. Por ejemplo, el primogénito solo tiene modelos adultos: mamá y papá. Estos modelos adultos a veces hacen las cosas tan bien, que no ha de extrañarnos que los primeros hijos sean tantas veces como «pequeños adultos».

La psicología ha investigado muchísimo las características de la personalidad de los hijos según su orden de nacimiento en la familia. Los primogénitos suelen ser los de los logros. Suelen caminar y hablar más temprano, y su vocabulario es más rico a edad más temprana. No sorprende entonces que luego, en la escuela secundaria, la universidad y la vida adulta, veamos tantas sociedades honoríficas repletas de primogénitos.

Es que el primero en nacer casi siempre será perfeccionista, por lo que se enfrentará a los desafíos y las situaciones nuevas con mucha cautela. Al primogénito no le gusta equivocarse. Quizá recuerdes esas veces en que estabas en el aula y sabías la respuesta, pero por algún motivo no querías decirla. Esa es una característica común de los primogénitos. Tienen una necesidad única de estar en lo cierto y ser «perfectos» en todo lo que hagan.

Los segundos hijos suelen ser lo opuesto a los primeros en muchos aspectos. Porque para el segundo hijo la vida suele ser un poquito más fácil que para su hermano o hermana mayor, que tal vez haya sido algo así como un conejillo de Indias. Esencialmente, mamá y papá llevan a cabo un experimento con el que nació primero, y lo crían con reglas más estrictas; por eso sus expectativas son más altas para el primogénito que para los que vienen detrás. De ahí que los primogénitos suelan ser más confiables y conscientes que sus hermanos menores.

Los segundos hijos suelen terminar como «hijos del medio». Como parecen terminar «en el medio» de casi todo, suelen ser mediadores. Tratan de evitar el conflicto toda vez que sea posible, pero no por eso hay que pensar que sean debiluchos. Por lo general, saben defenderse muy bien, justamente porque aterrizaron entre dos personas muy especiales de la familia: el mayor y el menor.

A los padres no les gusta admitirlo, pero suelen prestarle menos atención al hijo del medio y por eso, este niño o esta niña aprenderán a ser más independientes, en todo tipo de circunstancias.

El que nace tercero casi siempre acaba siendo el menor de todos. Y suele ser extrovertido, muy personal y manipulador. Como es el «bebé» de la familia, sabe muy bien cómo manejar a los demás. Solo tendrás que preguntarle a su hermano mayor, y te dirá que su hermanito o hermanita menor, los «bebés» de la familia, ¡se salen con la suya aunque hayan matado a alguien!

Es cierto que todas mis observaciones sobre las tendencias de los que nacen primero, en segundo y en tercer lugar, no son más que eso: descripciones de sus «tendencias». No hay garantías de que los hijos vayan a actuar o formarse de determinada manera, no importa en qué orden hayan nacido. Pero muchos estudios sí muestran la validez de estas descripciones generales. Lo que importa es que los padres sepan que cada uno de sus hijos tiene una percepción diferente de la vida y la realidad, y que en gran parte, depende del puesto que les ha tocado en el orden de llegada. También es importante ver que con cada nacimiento, cada vez que se suma un miembro a la familia, toda la familia cambia. Con el nacimiento de cada hijo, la unidad familiar se convierte en algo nuevo y diferente.

Las preguntas más importantes que hay que formularse con el nacimiento de cada hijo son: «¿Estamos haciendo que cada uno de nuestros hijos se sienta amado y apreciado? ¿Conocemos las presiones y tensiones que se dan en nuestra familia?».

Está, por ejemplo, el problema del primer hijo que se siente «destronado» cuando llega el segundo. Como consejero familiar, veo un síndrome que se repite siempre: el primer hijo, por lo general, recibe demasiada atención. Le toman miles de fotografías (así parece), y se documenta en video cada uno de sus movimientos. Es un rey. Y entonces, llega su hermanito o hermanita y de repente, es como si lo dejaran afuera, en el frío. No lo dejan tocar al bebé. No puede darle de comer ni abrazarlo. Y ahora mamá tampoco parece tener mucho tiempo porque está demasiado ocupada con el nuevo «intruso».

Dos de las formas en que mejor podrás ayudar a tu primogénito a sentirse menos desplazado son la comunicación y la participación. Mamá debe hablar con su primogénito mientras está encinta, explicándole lo que va a suceder, y qué es lo que crece dentro de ella. Puede hacer que el hijo mayor sienta cómo patea su hermanito o hermanita.

Siempre que pueda, y meses antes de que llegue el segundo bebé, mamá estará ayudando a su primogénito a prepararse para la llegada del hermanito o hermanita, de modo que sea consciente de que el recién nacido va a ocupar parte del tiempo de mamá.

Llegado ya el segundo hijo, los padres deben hacer lo posible para que el hermanito o la hermanita mayor participen de su cuidado. Incluso si el mayor tiene solo dos años, mamá puede permitirle tocar y acariciar al bebé, y ayudar en lo que pueda. El solo hecho de decirle que «sostenga el biberón» mientras el bebé toma su leche puede ser muy importante.

Luego, cuando mamá está ocupada con el bebé, tiene que asegurarle al primogénito que no ha dejado de ser importante. No olvidemos que papá puede ayudar haciendo algo especial con el mayor para que se sienta amado y relevante.

Cada hijo que llega buscará la forma de identificar su lugar en la familia y, en última instancia, en la sociedad. Si cada uno se siente amado, apreciado, valorado y cuidado, el resultado será que se sentirán bien consigo mismos y cuando vayan al preescolar o al jardín infantil, estarán mucho mejor equipados para la batalla.

Los padres han de saber que la personalidad de cada hijo se verá influenciada principalmente por la del hermano o de la hermana que menos se le parezca. Por ejemplo, un varón tiene un hermano muy inteligente y elocuente, solo un año y medio mayor que él. Supongamos que al mayor le va muy bien en la escuela (a veces no es inusual que así sea con los primogénitos). El segundo tal vez se sienta desalentado al ver la capacidad de su hermano, por lo que no le irá muy bien con las tareas. Tal vez tenga la misma capacidad, pero los logros del mayor lo intimidan. Así que, se retrae en lo académico, que no es algo tan seguro o agradable y, por lo general, el segundo buscará el reconocimiento en otros aspectos. Si el mayor es el académico, tal vez busque ser mejor en los deportes. Hay decenas de formas distintas y caminos diferentes que podrán elegir, y lo que suele suceder es que el segundo elegirá especializarse en algún campo en el que no choque ni compita con su hermano o hermana mayor.

Hay algo que es seguro: cada hijo y cada hija son únicos. Dios los crea a cada uno con cualidades especiales, con una personalidad propia. Mis hijas mayores, Holly y Kris, se llevan dieciocho meses. Siempre nos resultó fascinante verlas entrar en una tienda para elegir un juguete o una golosina. Si la dejábamos, Holly podía quedarse allí durante una hora y media, mirando todas las posibilidades. Leía instrucciones, comparaba pesos y medidas, y demás. Krissy, por otra parte, solía elegir lo que quería en unos minutos, o menos aún. Es una simple ilustración de lo que mencioné antes: el primogénito (Holly) es cauteloso, calcula todo, y el segundo (Krissy) suele ser más del tipo «espíritu libre».

Observa a tus hijos y nota sus diferencias. Y lo más importante será que estés consciente del modo en que respondes a esas diferencias. ¿Sueles favorecer a uno por encima del otro, aunque sea de la manera más sutil? Los chicos son asombrosamente perceptivos. Recuerda lo que dije al principio de este capítulo: para tu hijo o hija, la realidad es lo que percibe, nada más ni nada menos. Es absolutamente esencial que nos comuniquemos con cada uno de nuestros hijos e hijas, a pesar de las diferencias que haya entre ellos y que los amemos y nos importen solo porque son lo que son. Para que la disciplina de la realidad funcione en tu hogar, el ideal al que tienes que apuntar siempre es el amor incondicional por cada uno de tus hijos e hijas. Por eso es absolutamente vital disciplinar a los niños haciendo que asuman responsabilidad por sus acciones, en lugar de castigarlos con abuso verbal o físico.

Aprenden mediante las «pruebas de poder»

Cualquier joven madre podrá decirte lo frustrante que puede llegar a ser pasar los días en casa con uno o más niños pequeños. Suele enloquecerte, de un modo u otro. Por ejemplo, no es poco común oír a una joven madre que está tomando un café con su amiga decir: «Permiso, Mary Jane, pero tengo que ir al baño». Más de una joven madre me ha confesado que siente que va a perder el juicio si sigue sin hablar con otros adultos.

Por eso pienso que es tan importante que los padres jóvenes tengan durante la semana un tiempo para ellos, sin los niños (¿recuerdas lo que nos aconsejó el doctor cuando Holly tenía semanas de vida, sobre la niñera?). Uno de los mejores programas que conozco es el que utilizan muchas iglesias. Suele llamarse «Mañana de salida para madres» o algo parecido. Las jóvenes madres pueden dejar sus hijos en la iglesia, donde los cuidarán mientras ellas salen y hacen lo que quieran, durante toda una mañana. No encuentro forma más práctica en que pueda servir la iglesia a su comunidad.

Es darles a las jóvenes madres la oportunidad de estar sin sus hijos durante unas horas.

También creo que los padres varones pueden mostrarles su amor de manera práctica a esas jóvenes madres cuando ayudan con los niños. Papá puede llegar temprano del trabajo para que mamá pueda salir y hacer algo sin los chicos. O puede llevarlos él a lo del pediatra o a la cita que tengan. Puede decir, de vez en cuando: «Cariño, siéntate a comer. Yo serviré la comida». ¡Eso, caballeros, es hacerle el amor a sus esposas! Suelo decirles a los padres que vienen a mi consultorio: «El lugar del hombre es el hogar».

Para muchas madres eso de poder salir durante unas horas siquiera puede parecer fantástico. Pero habrá otras que se preguntarán: *¿Qué pasa si me necesita?* Ese es el tema: tu hijo, tu hija, no te necesitará *todo el tiempo*. Los padres y sus hijos necesitan minivacaciones de padres e hijos, separados, como algo que cada tanto tiempo les viene bien. Siempre les digo a las madres jóvenes que descansen todo lo posible (casi siempre se ríen, histéricas, pero lo digo en serio). La mamá necesita tratarse con justicia, no convertirse en esclava de sus hijos. Si mamá está siempre allí para satisfacer cada pequeñísima necesidad que pueda tener su hijo o hija, el problema será que ese pequeño o pequeña serán «minusválidos» psicológicos que creen que solo pueden existir si mamá está presente. El síndrome de «la mamá siempre presente» puede también manifestarse con llantos y caprichos porque el chico ve que tiene poder y que con sus lágrimas puede manipular a mamá e incluso a papá, al involucrarlos exageradamente en su vida.

Como consejero de padres e hijos, veo muchas veces que estos aprenden experimentando con su poder. El psiquiatra Alfred Adler lo llama «conducta a propósito». Adler observa que toda conducta social tiene un propósito. Con los niños, ese propósito con frecuencia es de mala adaptación: mantener a raya a mamá y papá, o mantenerlos innecesariamente involucrados en su vida. En la jerga actual, el chico va «probando» para ver quién es el que dominará, controlará, ganará o «será quien manda». Y con cada una de esas pruebas va aprendiendo un poquito más sobre lo que funciona y lo que no, con mamá y papá.

Adler señala que aun el pequeño más tímido puede ser muy poderoso. Porque usa su timidez para invocar la comprensión, compasión y ayuda de mamá y papá, y así involucrarlos en su vida. Cuando digo «involucrar», hablo de involucrarse por demás. Los niños son todos egocéntricos y suelen pensar en sí mismos todo el tiempo. En particular cuando son pequeños no les alcanza con lo que mamá y papá puedan dedicarse a ellos, y harán lo posible por mantenerlos atados a su lado, con todo tipo de preocupaciones. Cuando veas un pequeñito tímido, por lo general estarás viendo a una personita muy poderosa.

Hay otros niños y niñas que usarán las lágrimas o los berrinches para que sus padres respondan de determinada manera. Ellos pueden, en realidad, ser hostigadores en miniatura que hacen que sus padres los sobreprotejan.

Otra forma de ver estas «pruebas de poder» es saber que los niños siempre quieren atención. La nuestra, la de los adultos. Y la obtendrán, no importa de qué forma. Si le preguntas a cualquier maestro o maestra de escuela si los niños buscan llamar la atención, la respuesta seguramente será: «¡Sí, claro que quieren llamar la atención!». Y lo harán, a las buenas o a las malas. Si el chico no encuentra su lugar en la escuela a las buenas, como por ejemplo con calificaciones excelentes, entonces llamará la atención de manera negativa, porque así los maestros mandan notas a casa para que las lea mamá, y anotan en los informes que «necesita mejorar» en tal o cual cosa.

Hay otro método o arma que utilizan los pequeños para llamar la atención: «Me siento tan triste». Hay pequeñitos y pequeñitas que saben cómo manipular los sentimientos de sus mamás, y saben que con la lástima y la compasión pueden lograr mucho.

Todas esas conductas son las que los psicólogos llaman «de poder». La conducta de poder es la forma en que el chico les dice a sus padres y a otros adultos: «Te puedo controlar. Puedo dominarte. Puedo ganar. Puedo lograr que hagas lo que yo quiero».

La conducta de poder es particularmente desgastante para los padres, por lo que la mayoría puede reconocer bien al pequeño que está «haciendo teatro». Por dentro, sienten ganas de decir:

«¡No puedes hacerme esto! ¿No sabes quién soy? Soy tu padre» o «Soy tu madre».

Aquí es donde comienzan muchos de los problemas entre los padres, las madres y sus hijos. Justamente, cuando el pequeño o la pequeña empiezan con sus pruebas de poder. Al llegar a esta etapa (después de los dos años en adelante), se dan cuenta de que tienen poder y ponen a prueba, con todas sus fuerzas, cualquier límite que se les imponga en la familia. Si los padres son capaces de lidiar con estos juegos de poder iniciales, se evitarán muchísimos problemas en el futuro. Cuando el niño o la niña se encaprichan, están diciendo: «Voy a controlarte, mamá, papá». Mejor será responder rápido y con acciones, no con palabras nada más.

Supongamos, por ejemplo, que tu niñita hace un berrinche mientras estás ocupada preparando la cena. ¿Cómo usas la acción y no las palabras? Obviamente, no vas a rogarle ni implorarle que se calle. Y tampoco vas a sobornar a la niña con una galleta u otra recompensa. Porque todo eso sencillamente reforzaría su intención de ganar poder y llegar a controlarte.

¿Y qué hay de una nalgada? ¿Será efectivo eso? Por lo general, la respuesta será negativa. Porque la nalgada solo logra aumentar el tono y el volumen del berrinche. Y el chico solo aprende que igual logra controlar a su madre o padre hasta cierto punto, incluso para obtener una recompensa negativa. En el capítulo 5 hablaré un poco más sobre las nalgadas como herramienta legítima de disciplina. Pero aquí quiero subrayar el hecho de que las nalgadas poco logran cuando el niño está en medio de un berrinche.

Creo que ante un berrinche lo mejor que puede hacer uno es levantar al pequeño y ponerlo en su cuarto, cerrando la puerta para hacerle saber que puede gritar todo lo que quiera en privado y que cuando vuelva a la calma, podrá reunirse con el resto de la familia. Incluso puede ser necesario sacarlo de la casa, para que sepa que puede gritar en el jardín, tal vez, y que cuando haya terminado podrá volver a entrar.

¿Qué se logra con estos «métodos de aislamiento»? Lo que se le está diciendo al niño es: «Bien, estás haciendo un berrinche y no te lo voy a impedir. Pero no vas a controlarme obligándome a escucharte. Cuando estés mejor dispuesto volveremos a estar juntos».

Si intentas detener un berrinche rogando, discutiendo, reprendiendo o con una nalgada, por lo general lo que obtendrás será un
niño con más poder y menos control (en realidad, es el niño o la
niña quien controla la situación aunque a ti te parezca que se ha
descontrolado). Ahora, si tienes el coraje de levantar en brazos a tu
hijo o hija para sacarlo de la habitación o de la casa, podrás tener
casi plena seguridad de que el berrinche acabará de inmediato.
¿Por qué? Porque has retirado el origen del poder: te has separado
de la escena que está creando el chico, solo por controlarte.

El mejor ejemplo de la disciplina de la realidad es este. Porque
haces que el niño o la niña tengan que asumir la responsabilidad
de su decisión de actuar de manera inadecuada. Sí, le das el derecho a actuar de manera inadecuada, pero no en situación social.
En esencia, le estás diciendo: «Puedes comportarte así si lo deseas,
pero tendrá que ser a solas, sin interrumpir mi vida ni la de quienes están contigo».

Esta forma de tratar la situación casi nunca falla. A los chicos
no les interesa utilizar la conducta de poder si no tienen público.
Porque el motivo de esa lucha es asegurarse de que mamá o papá
lucharán también. Y si no hay oponente, la lucha no tiene sentido.

«Bueno», dirás. «Tal vez sea buena idea cuando hace un berrinche
en casa, en la cocina. Pero, ¿qué hago si estamos de compras?».

Puedo apreciar el problema, de veras. Me ha pasado un par de
veces. ¿Qué haces si estás en una tienda o en la fila del cajero del
supermercado y a la criaturita se le ocurre enloquecer? El pequeñín Festus patea, grita, muerde y da puñetazos contra el suelo.
¿Qué hacer? Si te agachas, con enojo y le pegas, solo lograrás que
grite y patalee más que antes. Tu voz tendrá que ser cada vez más
fuerte y empezarán a mirarte más y más personas, para ver la clásica lucha de poder entre un niñito y tú.

Les digo a las madres y los padres que enfrentan ese tipo de
berrinches en público que hagan algo muy valiente: sencillamente,
pasar por encima del niño (sí, sé que existe la tentación de pisarlo,
¡pero estamos buscando resultados positivos, no venganza!). Pasa
por encima del niño y sal por la puerta. Parece fácil, pero puedes
sentirlo como el recorrido más largo de tu vida. Aunque te aseguro

que si das esos pocos pasos, tu pequeñito te seguirá y te pedirá que esperes. ¿Por qué? Porque el berrinche no sirve de nada si no tienes público que vea tu actuación.

Por supuesto que puede haber gente comprando allí que empezarán a mirar la lucha de poder. Pero no por eso cederás. No te dejes manipular. Puedes tener la seguridad de que el público que quiere tu pequeñito eres tú, no la gente que está de compras. Podrá tratar de avergonzarte pero, si no sigues su juego, tendrá que dejar de jugar casi de inmediato. Solo pasa por encima y aléjate, murmurando algo así como: «Hay gente con hijos tan...».

¿Qué pasa si tu hijito no te sigue? Camina lentamente y siempre mantén un ojo en él. Si es necesario, detente junto a la puerta y mira la vidriera, o repasa la lista de compras. Sin perderlo de vista, pon distancia entre el niño y tú para que ya no tenga el público que quiere: tú. Al final (¿antes del fin de semana?), descubrirá que ha «perdido la batalla».

Si esa conducta berrinchosa sigue en otras oportunidades en que van de compras, tal vez tengas que recurrir a la alternativa de dejarlo en casa. Llama a la niñera y explícale a tu hijo o hija por qué tendrá que quedarse. Dile simplemente: «Mamá te deja en casa porque cuando vamos de compras te portas mal. Como necesito tiempo para tus berrinches, no puedo hacer las compras. Pero cuando logres no hacer berrinches podrás venir conmigo otra vez».

No importa cómo enfrentes la conducta de poder, recuerda que cada vez que tu hijo o hija inician una lucha, estará de expedición en un viaje de aprendizaje. Está aprendiendo sobre la realidad. Si se sale con la suya con sus juegos de poder, aprenderá que la realidad es manipular y controlar a mamá y papá tanto como sea posible. Pero si el juego de poder no rinde frutos, aprende una realidad diferente. Aprende que la realidad es asumir responsabilidad por sus acciones y que la conducta inaceptable no rinde beneficio alguno.

Aprenden al observarte

Tal vez la forma en que más aprenden los niños al percibir la realidad con sus propios ojos es al observar a los modelos adultos que los rodean. Es evidente que sus primeros modelos de rol son mamá y papá, y a medida que van creciendo, hallarán modelos en otros adultos: abuelos y abuelas, hermanos y hermanas, tíos y tías, maestros y maestras, compañeros de juegos, la vecina viuda, y tantos otros...

Habrá padres que no estarán de acuerdo conmigo, pero creo que mamá y papá siguen siendo siempre los modelos más relevantes para los hijos. Sé que el poder del grupo de pares es grande. Y sé que cuando crecen, muchas veces los chicos se ven profundamente impactados por tal o cual maestro, entrenador, o incluso una estrella de cine o deportista profesional. Pero viven día tras día con sus padres. Tus hijos aprenden al observarte y créeme que te observan con mucha más atención que lo que podrías imaginar.

¿Cómo han de actuar los padres si son los «modelos de rol» cotidianos para sus hijos? Todos conocemos las respuestas más obvias: dar un buen ejemplo, ser congruentes, las acciones hablan más que las palabras, y todo lo demás. Creo, sin embargo, que quizá la mejor forma de ser modelo para tus hijos está en ser sinceros, honestos, francos.

Veamos: los niños comienzan siendo completamente sinceros. Podrán aprender lo que es el engaño o la falsedad más adelante, pero empiezan con una perspectiva de la vida con total sensibilidad y sinceridad.

Recuerdo el momento en que descubrí que uno de los periódicos locales iba a reemplazar mi columna de consejos para la familia por una escrita por Richard Simmons, sobre dietas y alimentación. Cuando mi hija Holly se enteró, dijo: «¡Oh, qué bueno! Me gusta Richard Simmons». Sí, los niños pueden ser completamente sinceros, incluso aunque esté en juego el ego de papá.

En ocasiones, la sinceridad de los pequeños puede avergonzar a todos los involucrados. Cuando mi hijo Kevin tenía casi cuatro años, un día él y su mamá se detuvieron a tomar un helado mientras volvían del jardín de infantes. Sande y Kevin disfrutaban de su helado, una mujer entró y se sentó cerca de ellos. Pidió una taza de café y un poco de helado, y luego encendió el cigarrillo. El humo iba directo a la cara de Kevin y de mi esposa.

Casi todos los adultos no fumadores conocen ese tipo de situación, tan molesta en restaurantes y lugares públicos. Por lo general, lo soportan en silencio. Pero Kevin no. Miró a la mujer y con indignación le dijo: «Señora, ¡su humo viene directo hacia mi helado!». Mi esposa se sonrojó, y quería que se la tragara la tierra. La mujer apagó su cigarrillo y murmurando una apresurada disculpa, se apresuró todavía más por salir de allí.

No cabe duda de que cuando tienen oportunidad, ¡los niños son totalmente sinceros! Y, sin embargo, muchas veces veo a padres y madres que tratan de borrarles esa sinceridad a sus hijos. Creo que es un trágico error. Como padres, tenemos que hacer lo posible por alimentar la sinceridad en nuestros hijos. Y la mejor forma será siendo sinceros. Siempre urjo a los padres a ser lo más directos y francos que puedan con sus hijos, desde muy temprana edad. Por alguna razón, no pensamos que los niños puedan enfrentar la verdad y solemos «cubrir» las cosas al hablar con ellos. No les decimos todo lo que sucede, pensando que son «demasiado pequeños para entender». Aunque en ciertas situaciones habrá que restringirse un poco, suelo alentar a los padres y las madres a hablar de sus verdaderos sentimientos, problemas y preocupaciones.

Hay los que no se sienten muy seguros con respecto a este consejo. Piensan que los temores y las preocupaciones podrían hacer que sus hijos se vuelvan temerosos y ansiosos por todo. Sí, existe esa posibilidad si es lo único que haces, y si eres exagerado. Pero lo cierto es que todos podemos contar las cosas, en medidas proporcionales a la edad de los niños, hablando de los miedos, preocupaciones y ansiedades que tenemos.

Cuando les muestres tu verdadero ser, tus hijos comenzarán a apreciar el hecho de que no eres una máquina. Aprenderán que eres una persona real, con sentimientos, necesidades y —por qué no— defectos también. Tu hija o hijo se dirá: *Mami sabe lo que es sentir miedo y preocupación. Me entiende cuando yo tengo miedo y me preocupo por algo.*

Todo eso puede asustar un poco a algunos progenitores a quienes les han enseñado que siempre tienen que mostrarse seguros, al mando, «competentes». Pero estoy convencido de que para nuestros hijos es importante vernos como personas imperfectas. En mi opinión, no hay mejor forma de enseñarle a un niño lo que es tener verdadera fe en Dios. Cuando los niños aprenden que sus padres verdaderamente dependen de la gracia divina y que necesitan la ayuda de Dios, ven que Él es real y no solo una «creencia» de la que se habla de manera muy abstracta. Siempre sugiero que los progenitores oren con sus hijos cuando conversan sobre los sentimientos y pensamientos que hay en su corazón. La oración es una forma maravillosa de comunicarte con tu hijo en cuanto a las realidades de la vida.

Puede lucir un tanto difícil este modelo de rol sincero y franco, pero creo que bien vale la pena. Y presento algunas razones:

1. *A través de tu sinceridad tus hijos aprenden que está bien ser menos que perfecto.* Los defectos, las preocupaciones y los fracasos no nos convierten en inferiores o raros. Por el contrario, es el fuerte quien sabe admitir sus puntos débiles.

2. *Al presentarles a tus hijos el modelo de la sinceridad, tienes enormes oportunidades de crear lazos de intimidad y una fuerte relación entre padres e hijos.* Al conducirte con sinceridad estás invitando a tu hijo o hija a ser confidente de tu mundo privado, que pocas personas fuera de la familia pueden observar o escuchar. En efecto, le estarás diciendo: «Confío en ti. Valoro tu opinión. Sé que eres una persona capaz».

3. *Como modelo de sinceridad tienes oportunidades para compartir y comunicar tu fe en Dios con tus hijos.* No solo vas a hablarle de orar y confiar en Dios sino que puedes invitarlos a hacer eso contigo. No hay mejor forma de acercarse a la realidad.

Los padres y las madres necesitan un plan de juego

Es obvio que los niños aprenden de muchas maneras, además de las que hemos visto en este capítulo. Pero quise destacar el orden de nacimiento, la conducta a propósito y el modelo de rol para poner énfasis en lo importante que es reconocer que tus hijos son personas únicas, y que cada uno de ellos prueba, ensaya, descubre y aprende a través de sus propios ojos. La disciplina de la realidad se basa en entender esa individualidad de cada hijo, pero tampoco es una panacea mágica que al repetir unas seis veces producirá

59

automáticamente resultados milagrosos. La disciplina de la realidad es algo que ambos padres tienen que poner en práctica de manera coherente y coordinada. Si uno de los dos intenta utilizarla y el otro no, los resultados casi no se notarán. Un sabio anónimo ha dicho que se puede engañar a un adulto, pero no a un niño. Después de trabajar como consejero de miles de niños y padres, estoy completamente de acuerdo. Es que los niños son sumamente perceptivos. Si ven que mamá pone en práctica una filosofía disciplinaria y papá aplica otra, harán todo lo posible por ponerlos a ambos en situación de enfrentamiento.

Mi amor por todos los niños es algo básico y natural en mí, pero eso no significa que me impida ver la realidad. Por eso digo con afecto: «¡Hemos encontrado al enemigo, es pequeñito!». En muchos aspectos, podríamos decir que los niños son el enemigo. Actúan por egoísmo y con el interés de salirse con la suya. Si ven que entre mamá y papá hay una brecha, por pequeñísima que sea, van a ser muy ingeniosos para poder meter su cuña por allí. Les advierto a los padres que deben estar en guardia, porque de lo contrario, los hijos les harán decir o hacer cosas que luego lamentarán.

Siempre que sea posible, sugiero que los padres hagan todo lo que puedan por unirse y criar a sus hijos en conjunto. En Filipenses 2:2, Pablo urge a todos los cristianos a trabajar juntos «teniendo un mismo parecer, un mismo amor, unidos en alma y pensamiento». ¿Y dónde mejor aplicado estará este consejo que en el hogar y la familia? Creo que es de extremada importancia que los padres estén de acuerdo ante una sanción disciplinaria. Si no lo están, todo desacuerdo deberá «dirimirse» a puertas cerradas. Convérsenlo y cuando salgan de la habitación y hablen con sus hijos, diciendo o decidiendo cosas que afectarán sus vidas, ellos les verán trabajando juntos, en concierto y armonía.

La familia vive en una misma casa, pero cada uno de sus miembros aprende por separado. Cada uno de tus hijos percibe la realidad con ojos que le son únicos. El primogénito ve las cosas desde un ángulo muy diferente al del hijo menor. El hijo del medio también tiene su propio punto de vista, que le es especial. No importa en qué lugar estén en la escala de los hermanos, ten la seguridad de que tus hijos estarán probando, indagando, buscando y utilizando todos los poderes que tienen a su disposición para tomar todo el control que puedan ganar. Y sus ojitos siempre están atentos. ¿Qué es lo que ven en tu hogar? Lo que vean será lo que aprenderán.

✔ Para repasar y aplicar

¿De qué manera reflejan los niños de tu familia su orden de nacimiento, como primogénito, hijo del medio, hijo menor o hijo único? ¿Quién se parece más a ti?

¿Qué tipo de «juegos de poder» has observado en tus hijos?

Si ellos estudiaran la forma en que viviste el día de ayer, ¿qué habrían aprendido?

✔ Para poner en práctica

- *Sé sincero en cuanto a algún defecto o preocupación.* Asegúrate de contarles a tus hijos qué es lo que te molesta en este momento.
- *Planifica tu próxima movida.* Prepárate para la próxima vez que alguno de tus hijos surja con un «juego de poder». Anota tu respuesta.
- *Piensa en el favoritismo.* El orden de llegada de tus hijos, ¿afecta la forma en que los tratas? ¿Eres justo? Si aquí tienes algún ajuste que hacer, sé específico y planifica cómo lo harás.
- *Cuéntales una historia.* Podrás inventarla o contarles una historia real de tu infancia. Allí podrás incluir un tema como la amistad, decir la verdad, compartir, robar, desobedecer. Es una buena forma de mandarles un «comercial».

4

Por qué los premios
y los castigos no dan resultado

Casi todos los que crecimos en hogares tradicionales hemos pasado por la experiencia de los dos métodos más comunes para controlar la conducta de un niño: la recompensa y el castigo. Ambos se utilizan en personas de toda edad y posición social. La recompensa ha sido desde siempre un beneficio en suspensión que logrará el otro si se comporta como queremos. Y si no logramos su cooperación a través de la recompensa, se emplea el castigo.

Por qué no está funcionando el sistema

Hay teorías para la crianza de los niños que afirman que al recompensar la conducta positiva y castigar la negativa, los niños aprenden rápido y no tardan en convertirse en angelitos. Muchos padres y madres se apegan a este sistema básico de recompensas y castigos, pero en mi consultorio veo todas las semanas ejemplos del motivo por el que tal sistema no está dando resultado. La recompensa y el castigo quizá funcionaban y eran efectivos en el pasado, con generaciones anteriores, pero no hace falta ser psicólogo para darse cuenta de que la teoría encuentra problemas en este inicio de un nuevo milenio.

Y hay varias razones básicas. Tal vez la más importante sea el marcado énfasis que se pone hoy en la democracia. Apenas tienen capacidad para entender, los niños empiezan a suponer que son iguales a todas las demás personas, incluyendo a los adultos. Desde el preescolar hasta la escuela secundaria y la preuniversitaria, se les enseña que han sido «creados iguales» y que tienen derecho a decir lo que piensan. Incluso han decidido que pueden «exigir sus derechos». Ha habido casos de demandas judiciales en que los hijos denuncian a sus padres, por diversas razones. Y no solo eso: ¡también han ganado!

Es obvio que en todo esto de la enseñanza democrática hay algo bueno. Dios nos creó a todos como personas únicas, como individuos y, por cierto, nos ama a cada uno de nosotros sin que importe ni el tamaño ni la edad. Todos tenemos ciertos «derechos inalienables» que nos ha otorgado el Creador.

Pero luego surge el aspecto negativo, cuando los niños empiezan a creer que tienen tanta autoridad como los adultos y que no necesitan escuchar a la autoridad adulta. En muchas escuelas los maestros están desesperados por los conflictos de conducta y disciplina. ¿Dónde se originan estos problemas de disciplina? En casa, donde mami y papi ya han bajado los brazos y le permiten al pequeño Festus ser el rey.

Para que el sistema de recompensas y castigos sea eficaz, el que recibe estas recompensas y castigos tiene que vivir dentro del sistema. Hay padres y maestros que siguen utilizando la recompensa y el castigo y seguirán haciéndolo, pero el problema radica en que los chicos no viven en ese sistema, como sucedía en el pasado. Sí, tal vez acompañen el orden y acaten las indicaciones, pero en realidad, todo eso no les está ayudando a desarrollarse y llegar a ser personas maduras.

Si la recompensa y el castigo ya no funcionan como herramientas disciplinarias efectivas, ¿qué debe reemplazar este sistema?

Creo que encontramos la respuesta en Efesios 6:4, que habla de «la amorosa disciplina». El apóstol Pablo advirtió a los padres que no deben criar a sus hijos de modo que les cause resentimiento e ira (que es exactamente lo que logran la recompensa y el castigo). Más bien, los padres necesitan desarrollar habilidades que se centren en otras dos técnicas. La respuesta a la recompensa y el castigo está en la disciplina amorosa y el aliento.

Intenta con el aliento más que con la recompensa

Hay una sutil pero importante diferencia entre el aliento y la recompensa. Es cierto que esta funciona con los más pequeñitos. Dile a una niña de tres años que le darás un dulce si hace lo que te pide, ¡y lo hará! Dile a tu hijo de doce años que le pagarás cinco dólares por limpiar el jardín y lo más probable es que lo haga. Pero tarde o temprano, todos tenemos la misma pregunta: ¿Quiero que mis hijos ayuden en la casa solo por las recompensas? Por ejemplo, ¿por qué debería limpiar el jardín mi hijo de doce años?

1. Porque es miembro de la familia.
2. Porque hay que limpiar el jardín.
3. Porque recibirá cinco dólares por molestarse en hacerlo.
4. Porque quiero que se involucre y sienta responsabilidad con el funcionamiento de la familia.

Es claro que limpiar el jardín para conseguir cinco dólares es una motivación muy diferente a las otras tres. Después de todo, no es solo la casa de mamá y papá sino la de todos. Todos viven allí. Y cuando se trata de hacer cosas en la casa es preferible que la motivación provenga de adentro, y no me refiero al interior del bolsillo. Si usas el sistema de recompensas como forma principal de motivar a tus hijos, corres peligro de crear «buscadores de zanahorias» que siempre perseguirán una recompensa (la zanahoria) cada vez que hagan algo bien, algo bueno o digno de notar en su vida.

Para ilustrar cómo opera esto, volvamos al ejemplo del niño de doce años, Justin, y la «zanahoria» de los cinco dólares que le ofrecieron por limpiar el jardín. Justin va y cumple muy bien su tarea, y le pagan cinco dólares. Mamá está contenta porque el jardín quedó limpio y Justin lo está porque ahora tiene cinco dólares más. Fin del problema, ¿verdad? ¡Pero no es así! Unos siete días más tarde Justin sale, limpia el jardín nuevamente y pregunta:

—Mamá, ¿y mis cinco dólares?

Mamá lo mira un tanto confundida y le dice:

—Justin, no sé muy bien de qué hablas. ¿A qué te refieres, cariño?

—Bueno, es que la semana pasada me diste cinco dólares por limpiar el jardín. Así que hoy lo limpié de nuevo y quisiera mis cinco dólares.

Puede ser que en tu casa hayas tenido una situación similar. El mensaje es bastante obvio. Si empezamos a pagarles a los niños por tareas que deberían hacer simplemente por formar parte de la familia, pronto acabaremos montados sobre el lomo de un tigre, y como dijo alguien una vez: «Quien monta un tigre de doce años encuentra dificultad para bajarse».

No digo que no haya casos en los que sea legítimo hacer un arreglo especial por alguna tarea que tu hijo pueda hacer, recibiendo por ello una recompensa. Pero el síndrome más común que veo como consejero es que a menudo los padres terminan obligados a pagarles a sus hijos por todo lo que hagan en la casa. Si estás cayendo en una trampa como esa, este es el momento de ponerle fin al problema y hablar respecto de un estilo de vida diferente, que se centre más en la autodisciplina, la humildad y las buenas acciones sin esperar siempre reconocimiento bajo la forma del frío y desapasionado dinero.

Al alentar, estás haciendo hincapié en la acción

Hay una sutil distinción entre la recompensa y el aliento. Y gran parte de esa distinción está en la actitud del padre o la madre y las pautas básicas que establece en la familia. Volvamos a Justin y el jardín que hay que limpiar, solo por un minuto más. En un hogar en que se trata de alentar en lugar de recompensar, ¿cómo reaccionaría mamá después de que su hijo de doce años acaba de limpiar el jardín? Ante todo, no le habría puesto la zanahoria delante de los ojos. Simplemente le habría pedido que limpiara el jardín porque había que hacerlo. Luego suponemos que Justin lo hizo, y muy bien. ¿Qué haría o diría su mamá?

Creo que, con intención de alentarlo, podría afirmar: «Justin, lo hiciste muy bien. Seguro que te sientes orgulloso de haberlo hecho. ¡Sí que tiene que haberte dado trabajo! El jardín se ve muy lindo y aprecio tu trabajo, de veras. Muchas gracias, amorcito».

Veamos de nuevo esas palabras. Observa que el énfasis está en la acción, no en Justin. Mamá no le dice: «Ah, eres un buen chico porque limpiaste muy bien el jardín». Siempre es buena idea no asociar la «bondad» del chico con lo bien que haga algo. Supongamos que Justin hubiera hecho las cosas a medias en el jardín (algo bastante probable con los muchachos de doce años). Y si hubiera hecho las cosas a medias, eso no lo convertiría en un chico «malo». Lo que mamá habría tenido que tratar era el hecho de que el resultado no era aceptable, alentándolo a que lo hiciera mejor.

Pero en nuestro ejemplo, Justin lo hace bien y su madre puede decírselo. Aunque jamás vincula su bondad o valor como persona con lo que ha hecho. Le da las gracias, aprecia el trabajo y observa que el jardín de veras se ve bonito. De manera muy sutil alienta a Justin a hacer bien otras cosas, por la satisfacción y no por el dinero o alguna etiqueta que pudiera indicarle que es un chico bueno y valioso.

Lo que estoy tratando de mostrar con esto es que tenemos que esforzarnos para alentar a nuestros hijos y ayudarles a ver que no los amamos solo cuando hacen las cosas bien. El amor y la aprobación que se basan en el rendimiento serían condicionales. Pero la disciplina de la realidad siempre busca amar a los hijos incondicionalmente. El ejemplo supremo es Dios mismo, que nos ama de forma incondicional, con un amor que no nos califica, que nos hace saber que siempre podemos acudir a Él, incluso cuando hemos metido la pata. Tal vez la verdad más grande es que podemos acudir a Él, *especialmente* cuando fallamos.

En un hogar donde el aliento y el amor incondicional son objetivos reales, el niño experimenta lo que se hace y lo que se le dice como: «Oye, te amo ¡pase lo que pase! Quizá no siempre me guste lo que dices o haces, pero mi amor por ti no tiene fin». Esto se contrapone totalmente con la actitud que le transmite lo opuesto: «Te amo si...», o «Te amo cuando...», como si mamá amara a Justin si limpia bien el jardín o fuera a amarlo cuando lo limpiara.

Josh McDowell señala en su excelente libro *Givers, Takers and other kinds of lovers* [Dadores, tomadores y otros tipos de amor], que amar a tus hijos con condiciones (si... o cuando...) no es la respuesta. McDowell observa que la única forma verdadera de amar es decir simplemente: «Te amo». Sin «si...», ni «cuando...» ni «pero...». Uno simplemente le comunica al hijo, de todas las formas posibles: «Te amo». Nuestros hijos necesitan saber que son amados absolutamente, más allá de lo bien o mal que hagan las cosas en las distintas áreas de sus vidas.

Recuerda que la principal diferencia entre la recompensa y el aliento es que la primera se centra en la personita que son nuestros hijos.

«Ah, eres muy buena por haber lavado los platos. Toma, veinticinco centavos».

«Ah, ¡qué buen chico eres, has limpiado tu cuarto! Puedes quedarte levantado hasta las diez».

Ese tipo de afirmaciones solo programan a los niños para que crean que los amamos porque hacen determinadas cosas. Evita ese tipo de tontería, a toda costa. Mejor, usa el aliento y el estímulo, para centrarte en la conducta de tus hijos. Si respondes de manera positiva ante el comportamiento de ellos, se sentirán incondicionalmente amados y valorados.

La disciplina verdadera no es el castigo

Aunque es difícil establecer la diferencia entre recompensa y estímulo o aliento, creo que resulta más arduo todavía separar a la disciplina del castigo. Al igual que la recompensa, el castigo se centra en el niño, y al igual que el estímulo o aliento, la disciplina se centra en *la conducta* del niño.

Efesios 6:4 nos dice que criemos a nuestros hijos «según la disciplina e instrucción del Señor», la amorosa disciplina de la que hablábamos antes. Pero, ¿qué es lo que significa esta amorosa disciplina? Si hasta las palabras parecieran contradecirse. Queremos comunicarles amor a los hijos pero hay momentos en que tendremos que disciplinarlos. Creo que estas dos palabras sí van juntas y tienen lógica siempre y cuando entendamos lo que es la disciplina real. He descubierto que hay muchas formas de disciplinar a los hijos. Son métodos sensatos, directos, prestos, orientados a la acción. Y lo más importante es que sus resultados son mucho mejores que los que nos da el castigo tradicional.

Veamos un ejemplo: Mamá está hablando por teléfono y su hija de seis años empieza a portarse mal, gritando, fastidiando, esforzándose porque mami no pueda continuar con su conversación, haciéndoselo imposible. Mamá decide ignorarla, lo que dura unos minutos. Pero de repente, pierde la calma. «Perdón, Marge. Tengo un problema».

Mamá toma por el cuello a su niñita y le da unas buenas nalgadas. Luego la toma del brazo y la lleva a su cuarto, diciendo: «¡Ahora te quedarás sentada aquí hasta que aprendas lo que son los buenos modales!».

¿Qué es lo que sucedió durante esta escena, tan común y conocida? Mamá intentó ser paciente pero perdió la calma y el control. Acabó descargando su enojo en el castigo que impuso a su hija, que ahora está enojada, amargada y resentida. ¿De qué modo podríamos reescribir la escena haciendo que mamá disciplinara a la pequeña en lugar de castigarla? ¿Cómo podríamos lograr que la disciplina fuera realista y efectiva?

Volvamos al momento en que la niña de seis años empezó a molestar a la mamá durante su conversación telefónica. Era ese el momento en que tendría que haber actuado con rapidez y decisión. Podría haber dicho: «Perdón, Marge. Tengo que hablar con mi hija un momento».

Mamá habría tomado a la pequeña con firmeza pero sin ser dura, llevándola a otra habitación o al jardín. Así, le habría demostrado que podía seguir con su conducta, pero que ya no tenía derecho a hacerlo si interrumpía el derecho de mamá a hablar por teléfono. Podría haberle comunicado todo eso diciendo sencillamente: «Estoy hablando por teléfono y no quiero que me interrumpan. Ve a jugar y apenas termine vendré a avisarte y, si necesitas algo, entonces intentaré ayudarte».

Notemos que no habría nalgada y mamá permanecería al control de sus emociones. Y aun así, su pequeña recibiría disciplina en vez de castigo. Sería el tipo de disciplina correcta. Una de las cosas que he aprendido sobre los chicos de seis años es que no les gusta estar aislados. Quieren oír todo lo que sucede. Para la pequeña que busca llamar la atención molestando a mamá o a papá cuando hablan por teléfono, el aislamiento es una medida *disciplinaria* excelente.

¿Por qué no resulta el castigo?

Como papá de mis hijos y consejero de muchos padres con respecto a los suyos, aprendí que la disciplina siempre es mejor que el castigo. Si el castigo funcionara, no sería necesario castigar al niño por la misma infracción más de una sola vez. Si funcionara de verdad, el niño aprendería la lección desde la primera ocasión. Sin embargo, el castigo no funciona. Pareciera que funciona por el momento, pero en la mente del hijo surgen cosas como: *¡Está bien, mamá! Esta vez ganaste. Pero voy a tomar revancha.*

El castigo les enseña a los niños que dado que nosotros —sus padres— somos más grandes y fuertes, podemos con ellos. Y que podemos obligarlos a hacer lo que queramos. Y que como nosotros —los padres— podemos hacer eso, en nuestras mentes se refuerza la idea de que está perfectamente bien obligar a nuestros hijos a hacer lo que queremos. Después de todo, somos sus padres. En el caso de algunos progenitores, este problema es todavía más serio. Volvemos una y otra vez a nuestra frase favorita: «Hijos, obedezcan a sus padres», para justificar nuestras tácticas de mano pesada. Pero obligar a tus hijos a hacer tu voluntad no es un principio bíblico. Ya hemos hablado del significado real de la palabra *vara* en las Escrituras y de cómo muchos no solo malinterpretan las Escrituras (aquello de «no escatiméis la vara») sino que además hacen mal uso de la idea que querían comunicar los autores de la Biblia cuando hablaban de la vara (ver capítulo 2).

No podrás encontrar mejor modelo de disciplina que Jesús durante su ministerio en la Tierra. El Señor jamás les dio por la cabeza con una vara a sus discípulos. Siempre los trató con franqueza, directamente, con justicia y firmeza. Nunca a los gritos ni haciendo escándalo. Nunca con respuestas evasivas, aunque siempre les dio la posibilidad de elegir. Les hizo aprender a ser responsables, a decidir por sí mismos. Jesús fue el maestro modelo de la disciplina de la realidad.

Es cierto que trataba con adultos, y nosotros hablamos aquí sobre cómo disciplinar a los niños. Pero los principios siguen siendo los mismos. Es difícil disciplinar a los niños, por lo que se requieren ciertas destrezas. Esa es una de las principales razones por las que escribí este libro. Quise ayudar a los padres a aprender destrezas y formas de disciplinar a sus hijos en todo tipo de situaciones. Quiero ayudarles a transmitirles a sus hijos el respeto y, al mismo tiempo, a enseñarles a respetarlos. Los padres siempre debiéramos tratar de actuar de manera que se promueva la capacidad del hijo de respetarlos y honrarlos. ¿Por qué? Porque no solo se edifica la familia sino que, además, se fortalece el tejido mismo de la sociedad.

Todavía no he encontrado que la Biblia enseñe un principio que no edifique a las personas y las sociedades en las que viven, si tienen interés de vivir correctamente. El quinto mandamiento declara con claridad: «Honra a tu padre y a tu madre, para que disfrutes de una larga vida en la tierra..» (Éxodo 20:12). Y Pablo se hizo eco de la enseñanza de este mandamiento, al decir: «Hijos, obedezcan en el Señor a sus padres, porque esto es justo. "Honra a tu padre y a tu madre —que es el primer mandamiento con promesa— para que te vaya bien y disfrutes de una larga vida en la tierra"» (Efesios 6:1-3).

Es claro que la Palabra de Dios les da a los padres un sistema práctico y sólido. Si lo aplican correctamente, todos tendrán vidas más largas y felices. Pero si se abandona o ignora el sistema, mediante extremos como el autoritarismo o la permisividad, las cosas no van a mejorar.

Una de las razones básicas por las que no funciona el castigo a largo plazo es que Dios no planeó su uso dentro de la familia. Cuando Dios se refiere a sus hijos (los creyentes), el énfasis está en la disciplina (ver, por ejemplo, Hebreos 12:5-11).

Como fue Dios el que nos creó, Él sabe qué es lo que mejor funcionará con nosotros y en nuestro beneficio. Lo que mejor funciona es el tipo de disciplina que enseña y educa de la forma en que el Señor mismo lo aprobaría.

Educar a los hijos requiere tiempo

Proverbios 22:6 afirma: «Instruye al niño en el camino correcto, y aún en su vejez no lo abandonará».

Educar a los hijos implica destinar tiempo y energías a la enseñanza de lo que es la conducta aceptable en todo tipo de situaciones sociales. La cuestión central será qué es lo que hacen los hijos cuando los padres no están presentes. ¿Qué es lo que hace que obedezcan cuando ellos no están para reprenderlos? Tal vez sea el miedo al castigo. O quizá, su propia conciencia.

Creo que cuando uno educa y cría a sus hijos con amorosa disciplina, su conciencia se va formando de tal modo que es mucho más probable que se comporten correctamente aun cuando no estemos allí. Pero para enseñarles adecuadamente, hay que usar el estímulo, el aliento y la disciplina. No la recompensa ni el castigo. Los padres que usan la recompensa y el castigo como principales motivadores de la conducta de sus hijos en realidad no les están ayudando a formar una buena conciencia. Porque los niños aprenden esto: «Me portaré bien cuando estén presentes mamá y papá pero, apenas se vayan, haré lo que quiera».

La disciplina de la realidad utilizada con amor no te garantiza que tus hijos sean perfectos angelitos todo el tiempo, pero sí que crecerá la comunicación y la franqueza entre ustedes.

La mejor forma de forjar una buena conciencia en los hijos es enseñándoles a asumir sus responsabilidades. Y eso se logra estableciendo pautas, o reglas si prefieres ese término. Las pautas establecen los límites, es importante que tus hijos entiendan qué son los límites y por qué están allí. De nosotros, los padres y las madres, depende que los hijos crezcan con disciplina, calma y pronta, mientras permanecemos dispuestos a hablar de los por qué y las consecuencias de cada situación en particular.

Hay otro importante forjador de la conciencia: el concepto del perdón. Tenemos que enseñarles lo que es el perdón y brindarles oportunidades para que expresen remordimiento cuando violan las pautas de la familia. Además, nosotros también tenemos que poder expresar remordimiento. Y la única forma en que podremos enseñarles a los hijos a decir: «Lo siento», es si lo oyen de nuestros labios primero. Los padres siempre criamos a los hijos con el ejemplo. Y créeme, que el viejo dicho es verdad. Los niños prestan mucha más atención a nuestras acciones que a nuestras palabras.

Proverbios 22:6 contiene otra verdad más para la crianza de los hijos. La traducción más correcta del hebreo es: «Instruye al niño en su camino». Eso no quiere decir que haya que dejar que se vaya por donde quiera ni que haga lo que le venga en gana (eso sería ser permisivo). Significa que cada niño y cada niña son diferentes. Como hemos visto en el capítulo 3, cada uno ve el mundo con ojos propios, porque tiene determinado temperamento, determinada forma de reaccionar ante las situaciones y determinado tipo de personalidad.

Cuando hablamos de disciplinar a nuestros hijos debemos tener en mente que cada una de las criaturas de Dios ha sido creada de modo distinto. No hay dos personas iguales. No soy tan ingenuo como para pensar que un mismo método de disciplina podrá funcionar para todos por igual. Como hay niños con voluntad más firme y más activos que otros, necesitarán un tipo de medida disciplinaria en determinada situación en que otro niño, más pasivo, podrá ser disciplinado de manera completamente distinta. Educar y criar a los hijos en su camino significa estar dispuestos a mostrarles, a cada uno, que son individuos, y que cada situación deberá manejarse según sus necesidades y temperamentos. La disciplina de la realidad es un sistema que te brinda este tipo de flexibilidad que necesitas para criar a tus hijos de la mejor forma en cada caso. Porque a cada uno es único. Resiste la tentación de comparar a tu hijo o tu hija con otros.

De la mesada a la responsabilidad

No solo será cuestión de tiempo criar a los hijos para que sean responsables, sino que hará falta una estrategia. Una de las mejores que conozco es la del uso de la mesada, que ayuda a los niños a ser responsables. Es obvio que no se trata de un invento nuevo. Pero la forma en que se utilice y cómo se otorgue sí podrá marcar una enorme diferencia en la conducta de tus hijos. A las familias que acuden a mí como consejero, les digo que cada uno de los hijos de la familia debiera recibir una cantidad de dinero distinta como mesada (a menos, claro, que tengan gemelos). La edad es buen criterio para establecer la cantidad de dinero, por lo cual es lógico que cuanto mayores sean los hijos, mayor su mesada.

También recomiendo que se considere la mesada como parte del presupuesto familiar. Es algo que todo hijo debiera tener, así como papá o mamá tienen cambio en el bolsillo todos los días. La mesada es una forma práctica y efectiva de brindarles a los niños la oportunidad de comenzar a administrar el dinero y al mismo tiempo les da un sentimiento positivo de autoestima porque es lindo —sea que uno tenga seis años o sesenta— meter la mano en el bolsillo y poder decir: «¡Vaya! Tengo algo de dinero que es mío».

Otra regla bastante obvia que la mayoría de los padres y las madres comprenden en términos de la mesada, es que debiera dárseles a los hijos en determinado día de la semana o del mes. Tiene que ser algo que puedan esperar con regularidad.

Sin embargo, he visto que hay algunos padres que no llegan a entender que la mesada es algo que cada hijo debiera poder gastar como mejor le parezca. Darles la mesada y luego decirles en qué y cómo gastarla implica volver al problema del autoritarismo del que hablé en los capítulos anteriores. El autoritario toma todas las decisiones por sus hijos, incluyendo la de cómo gastar la mesada. Así, el chico no aprende a administrar el dinero ni a hacerse responsable. Para enseñarle a ser responsable, uno tiene que crear un entorno en el que pueda sentirse seguro para probar, descubrir y aprender. Y a veces tendrá que aprender «por las malas». La mesada es una muy buena herramienta para eso.

Cuando hablo de la mesada, me refiero a responsabilidades. Como el pequeño o la pequeña son miembros responsables del hogar, es bueno que tengan su mesada. Y como son responsables miembros del hogar, también debieran tener sus responsabilidades o tareas. Los padres podrán decidir qué labores, en el momento de la comida, una reunión familiar o cualquier otra ocasión especial. Pero han de cuidarse mucho de que la mesada no se tome como «paga» por esas tareas. Los chicos tienen que entender que sí tienen responsabilidades y que se les dará la mesada sencillamente porque son miembros de la familia. Sin embargo, no bastará con la mesada si no hay condiciones. Como miembro responsable de la familia cada uno de los hijos tiene tareas que contribuirán a que todo funcione con mayor facilidad.

Aunque creo que los chicos deben poder decidir en qué gastar su dinero, la mesada también puede usarse como oportunidad para enseñarles a ahorrar y administrar. En nuestra casa le damos al chico la oportunidad de ahorrar, si lo desea, parte del dinero. Si desea poner parte de su dinero en el banco, igualo la cantidad con dólares míos. También les hemos enseñado a todos la importancia de devolverle a Dios parte de nuestro dinero. Intentamos ayudarles a ver que lo ideal es que parte de su mesada sea para Dios, parte sea para ahorrar y el resto para gastar en lo que quieran.

Veamos entonces, ¿de qué modo se convierte la mesada en herramienta para enseñar lo que es la rendición de cuentas y la responsabilidad? Es sencillo. Supongamos que un niño toma su mesada de un dólar (o la cantidad que fuera) y gasta todo comprando golosinas. Y supongamos que lo hace mientras acompaña a su mamá al supermercado. Ahora, recordemos la regla: dar una parte a Dios, ahorrar algo y gastar el resto como mejor le parezca. Requeriría de verdadera disciplina de tu parte dejar que el chico compre setenta u ochenta centavos de golosinas y se lo coma. Y no sugiero que uno permita eso todas las semanas, porque ya no tendrá que ver tanto con el dinero sino con su alimentación y su salud. Pero creo que vale la pena permitir que el chico gaste de una sola vez todo su dinero, al menos durante unas semanas. Porque así, por experiencia propia, aprenderá que es tonto y extravagante derrochar su dinero de toda la semana comprando golosinas el primer día. Invariablemente, esa semana el niño querrá comprar algo más pero no tendrá dinero, y allí es donde los padres tendrán la preciosa oportunidad de permitir que la realidad sea su maestra y su disciplina.

Unos días después, estarán en otro supermercado y el niño dirá:

—Mamá, ¿puedo comprar esta goma de mascar sin azúcar?

La mamá mirará al pequeño y le dirá:

—Sí Brian, claro que sí. Usa tu dinero.

—Pero mamá —dirá Brian poniendo cara de pobrecito—, ya gasté toda mi mesada el lunes.

—Oh, cariño. Devuelve eso a su lugar y espera hasta el sábado. Podrás comprarlo al recibir tu próxima mesada.

Este ejemplo ilustra la razón por la que creo que la mesada es una herramienta estratégica para enseñarles a los hijos lo que es la responsabilidad. Es la forma perfecta de enseñarles a tomar decisiones inteligentes día a día. Pasadas un par de experiencias negativas, a la mayoría de los niños ya no les gustará derrochar su dinero. Incluso, algunos empezarán a guardar un poco «para los tiempos de las vacas flacas».

Cómo lograr que cumplan con esas tareas

No dejes de ver la estratégica conexión que hay entre la mesada y la asignación de tareas o responsabilidades. Todo niño debiera tener ciertas responsabilidades en el hogar, lo antes posible. Incluso el que tiene tres años puede ayudar a poner la mesa. Es cierto que se notará que quien puso la mesa tiene solo tres años, pero también es importante darle a cada pequeño y pequeña la oportunidad de participar.

75

Asignadas ya las responsabilidades a cada uno, tendremos el dilema común a todos los padres: ¿Qué pasa si no cumplen con sus responsabilidades y no hacen lo que tienen que hacer? En los hogares tradicionales donde se usa la recompensa y el castigo, mamá se ocupará retando, gritando o chillando hasta que se haga. Si es necesario, habrá medidas más duras como no salir, ir a dormir sin cenar y hasta una nalgada. Pero en el hogar que emplea la disciplina de la realidad, son el estímulo y la disciplina los que priman. Si el niño no cumple con sus tareas para el momento en que se le indicó, mamá y papá actuarán con calma y rapidez. Como administradores y líderes del hogar, tendrán que decidir qué hacer. Una opción será la de contratar a alguien para que haga lo que el niño no hizo. Por ejemplo, si el pequeño Brian no saca la basura, tal vez su hermana sí lo haga. ¿Es imponerle algo injusto a su hermanita? No. Porque la hermanita ¡obtendrá parte de la mesada de Brian por haber hecho la tarea que él no hizo!

Veamos cómo funciona en este caso la disciplina de la realidad. Brian pierde parte de su mesada, pero no es porque se la hayan quitado para «castigarlo». En esencia, él le ha devuelto dinero al presupuesto familiar para que alguien más se ocupe de lo que es responsabilidad suya. Brian tal vez lo considere un castigo, así que habrá que mantenerse calmados y tiernos al explicarle que no se trata de un castigo. Es que el presupuesto de la familia es tanto por mes, y cuando hay que contratar a alguien, será Brian quien tenga que aportar parte de su mesada para que se cumpla con esa tarea. Si Brian lo piensa un poco, entenderá que no le conviene mucho perder dinero por olvidar las cosas, por ser rebelde o haragán. Y no solo eso, porque realmente le dolerá que su dinero sea para su hermanita o hermanito. Lo más probable es que efectúe cambios drásticos en su conducta y cumpla a tiempo con sus tareas en el futuro.

Contratar a la hermanita es un modo perfecto de dejar que la realidad sea la maestra en este caso. ¿No es así como funcionan las realidades de la vida cotidiana? Si mamá y papá no van a trabajar, no reciben su paga. Es así de simple.

Estoy convencido de que el terreno para la crianza y educación para la vida tiene que ser el hogar. Tenemos que empezar a hacer que los chicos asuman la responsabilidad de sus decisiones. Y hay muchos hogares en los que esto sencillamente no sucede. Mamá y papá siempre están disponibles para recordar, ejercer presión, sobornar y obligar. Y sí, tal vez así se cumpla con las tareas, al fin y al cabo. Pero, ¿a qué precio? Parte del precio es que mamá y papá tendrán que estar acosando a sus hijos todo el tiempo, algo que Efesios 6:4 nos advierte con claridad, que no tenemos que hacer. Sin embargo, más dañino todavía es que con su constante acoso, presión y sobornos, los padres les están enseñando a sus hijos que cuando crezcan y salgan al mundo, siempre habrá alguien que los empujará, motivará y recompensará por su conducta. Por supuesto, la vida no es así. Podemos darles a nuestros hijos una herramienta excelente para la vida si les enseñamos a ser responsables. El dicho popular lo dice: enseñarles a volar con sus propias alas.

La variedad es el condimento de la responsabilidad

Antes de dejar este tema de las tareas y responsabilidades, nos vendrá bien echarle una mirada al concepto de la variedad. La mala noticia es que toda tarea tiene que cumplirse. Pero la buena, es que las tareas pueden cambiar. El pequeño Buford no necesita creer que será «el hombre de la basura» toda su vida. Porque esa tarea puede pasar a sus hermanos o hermanas menores cuando lleguen a determinada edad.

En efecto, muchas veces los progenitores se sorprenden cuando les recomiendo darles menos quehaceres a sus hijos mayores. Mi razonamiento es el siguiente: creo que cuando los hijos crecen y llegan a la escuela secundaria, es mayor la presión académica y de las actividades extracurriculares. Pienso que las tareas del hogar para quien ha llegado a la secundaria debieran ser menos que para los chicos más pequeños, que todavía están en la primaria. Pero veo en muchos hogares que lo que sucede es todo lo contrario. A los mayores los recargan de responsabilidades, año tras año, en tanto los hermanos menores tienen menos cosas que hacer. Si tienes hijos adolescentes y menores, piensa en ello por un momento. ¿Qué responsabilidades tenía tu hijo de dieciséis cuando tenía diez años? Compara esas responsabilidades con las de tu hija de diez años en este momento. En muchas de las familias que acuden a mi consultorio veo que el de dieciséis tenía mayores responsabilidades a esa edad, que las que hoy tiene su hermana de diez.

El desafío para los padres consiste en pasar constantemente las responsabilidades a los menores, manteniéndose al tanto de que ellos también necesitan tener las mismas oportunidades de colaborar.

De hecho, como dije, si es posible hay que restarles tareas a los adolescentes, para que tengan mayor libertad para sus estudios, actividades extracurriculares, deportes y las demás presiones que vienen con la etapa de la escuela secundaria. Y no digo que haya que dejar que el adolescente se siente de brazos cruzados mientras sus hermanos menores lo hacen todo. Tampoco será posible quitarles ciertas tareas a los adolescentes, porque tal vez no tengan hermanos o hermanas que puedan «heredarlas», o quizá haya algún otro problema. La regla de oro que intento que sigan los padres es que las responsabilidades tienen que distribuirse, quitando a los adolescentes toda la presión posible mientras se enseña a los menores lo que son las responsabilidades, como sucedió con los mayores.

Naturalmente, cuando el adolescente queda liberado de ciertas tareas y responsabilidades, deberá rendir cuentas del modo en que usa su tiempo. No se aceptará que no estudie, y pase todo el tiempo con amigos, o no haciendo nada. Habla con tu adolescente sobre cuáles son sus responsabilidades, explicándole que alivianas su carga en el hogar para que pueda con las responsabilidades mayores que hoy tiene en la escuela.

Nunca es tarde para empezar

Por otra parte, tal vez te preguntes por qué hablo tanto de la asignación de responsabilidades y tareas. En muchos hogares de hoy, en particular en los suburbios de los Estados Unidos, veo que se ha perdido casi el arte de hallar tareas para los chicos. Muchos adultos recuerdan su niñez en pueblos y ciudades rurales, donde vivían por experiencia propia lo que era la responsabilidad. Había tareas que necesitaban cumplir y que tenían un impacto notable en el bienestar, o incluso en los ingresos, de toda la familia. Hoy, que hemos avanzado en otra dirección, todo parece inclinarse hacia lo sofisticado, lo leve. Es más fácil contratar a un jardinero para no tener que estar diciéndole a Jason que tiene que cortar el césped. Por falta de tiempo o por comodidad, no les damos a nuestros hijos oportunidades para que sean responsables en el hogar, mediante el cumplimiento de determinadas tareas diarias o semanales. Creo que para los padres y las madres de hoy el desafío está en buscar continuamente la forma de dividir las responsabilidades entre los miembros de la familia con justicia. Las responsabilidades podrán variar y cambiar cada tanto (por ejemplo, cuando llegan a la adolescencia), pero todos debieran tener algo que implique responsabilidad.

Si crees que estás en esta categoría de los que no han hecho todo lo posible por darles oportunidades a sus hijos dentro del hogar y la familia, recuerda que nunca es tarde para empezar. Aunque te sugiero que lo hagas empezando despacio y con calma. Siéntate y habla con tus hijos, y deja que propongan ellos las tareas y responsabilidades. Enumera todo lo que hay que hacer. La familia entera puede proponer tareas. Anota todo y luego asigna diversas obligaciones. Trata de permitir que los chicos elijan, pero si hay peleas, tendrás que hacer de árbitro y asignar tú los deberes, diciendo: «Vamos a intentarlo de este modo y veremos cómo funciona». Recuérdales que al asignarles una tarea, no estás condenándolos para toda la vida. La situación tiene que ser siempre flexible. Recuerda que lo que realmente buscas al asignar responsabilidades es enseñarles a rendir cuentas y asumir responsabilidades.

He hablado mucho sobre la responsabilidad en este capítulo. Hemos visto la diferencia entre el estímulo y la recompensa, y entre el castigo y la disciplina. Tal vez, ahora necesitemos ver un poco más cómo opera la disciplina de la realidad cuando los muchachos no cooperan. ¿Qué sucede entonces? Hay una frase que me encanta usar en mis seminarios y sesiones de consejería: «A veces, hay que halar la alfombra para que los monstritos caigan».

Los padres y las madres ríen por lo bajo cuando imaginan a sus «monstritos» cayéndose al suelo. Por supuesto, les advierto que cuando uno «hala la alfombra», tendrá que hacerlo con el fin de enseñar, no de lastimar. En el próximo capítulo vamos a ver en detalle cómo es esto de halar la alfombra.

✔ Para repasar y aplicar

¿En qué se diferencia la disciplina de la realidad del sistema de recompensas y castigos?

¿Cómo puedes estimular o corregir a tus hijos sin definirlos como «buenos» o «malos»? ¿Por qué es eso tan importante?

✔ Para poner en práctica

- *Ensaya palabras de estímulo y aliento.* ¿Qué dirás, en lugar de «buen chico» o «mala chica»? Practica palabras que estimulen sin dar definiciones: «Buen trabajo, ahora sí lo estás logrando».
- *Divide las tareas.* Si no lo has hecho todavía, distribuye las responsabilidades de la familia asignándoles tareas adecuadas a cada uno de tus hijos. Hablen sobre las mesadas o el dinero que reciben semanalmente.

5

«Hala la alfombra para que los monstritos caigan»

«Los hechos hablan más que las palabras».

Se ha convertido en una frase hecha, pero sigue siendo verdad, como siempre. En especial cuando se refiere a la crianza de los niños. Nuestros hijos sí prestan atención a lo que hacemos, pero no siempre a lo que decimos. Por eso digo: «A veces hay que halar la alfombra para que los monstritos caigan».

Si eres madre, tal vez te estremezcas ante la forma en que hablo del regalo que Dios te dio. Y quizá «halar la alfombra» te suene más a castigo que a disciplina (al punto que te hace pensar en un desastre). Pero espera un poco. Vengo de Tucson, y aquí en Arizona pensamos que las lechuzas y otras pequeñas aves de rapiña, son simpáticas. Son como monstritos, feos pero graciosos, en especial cuando se posan sobre las hamacas que hay en los jardines y parques. Y en cuanto a «halar la alfombra» como forma de castigo, no es así. Es lo que constituye la clave para el funcionamiento de la disciplina de la realidad. Quiero mostrarte por qué.

Hace unos años trabajé como consejero de Eric, de diez años. Vivía en una comunidad rural y le gustaban mucho los animales. Sin permiso de sus padres compró (con su dinero) dos cerditos que vendía otro niño. Eric llevó los cerdos a casa y se los mostró a su mamá. Ella no quería tener cerditos y le dijo que tendría que deshacerse de ellos. No podían quedarse. Al cabo de dos semanas, sin embargo, los chanchos seguían allí. Eric había agotado ya todos los recursos y las tretas que podían ocurrírsele con sus padres: ya no le quedaba dinero. No podía devolver los cerdos. Iba a cuidarlos, y luego los vendería y hasta podría ganar algo de dinero con eso, en fin... todo tipo de ideas con tal de convencerlos.

Pero la madre de Eric no estaba de acuerdo con lo de tener cerdos en la casa. Eric, obstinado, insistía en que se le diera el privilegio de conservar sus cerditos. Todo iba en camino a convertirse en un terrible problema familiar, fue entonces que los padres vinieron a verme.

Lo que les recomendé fue simple y breve: líbrense de los cerdos. Su respuesta ilustra perfectamente el dilema de los padres que no quieren halar la alfombra. ¿Cómo podían librarse de los cerdos que pertenecían a Eric? ¿Dónde los llevarían?

Les dije que pensaran que su hijo había sido irresponsable al llevar a casa dos animales sin su consentimiento. Les recordé que siendo los padres de Eric, ellos tenían autoridad sobre él. Si un chico se pasa de la raya, y con su conducta dice: «No tienes autoridad sobre mí. Haré lo que quiera», los padres tienen la responsabilidad de actuar con rapidez y decisión... y halar la alfombra.

Los padres de Eric entendieron el mensaje y se deshicieron de los cerdos. Es más, no les costó demasiado porque encontraron a una familia que los quería, sin pagar. Por supuesto, a Eric no le gustó. Había perdido el dinero que le habían costado los dos cerdos. Y con eso, podríamos decir que la disciplina ya había funcionado. Era consecuencia de lo que sus padres le habían permitido hacer.

Cuando Eric llegó y vio que ya no estaban sus cerdos, montó en cólera. Se descontroló. Aunque la verdad es que el incidente de los cerdos realmente sirvió para que Eric prestara atención. Y hubo algunos cambios positivos en su conducta.

Seguramente supones que el tema de los cerditos era un caso aislado en la vida de Eric. Y no es así. Él ya había tratado de demostrar de diferentes maneras que podía «hacer lo que quería». Aun así, no les fue fácil a los padres ver que el chico perdía el dinero que tanto le había costado ganar trabajando en otra granja. Pero fue una muy buena lección que Eric aprendió «por las malas». Mamá y papá habían tenido mucha paciencia durante las dos semanas en que le habían insistido en que tenía que librarse de los cerdos. Había posibilidades de llevarlos de regreso a la granja donde los había comprado y hasta de que su amigo le devolviera el dinero. Pero Eric estaba tan decidido a hacer su voluntad, que no se molestó en intentarlo, y tuvo que pagar el precio por ello.

No fue agradable halar la alfombra pero, aun así, fue la mejor disciplina (y amor) que podrían haberle mostrado sus padres. Cuando hablo en seminarios y sesiones en todo el país, veo que a los padres les han vendido algo que no es cierto. Les han dicho que los psicólogos creen que la psiquis del niño es tan frágil que no hay que contradecirle ni herirle en modo alguno. Y concuerdo con Efesios 6:4, en que no debemos provocar a ira a nuestros hijos. Pero de allí a decir que son demasiado delicados como para aprender a partir de la disciplina basada en el amor y la realidad, hay un largo trecho. Es una tontería.

Como dije en un capítulo anterior, los chicos constantemente pondrán a prueba a sus padres. No lo hacen por maldad ni nada parecido. Lo que realmente quieren saber es si nos importan. Cuando somos firmes y les mostramos que sí nos importan, tal vez no les guste. Pero nos respetarán y apreciarán. Quiero repetir que la disciplina «firme» no es castigo. En esta situación en particular, con Eric y los cerditos, al perder su dinero (y además, a los cerdos), la forma de disciplina fue perfecta. Lo inadecuado —y probablemente inefectivo— habría sido gritar, insultar o pegarle. Aquí, justamente, tenemos oportunidad de hablar de esa forma tradicional de «disciplinar»: el castigo corporal. Te habrás preguntado si creo en eso o no. Sigue leyendo entonces.

Halar la alfombra, ¿también tiene que ver con un buen porrazo?

Creo que sí. Creo que en mi filosofía de halar la alfombra, hay lugar para una nalgada. Pero solo en situación adecuada. Por ejemplo, la nalgada puede ser una buena medida disciplinaria para los niños de dos a siete años que se muestran absolutamente rebeldes y desobedientes.

Pero no para los menores de dos años. Creo que jamás hay que siquiera dar una palmada a chicos de menos de un año y medio. Porque no entienden lo que sucede. De hecho, no tienen todavía un desarrollo conceptual formado. Realmente no entienden bien qué es la palabra NO. (Sí, sé que parecen entenderlo pero lo que más entienden es la expresión de tu rostro, no la palabra). Si a un pequeño de dieciocho meses le dices: «Ven aquí», lo más probable es que salga corriendo en dirección opuesta. Es decir, que a menudo quieren hacer lo opuesto a lo que les sugieres. Si quieres que venga hacia ti, sostén en la mano su mantita o un juguete que le guste.

Al llegar a los dos años, los niños ya pueden conceptualizar un poco más. También salen de la etapa de la oposición. Muchas madres estarán en desacuerdo conmigo porque todos conocemos el síndrome de «los dos terribles años». Aun así, con dos años y más, la mayoría de los niños puede entender la frase «Ven aquí», aunque se resistan y se nieguen a acudir al llamado. Todos conocemos situaciones en que los niños nos obligan a hacer algo drástico. Si se trata de una lucha de poderes entre mamá y papá o el pequeño Festus, siempre voy a apostar a los padres. Y si hace falta una nalgada, que así sea. La realidad que he visto en tantas familias, año tras año, es que si gana el pequeño Festus, ha acabado el juego y la disciplina se ha ido por el caño.

Cómo dar una nalgada y cómo no

Sin embargo, hay dos formas de dar una nalgada. Se han escrito libros enteros sobre el tema, pero quiero presentarte algunas pautas.

La clave está en no perder el control de tus emociones. Aunque te parezca contradictorio, si le das una nalgada, que sea por amor. Es cierto que en el momento tal vez no te sientas muy «amoroso», pero la forma en que muestras tu amor estará en no perder la calma.

Hay una enorme diferencia entre darle un par de buenas nalgadas a un chico y pegarle descargando tu furia, lo cual suele ir acompañado de malas palabras y abuso verbal.

El segundo principio que hay que aplicar al dar una nalgada es «el seguimiento». Algunos de los que escriben sobre la disciplina y la crianza de los niños indican que cuando se le ha dado una nalgada, el niño siente que ya ha pagado su deuda y que por eso la situación ha quedado resuelta. Ha quedado atrás. No me siento cómodo con esa idea. Pienso que si le das una nalgada a un chico, tienes la obligación de decirle exactamente por qué lo hiciste. Y también tienes la obligación de escucharlo. El momento inmediato después de la nalgada puede servir para que hable de lo que siente, de lo que le hizo decir o hacer lo que dijo o hizo, etc. La madre o el padre, y también el niño, aprenderán de esas situaciones. Y hasta es posible que la madre o el padre vean que se han apresurado y le han dado una nalgada por algo equivocado. Si es así, hay que disculparse y pedir perdón. Y de inmediato.

La clave del seguimiento está en el contacto físico. Sostén al niño y háblale de tus sentimientos. Explícale por qué te molestaste. Explica qué es lo que te ha enojado y por qué era necesario que le dieras una nalgada. Y explícale qué es lo que esperas de él o ella en el futuro.

Es posible que quiera disculparse o mostrar remordimiento. Si lo hace, dirá: «Lo siento, mami». Si es así, aliéntalo con calidez y amor. También podrás decirle que lo sientes pero que era tu responsabilidad darle la nalgada para que aprendiera a hacer lo correcto.

Trata de reafirmar a tu hijo en todo momento, más aún si tiene entre dos y siete años. Durante ese «seguimiento» dile que lo amas. Explícale que habrá momentos en que hará cosas que no son buenas pero que incluso si las hace, jamás dejarás de amarlo, jamás dejará de importarte.

Con eso dejo ya de lado las reglas generales en el caso de las nalgadas. Pero hay muchos padres que quieren saber cuándo correspondería una y por qué. Creo que en particular, serán útiles si se trata de niños pequeños y hay peligro con su seguridad. Por ejemplo, si un chico de dos años y medio siempre se acerca demasiado a la piscina o a otra área que implique peligro. Si desobedece siempre las indicaciones de la madre, será efectivo darle una nalgadita y llevarlo a un lugar alejado del peligro. Si vuelve a acercarse, tal vez haga falta otra nalgadita, y se le puede dejar dentro de la casa sin salir al jardín, donde está la piscina.

Los mismos principios valdrán para los niños que siempre salen corriendo hacia la calle y no hacen caso cuando su madre les dice que hay que tener cuidado. Hay especialistas en crianza de niños que aconsejan nunca dar una nalgada con la mano. Dicen que hay que usar una regla o paleta. Pero no estoy de acuerdo con eso. Creo que la disciplina y el amor van de la mano (es un juego de palabras, pero con toda intención).

Proverbios 13:24 afirma que quien ama a su hijo lo disciplina. Y la misma mano que guía al niño por la calle, a veces tendrá que disciplinarlo para ayudarlo a aprender. La clave estará siempre en hacerlo con amor.

Asegurarse de que se sientan amados

Como sucede con cualquier otra forma de disciplina, la nalgada es más efectiva si el niño se siente amado. Me gusta lo que dice Larry Tomczak en su libro *God, the Rod and your child's bod* [Dios, la vara y tu hijo]. Confieso que el título me sonó extraño al principio, pero lo que dice Larry en cuanto a las nalgadas como «arte de la amorosa corrección» tiene sentido. Ofrece algunas sugerencias para que los niños se sientan amados. Incluyen lo siguiente:

1. Asegúrate de ver a tus hijos como los ve Dios: como «regalos», «recompensas» y «flechas» (Salmos 127:4) y no como interrupciones, accidentes o exenciones impositivas.

2. Cultiva una actitud como la del niño. No te tomes tan en serio. Redescubre lo que es jugar. Caminen descalzos, juntos, por el césped húmedo. Suban juntos al carrusel. Representen un cuento en vez de solo leerlo.

3. Mira a tus hijos a los ojos. Los niños tienen mucha necesidad de que se les preste atención para sentirse amados, importantes, queridos. «Papá (o mamá) de veras se interesa por mí... por lo que digo... por lo que hago».

4. Expresa tu amor físicamente. Abrazos, besos, sentarse juntos, acariciarle el cabello, cosquillas, un masaje en la espalda... rodearle el hombro con el brazo... todo eso es absolutamente esencial para reafirmar la seguridad emocional de los hijos y alimentar su autoestima. Transmiten una idea: «Me gustas y me agrada estar contigo». Son los bloques que van edificando un vínculo de amor fuerte y sano.

5. Aprende a escuchar bien. Hace falta disciplina para escuchar, en especial con los niños, que podrán contarte cien veces la historia de Winnie the Pooh. Hay que usar los ojos, los oídos, le mente y el corazón. A veces, hay que arrodillarse para estar a su nivel y mirarlos a los ojos. Es importante que como padres, respondamos a los sentimientos de los hijos. Decirles: «Ahora no. Estoy ocupada», o «Me lo dirás más tarde», le estará indicando: Supongo que no les importo tanto a mamá y a papá como otras cosas.

6. Pasen tiempo juntos. No hay forma de reemplazar el tiempo que pasan juntos haciendo cosas comunes (comer, trabajar, orar, conducir, nadar, ir de compras), o «creando recuerdos» (visitas al zoológico, a la tienda de mascotas, al parque de diversiones o al hospital, jugando juegos de mesa, viendo un partido de softbol, yendo de picnic, de campamento, andar en bicicleta, una caminata, construyendo un avión en miniatura, cosiendo el vestido de una muñeca, visitar museos, ir a pasear, visitar la estación de bomberos o salir a visitar a papá en su lugar de trabajo).

Me gusta en especial eso que dice Larry Tomczak acerca de escuchar y pasar tiempo juntos. Al pasar el tiempo con tus hijos, crearás lindos recuerdos puesto que la vida de los niños es muy maleable durante los años de formación. Esfuérzate por darle todos los días el mejor regalo a tus hijos: ¡tú! Y escúchalos con atención. Todos miramos hacia atrás y vemos lo rápido que pasa el tiempo. Usa el tuyo con sabiduría. Escucha a tus hijos cuando son pequeños. ¡Porque es más probable entonces que te hablen cuando sean mayores!

El respeto es un camino de ida y vuelta

Las nalgadas son una opción posible para disciplinar a tus hijos, pero asegúrate de que lo hagas como corrección amorosa y no de modo que estés mostrándoles rechazo. Como dice Larry Tomczak, si consideras que es necesaria una palmada, no humilles, no avergüences, no seas cruel ni actúes con dureza.

Aunque las nalgadas sean una opción para disciplinar, creo que pocas veces podrán ser la primera opción cuando uno busca la mejor forma de «halar la alfombra» para que los hijos aprendan. Creo que los mejores maestros de la vida son las experiencias de la realidad. No digo que la nalgada no sea una realidad, pero sí que la realidad incluye muchas otras formas de aplicar una disciplina amorosa.

Por ejemplo, podrás usar el poder de la decisión. Puedes darles a elegir. Hay muchas peleas que surgen entre los padres y los hijos a causa de las luchas de poder. En toda relación entre padres, madres e hijos habrá momentos en que haya conflictos de voluntades. Mamá dice que Megan se pondrá tal vestido y Megan dice que no lo hará. Mamá dice que sí, y Megan vuelve a resistirse con firmeza. Y empieza la guerra.

¿Cómo se puede evitar este tipo de confrontaciones? ¿Cómo puede enseñarle mamá a su hija a respetar los deseos de sus padres? La respuesta obvia es que mamá intente mostrarle a su hija que también la respeta. ¿Y cómo lograrlo sin renunciar a su autoridad? Una posibilidad será separar la ropa que hay en el armario de Megan:

ropa para jugar y para la escuela, por un lado, y ropa para la iglesia, la escuela dominical y ocasiones especiales por otro lado. Entonces Megan podrá decidir, elegir y sentir que tiene algo de control sobre su vida.

Uno puede ir más allá todavía con el arreglo de la ropa dentro del armario, y tal vez incluso dividir la ropa para ir a la escuela en categorías. O establecer otra sección para la ropa de jugar.

Dependiendo de la estación del año, los cambios en el guardarropas de los niños sirven para encontrar lo que ya no les cabe o no corresponde a la época. E incluso los niños pueden participar de la actividad.

A través de todas esas acciones tan simples, uno les va permitiendo tomar más y más decisiones. La capacidad de poder decidir va formando su autoestima y confianza en sí mismos. Los hijos se sienten respetados y así hay más probabilidades de que respeten a sus padres. Si los padres les otorgan cierta libertad en cuanto a poder decidir qué ropa llevar, sucede que al vestirse, muchas veces preguntarán a mamá y papá si les parece bien lo que llevan puesto. Es un simple ejemplo de un principio básico: si hacemos bien nuestra tarea como padres, y usamos nuestra autoridad con sabiduría, nuestros hijos nos respetarán y también respetarán nuestras opiniones.

No exijas respeto. Gánatelo

Sin embargo, hay que admitir que uno no se gana el respeto de los hijos solo con una simple estrategia como la de dejarles decidir a veces qué ropa usar. Tal como sucede con casi todas las cosas importantes de la vida, el respeto no es algo que se obtenga con facilidad. Y otra cosa que los padres necesitamos saber es que no podemos exigirles respeto a nuestros hijos. Ah, supongo que sí se lo puede exigir mientras uno señala el capítulo 6 de Efesios, que declara con toda claridad que los hijos tienen que respetar a los padres. Pero tal vez, con el pequeño Cleto o la pequeña Josefina, eso no dé resultado. La forma de obtener el respeto de otro (y sirve aquí recordar que nuestros hijos son personas), es ganándoselo.

No podrás cocinar respeto en un horno de microondas, porque lleva tiempo.

Recuerdo haber ido al hospital a visitar a una chica de quince años que había tratado de suicidarse. Su familia me contactó de inmediato, me pidieron que fuera a verla. Cancelé otros compromisos y fui directamente al hospital. Mientras iba hacia su habitación, mi mente se llenaba con preguntas: ¿Por qué querría quitarse la vida esta chica? ¿Qué tipo de predicamentos o problemas enfrentaba?

Al llegar a la habitación encontré a una bella adolescente, completamente angustiada, llorando y deprimida. Le pregunté si sabía quién era yo.

—Sí —contestó.

Me senté junto a ella, en una silla, y le pregunté:

—¿Quieres hablar de todo esto?

No respondió. Se quedó mirando el cielorraso, y su expresión decía lisa y llanamente: «No. No quiero hablar».

Percibí que me estaba poniendo a prueba para ver si de veras me importaba, o si solo me habían enviado sus padres para espiarla o algo parecido.

—Si no quieres, no tenemos que hablar —le dije—. Y, de hecho, ni siquiera hace falta que me veas, ni que soportes que yo esté aquí. Pero me interesas tú y me interesa tu familia. Así que si hay algo que pueda hacer para ayudarte, quiero hacerlo.

Seguí hablando y contándole sobre mi vida. Le conté cosas que pensaba y sentía sobre los adolescentes con los que trabajaba, y le hablé de los problemas que había visto en diferentes familias. Mientras hablaba, ella dejó de llorar y comenzó a mirarme. Casi grité de alegría porque sabía que el hecho de que me viera a los ojos era un avance sustancial. Mientras hablábamos y le seguí mostrando que no iba a criticarla ni condenarla, fue sensibilizándose poco a poco. Y, por supuesto, cuando empezó a contar lo que tenía dentro, vi que surgían la hostilidad y el enojo. Pero a medida que conversábamos, esos sentimientos fueron esfumándose de manera lenta, hasta que por fin le pregunté si le parecía bien que volviera a visitarla al día siguiente.

—Está bien —me dijo. Y al salir de la habitación, nos saludamos con la mano, desde lejos.

Al día siguiente volví. Se veía un poco mejor. Más animada, pero todavía deprimida. Mientras conversábamos, le dije de nuevo que no tenía obligación de hablarme o verme. Eso era algo que tenía que decidir ella sola. Lo único que quería era estar allí si podía realmente ayudarla en algo.

Fue entonces que me preguntó: «Bueno, ¿qué piensas que tendría que hacer con respecto a mi problema?».

En ese momento supe que finalmente había podido romper el hielo. Me pedía mi opinión. Con su pregunta, estaba diciéndome: «Valoro tu opinión. Dime qué piensas».

Por fin, me había ganado el respeto de la niña. Había pagado el derecho y ahora ella se interesaba por saber qué pensaba yo acerca de lo que debía hacer. De eso se trata el respeto.

Habría sido fácil entrar y ser muy «profesional» con ella. Habría sido sencillo llevarla por el camino de la culpa, más profunda que la que sentía ya. Pero en cambio, yo sabía que tendría que ser tierno, gentil, comprensivo, mostrarle que me interesaba, y ¡me interesaba en serio!

El final de la historia es positivo. La jovencita logró despejar su mente, venció algunos de los abrumadores obstáculos que tenía y avanzó muy bien, en un período de tiempo relativamente corto.

En ciertos aspectos, por supuesto, se podría decir que era más fácil ganarme el respeto de la desesperada adolescente del hospital, que lo que les resulta a los padres ganarse el respeto de sus pequeños, veinticuatro horas al día, trescientos sesenta y cinco días al año. Pero es algo que hay que hacer, y se puede. Una de las señales que te indican que tienes el respeto de tu hijo es esta: «Oye, mamá (o papá), ¿qué te parece esto?».

Naturalmente, no siempre estarás de acuerdo en todo con tu hijo o hija. Pero mientras haya amor y respeto, la relación crecerá y se hará más fuerte. Suelo decirles a los padres de los más pequeños que ese es el momento de ir construyendo la relación de respeto entre las dos partes. Será como dinero en el banco cuando los hijos lleguen a la adolescencia y comience a haber tensiones.

De dejarles decidir cosas a «halar la alfombra»

Con todo, tal vez te preguntes qué tiene que ver esto del respeto y de las decisiones que permitimos que tomen los hijos, con el otro tema de «halar la alfombra». Tiene mucho que ver, como verás en la siguiente ilustración.

Las decisiones, por supuesto, tienen que ser adecuadas. Uno no habla con una chica de doce años acerca de si quiere conducir el auto o no. Tampoco le dices al de seis años que decida si quiere jugar con su camión de juguete o con la pistola que tiene papá. Sí, hay muchas decisiones cotidianas que podrán tomar los hijos si les damos espacio para ello. Por ejemplo, podrán decidir qué les gustaría para el almuerzo: «Matthew, ¿quieres un sándwich de atún o con manteca de maní y mermelada?».

Le damos a elegir, pero le enseñamos que una vez que decida ya no puede cambiar de idea. Si queremos usar la disciplina de la realidad tenemos que mostrarle a Matthew que si cambia de idea habrá alguna consecuencia. Porque así funciona la vida. Es decir, lo haremos responsable de sus decisiones.

Pero, ¿qué sucede en muchos hogares? Una de las escenas típicas es que después de que Matthew ha elegido la manteca de maní con la mermelada y su mamá ya preparó todo, el niño decide que prefiere atún. Así que mamá envuelve el sándwich de manteca de maní con mermelada y lo guarda para otro día, disponiéndose a preparar el de atún.

¿Qué es lo que le está enseñando a Matthew cuando le permite cambiar de idea de este modo? Es irónico, pero en realidad le está enseñando a ser irresponsable ya que ella misma asume una posición de irresponsabilidad. Esa es una buenísima oportunidad para que la realidad entre en la vida de Matthew y le enseñe una verdad que podrá utilizar todos los días de su existencia. Lo que digo es esto: Dale a Matthew la posibilidad de elegir entre lo que decidió (manteca de maní y mermelada) o no comer nada. Si decide no comer el de manteca de maní, no se lo hagas tragar a la fuerza. Guárdalo para después. Pero el almuerzo de Matthew ya ha pasado. Puede ir a jugar o hacer otra cosa, pero no habrá nada para comer.

Matthew tal vez se encoja de hombros y vaya a jugar, pero pronto, la realidad entrará en escena para enseñarle su lección. La realidad aquí asumirá la forma del hambre.

Antes de la cena —y muy posiblemente mucho antes—, Matthew estará de vuelta en la cocina gimoteando porque tiene hambre. Es un momento crucial, por dos razones al menos: 1) Mamá sentirá culpa y pena por Matthew, pero tendrá que orar pidiendo fuerzas para no ceder. 2) Tendrá que explicarle a Matthew por qué no puede comer nada hasta la hora de la cena. Tendrá que decirle lisa y llanamente que es importante tomar decisiones, incluso las que son tan simples como el tipo de sándwich que queremos comer. Podrá decirle: «Sí, seguro que estás hambriento. ¡No almorzaste, así que debes estar muerto de hambre! Bueno, tienes suerte. Cenaremos en unas dos horas y veinte minutos, apenas llegue papá. Ahora ve a jugar y te veremos a las seis y media».

Así, con el estómago hecho un nudo, Matthew sale a jugar. Tal vez derrame una lágrima o dos, o dirá algo con respecto a que mamá es mala. Pero la realidad ha entrado en escena y terminará de «halar la alfombra». Mamá empezó a halarla cuando guardó el sándwich de manteca de maní y mermelada y se negó a preparar otro con atún. Ahora que Matthew siente hambre, y lo tendrá que soportar por dos horas más, la alfombra se ha corrido de veras.

¿Qué aprendió el pequeño? El objetivo es enseñarle que no es buena decisión dejar de comer lo que mamá preparó para el almuerzo. No es buena decisión cambiar de idea cuando ya es demasiado tarde. Sí es buena decisión mantenerse en lo que se ha decidido incluso cuando uno cree en ese momento que preferiría comer otra cosa.

Tomar el toro por las astas

Todo esto, ¿te suena a maldad, a falta de corazón? Entre las madres que acuden a la consejería, hay algunas que me acusan de tener una actitud fría y «orientada al hombre».

«Está bien que usted, como padre, hable de dejar al chico con hambre. Estará trabajando y no tiene que verlo cara a cara», argumentan.

Les digo que las entiendo. En casa, Sande y yo intentamos dividirnos la tarea de halar la alfombra tanto como podemos. En cuanto a que soy «frío», sonrío y digo que no hay nada más lejos de la verdad. Y como prueba, invito a la madre que protesta que les pregunte a mis hijos si soy frío y cruel. Sande y yo hemos estado halando la alfombra para que tropiecen nuestros monstritos toda la vida, y no parecen estar tan mal. ¿Cuál es la razón? Los amamos con todo nuestro corazón, con todo nuestro ser ¡y ellos lo saben!

No halamos la alfombra como forma de castigarlos o vengarnos. Tampoco para dominarlos o para alimentar nuestros egos. Lo hacemos con amor (y a veces, se requiere un compromiso enorme porque duele). Claro que sería más fácil solo abrazarlos, mimarlos y consentirlos, pero con eso no les enseñaríamos a ser responsables, algo que necesitarán para enfrentar la vida más adelante. Llegará el día en que tus hijos sean demasiado grandes como para estar abrazándolos y mimándolos todo el tiempo. Es entonces cuando tu amor puede seguir tocando sus vidas de manera tangible, porque siendo ya adultos, serán responsables.

Me gusta pensar que esto de halar la alfombra también es una buena manera de imitar el modelo de rol del maestro de la disciplina de la realidad: nuestro Señor. Sí, Él nos enseñó a poner la otra mejilla, pero en muchas ocasiones, tomó el toro por las astas y dispuso que las cosas se cumplieran.

Dios siempre fue compasivo y bondadoso, pero también fue firme y directo cuando les haló la alfombra a Pedro, Santiago, Juan, al joven rico y muchos otros.

De eso se trata la disciplina de la realidad: de entrar en acción, de tomar el toro por las astas (o a los monstritos por sus orejitas), halando la alfombra con bondad y compasión. No hay mejor forma de demostrar el verdadero amor.

Recuerdo a una familia en la que los padres se dejaban gobernar por Todd, de cinco añitos. Para sus padres y, sobre todo para su mamá, halar la alfombra era una idea completamente repulsiva.

Todd era el más pequeño de la familia, y como muchos hijos menores, era quisquilloso. Solo le gustaban algunas cosas, en especial cuando se trataba de las comidas. Le gustaban las papas en puré, pero no hervidas ni asadas. Le gustaban los panqueques sobre el plato, pero no apilados. Todd era un chico verdaderamente quisquilloso, y bastante perfeccionista.

Naturalmente, a la hora de la comida había tironeos. Su hermano y su hermana comían lo que les sirvieran. Pero él no. Se dedicaba a convertir la hora de la cena familiar en una miniguerra.

Su padre no compartía su perfeccionismo con respecto a los panqueques o las papas. Lo habían criado enseñándole que los niños no hablan si no se les habla primero, haciendo lo que tenía que hacer, obedeciendo y nada más. Para él era demasiado eso de que un chico se rebelara ante algo tan simple como el hecho de comer o no. Así que le daba un puñetazo a la mesa y reinaba el terror. Pero con eso, Todd casi nunca se convencía de que debía comer.

Traté de ayudar a esos padres diciéndoles que tenían que darles opciones a sus hijos. Expliqué que la mesa de la cena en familia es el lugar perfecto para darle al chico la opción de decidir si comerá o no. Y los ayudé a delinear una simple estrategia. Volvieron a casa y entraron en acción.

Esa noche había pollo frito para la cena. Todd echó una mirada, husmeó, y dijo:

—¡No me gusta! ¡No me gusta el pollo!

Mamá se sorprendió ya que Todd había comido dos platos de pollo la semana anterior, pero no comenzó con su rutina habitual, que era la siguiente: «Cariño, claro que sí te gusta el pollo. La semana pasada te comiste dos platos y, además, si te lo comes te daré tu postre especial de frutillas».

Le había explicado a la mamá que ese tipo de conversación con su hijo no servía de nada, e incluso podía ser dañina. No lograría que comiera con eso.

En cambio, en esta ocasión, la mamá no dijo nada y tomó el plato de Todd. Se acercó al fregadero y con un ligero movimiento, hizo desaparecer la cena del chico.

Ahora, no sé bien qué estaría pensando Todd, pero tal vez fuera: *Mamá enloqueció por fin, dijo que la volvía loca, y creo que acaba de suceder. Siempre me dice que la comida cuesta mucho dinero y ahora tira mi cena a la basura.*

¿Fue demasiado severa la acción de mamá? ¿Tendría que haber hablado con Todd para que entrara en razones? Ya lo había intentado muchas veces. No. Creo que actuó bien. Esa es la acción disciplinaria perfecta con los chicos que no quieren comer lo que se les pone en el plato. Porque en realidad, les da el derecho a elegir si comerán o no. Y hace que sean responsables si deciden ser quisquillosos, porque el último jalón a la alfombra en este caso es que no habría bocaditos, ni golosinas, ni nada a la hora de ir a dormir. Pueden levantarse y dejar la mesa. Pueden ir a jugar, hacer la tarea de la escuela o lo que sea su rutina habitual. Y no habrá castigo. Pero sí disciplina. Y la disciplina dice: «Oye, mamá y papá no van a seguir con el jueguito del soborno. No vamos a pelear, ni gritar, ni dar puñetazos sobre la mesa. Ya no vamos a jugar más eso. Si no quieres comerte la cena, la cena se acabó. No habrá galletas, ni golosinas ni nada. Es adiós, y te veré a la hora del desayuno».

En el caso de Todd, su madre recuerda que al día siguiente comió en el desayuno como nunca antes. Y después de esa primera acción heroica (y digo que fue heroica porque sé lo mucho que le costó a esta mamá), comenzó a darle a Todd opciones diversas, pero jamás la de ser quisquilloso o caprichoso. Y la vida mejoró enormemente en esa familia.

Cuando los padres tienen la valentía de halar la alfombra, les están dando a sus hijos el mejor entrenamiento posible. Les están dando la oportunidad de tomar decisiones, buenas o malas. Creo que el hogar debe ser el lugar donde se puedan tomar esas decisiones, sean buenas o malas. Y que no puede ser el sitio donde haya un castigo cuando se toma una mala decisión. En muchísimos hogares, veo padres que hacen demasiado escándalo por poca cosa. Si vuelcan un vaso de leche, o derraman espaguetis del plato en la mesa, no hace falta gritar, decir cosas feas, dar una nalgada o una bofetada. Hace falta un trapo para limpiar y palabras amables que le hagan saber al niño que «los accidentes suceden».

Claro que los pequeños no siempre piensan que es justo halar la alfombra y usar el principio de la acción. Como dije en un capítulo anterior, son maestros en el arte de hacer sentir culpables a los padres. Saben presentar argumentos como el mejor abogado, en cuanto a lo que es justo y lo que no lo es, incluso si se les ha dado una advertencia que no escucharon.

Los padres tenemos que ser firmes. Tenemos que establecer las pautas y hacerles saber a los hijos que si se pasan de la raya, halaremos la alfombra.

Por ejemplo, hay padres que se quejan de que sus hijos maltratan los juguetes. Les digo que si el pequeño Brandon parece estar decidido a desarmar su juego de video, lo mejor será acercarse y quitárselo, con toda calma. Sí, claro que el pequeño Brandon se molestará, pero estarás logrando varias cosas. Salvas el juguete y le demuestras a Brandon que los juguetes cuestan dinero y no hay que maltratarlos. Y lo más importante es que mantienes el orden en tu hogar mientras le enseñas a Brandon a respetar lo que es suyo y, también, lo ajeno.

No es un castigo quitarle a un chico el juguete que está destruyendo. No le estamos diciendo: «No te amo», «No me importas», ni nada de eso. Le estamos diciendo: «Como padre (o madre) no puedo permitir que maltrates este juguete. Los juguetes cuestan dinero y no puedes destruirlos solo porque te parezca divertido».

¿Y qué pasa con la situación en la que el chico rompe el juguete (o lo que sea)? Si el niño o la niña están ya en edad de recibir su mesada, la medida disciplinaria más conveniente será hacer que pague de su dinero el juguete que se compra como reemplazo. Es otro ejemplo del modo en que la mesada puede actuar como excelente maestra de lo que es la responsabilidad. Me resulta interesante lo que muchos entienden cuando hablo de halar la alfombra: piensan que sus pequeños caerán sobre sus traseros. Por supuesto, cuando hablo de halar la alfombra no me refiero a que intentemos lastimar a los hijos. Pero si podemos hacer que aprendan, al darse cuenta de que las malas decisiones y las malas conductas cuestan algo, les estaremos mostrando lo que es la realidad.

Cualquier cosa es más fácil que la disciplina verdadera

Básicamente, he estado usando todo este capítulo para demostrar algo: cualquier cosa es más fácil que la disciplina verdadera. Es mucho más sencillo ser permisivos y «dejarlo pasar». Y es mucho más fácil castigar, porque así te das el lujo de descargarte y, por lo general, no hace falta hacer el seguimiento para ver si tu hijo de veras aprende algo. Nos encanta pensar que «le damos una lección» al darle una nalgada, al humillarlo, al mandarlo a su cuarto. Pero, por desdicha, lo que le estamos enseñando de este modo al pequeño Brandon es que la próxima vez tendrá que cuidarse de que no lo pesquen, o sabrá esperar el momento hasta que pueda vengarse de alguna manera.

Hace falta verdadero compromiso, perseverancia y valentía para disciplinar a los hijos. Nunca es fácil, pero siempre valdrá la pena. Y los resultados son muy buenos. Pienso en la carta que recibí de una mujer de Chicago. Tenía un problema familiar bastante común. Sus hijos le demandaban atención todo el tiempo. En casi toda familia hay al menos un hijo que busca que le presten atención, por ejemplo, el profesional en captar la atención de los adultos y de sus pares. A veces, será de manera positiva, con buena conducta, buenas calificaciones y demás. Pero en ocasiones lo hará de forma negativa, y uno de sus deportes favoritos es el de fastidiar a mamá y papá.

Eso era lo que le pasaba a esta señora. La fastidiaban sus dos hijos. Su carta mencionaba que me había oído hablar en un seminario que había dado en Chicago y que le interesaban particularmente mis comentarios sobre la técnica de «halar la alfombra».

Decía:

> Estaba hablando por teléfono con mi amiga y los chicos se portaban terriblemente mal. Les pedí al menos dos veces que no hicieran ruido. La tercera vez recordé lo que había dicho usted y decidí actuar en lugar de hablar. Dejé el teléfono y los acompañé hasta el jardín. Luego volví a mi conversación telefónica y hablé durante al menos veinte minutos más.

Al volver a la cocina, miré por la ventana y vi que una manito sostenía una nota que decía: «Mami, te amamos. (Ve el otro lado)». La manito le dio vuelta a la nota, que en el anverso decía: «Perdón, mami. ¿Podemos entrar ahora?».

Recuerdo que me reí con placer al leer la carta de esa madre y con el relato de lo que decía la notita que había incluido. Le contesté, también con una nota, agradeciéndole por haberme contado su experiencia. Le dije que había sido valiente al tomar ese tipo de decisión, actuando de ese modo con sus hijos. Y, en particular, noté un renglón de su carta en el que decía que ahora, cuando hablaba por teléfono, la conducta de sus hijos había dado un giro de ciento ochenta grados. ¿Por qué? Porque había actuado. Porque había tomado el toro por las astas. Les dijo que podían seguir portándose mal si querían hacerlo, pero que esa decisión solo podía llevarlos fuera de la casa, sobre todo si mamá estaba hablando por teléfono.

La moraleja de la historia de esa madre es clara como el agua. Nuestros hijos sí notan y prestan atención cuando actuamos con firmeza y hacemos que la realidad actúe. Sí, habría sido sencillo para esa joven mamá ceder a los ruegos de sus pequeños cuando los llevó al jardín. Tal vez hayan gimoteado: «Oh, mami... nos portaremos bien. No nos dejes afuera. Seremos buenitos».

Si ella hubiera cedido en ese momento, habría perdido la batalla. Pero se mantuvo firme hasta el final. Tú también puedes hacer lo mismo. Nunca tengas miedo de halar la alfombra y hacer que se tambaleen los monstritos. Te prometo que caerán parados, bien parados, ¡lo mismo que tú!

✔ Para repasar y aplicar

¿Qué piensas sobre las nalgadas? ¿Cómo respondes a las recomendaciones de este libro? ¿Cómo puedes ganarte el respeto de tus hijos?

✔ Para poner en práctica

- *Cuenta tus conflictos.* ¿Cuáles son las batallas más comunes con tus hijos? ¿Cuáles son los temas y problemas que se repiten? Anótalos.
- *Hala la alfombra.* ¿Qué sería «halar la alfombra» en los temas y problemas que has anotado? ¿Qué medidas podrías tomar? Planifícalas con atención.

6

Peligro... ¡superpadres trabajando!

«¿Cómo puedo lograr que mi hijo se sienta mejor consigo mismo? Lo veo tan infeliz».

«¿Cómo puedo lograr que mi hija alcance todo su potencial? Sé que puede dar más».

«¿Cómo puedo lograr que mis hijos sean responsables?»

«Estoy preocupada. Veo que mi hija crece con un rumbo equivocado. Solo está en el cuarto grado y ya se anda juntando con gente equivocada».

«¿Qué hacemos con Josh? Ya se rebela, aunque nos esforzamos tanto en criarlo bien, como Dios manda».

Todo eso es lo que oigo cada semana, varias veces, por parte de los padres y las madres que vienen a verme. Tales comentarios reflejan preocupación por los hijos, puedo entenderlo. Porque como padre también yo tuve preocupaciones. También yo me siento bombardeado con consejos y mandatos sobre cómo ser mejores padres. Hay toneladas de libros, artículos, panfletos, videos, películas y grabaciones que nos dicen por qué y cómo ser superpadres. Y, supongo, que en diversos momentos de este libro, lo que digo luce igual a lo que afirman tantos otros expertos:

«Asegúrate de no hacer esto... y de hacer aquello otro».

«Sé más rápido que una bala y actúa en lugar de hablar».

«Sé más potente que una locomotora para hacer cumplir las reglas de la disciplina de la realidad».

«Salta por sobre los grandes problemas, de una sola vez, y siempre muestra amor, afecto e interés por los sentimientos de tus hijos».

Entiendo cuando los padres se sienten frustrados con los «consejos de los expertos». También yo sentía el mismo tipo de frustraciones, ¡y se supone que soy uno de los expertos! Ser padres es una tarea difícil. Mi primer libro para progenitores llevaba como título: *Parenthood without hassles —well, almost* [Cría a tus hijos sin problemas, bueno, casi]. Aunque tenía confianza en que criar a los hijos podía ser mucho más simple, en vistas de lo que para muchos padres resultaba tan difícil, sabía que no desaparecerían todos los problemas.

Y ahora, años más tarde, soy todavía más realista. *Cría hijos sensatos sin perder la cabeza,* es el nombre del juego de la disciplina de la realidad. Y es muy posible que para este momento hayas entendido que solo hay un error en ese título. Porque no puedes obligar a tus hijos a ser sensatos. Más bien, al usar los conceptos de la disciplina de la realidad, vas guiando a tus hijos para que tomen buenas decisiones en cuanto a las realidades de la vida. Y sabes que necesitas darles libertad para que cometan errores. Sin embargo, tienes la certeza de que tomarán más decisiones buenas que malas a medida que aprendan a ser responsables ya que se van disciplinando a sí mismos.

¿Por qué lo que digo yo es diferente de lo que dicen otros «expertos»? En ciertos aspectos, no soy distinto. Muchos psicólogos y especialistas en crianza y educación creen en la disciplina, en la responsabilidad, en ayudar a los chicos para que tomen buenas decisiones. Pero yo estoy convencido de que la disciplina de la realidad tiene rasgos únicos que hay que poner en práctica en todo hogar donde haya niños.

1. *Los padres jamás buscan castigar. Lo que siempre buscan es disciplinar, criar, enseñar.*

2. *Si hay «castigo», dolor o algún tipo de consecuencia, no es el padre ni la madre quien lo causa, sino la realidad.* Tu hijo va aprendiendo cómo opera el mundo real.

3. *La disciplina de la realidad es el mejor sistema que conozco para evitar ese incongruente vaivén entre la permisividad y el autoritarismo.* Muchos padres saben instintivamente que tienen que conducirse con autoridad, estando al mando pero siempre siendo razonables y justos. Esta postura media, de la autoridad feliz, se mantiene mejor cuando recurrimos a la disciplina de la realidad.

4. *La disciplina de la realidad es el mejor sistema para enseñar responsabilidad, de manera que perdure lo aprendido.* El chico aprende al tomar sus propias decisiones y vivir sus propios errores y aciertos. No es una marioneta, ni un imitador de sus padres. Es su alumno.

5. *Por sobre todo, la disciplina de la realidad te evitará que padezcas del «Síndrome de los superpadres».* Cuando se trata de criar hijos, la mayoría no solo querríamos poder despegar, sino lograr que nuestros esfuerzos vuelen alto, como un pájaro, un avión o incluso una nave espacial. Queremos que lo que hagamos dé resultados. Queremos ser efectivos. Por eso, me gusta advertirles a los padres: «Sean pájaros, sean aviones, pero ¡no sean superpadres!». Es más, si usas los conceptos de la disciplina de la realidad en la medida que sea, automáticamente te protegerán contra los cuatro principales errores de los superpadres.

Peligros y errores del síndrome de los superpadres

Son cuatro grandes errores o peligros y pueden darse en todo tipo de hogares, pero he descubierto que las familias religiosas son particularmente susceptibles. Las supermamás y los superpapás quedan muchas veces atrapados en estos razonamientos errados:

1. Mis hijos me pertenecen.
2. Soy juez y jurado.

3. Mis hijos no pueden fracasar.
4. Soy el jefe. Se hace lo que yo digo.

Estas cuatro ideas erróneas huelen a autoritarismo, el estilo de crianza que se apoya en el control pero que falla en cuanto al amor y el estímulo. Los padres autoritarios tienen «el mando» y todo lo manejan con infalible mano firme. Es fácil caer en este tipo de mentalidad si crees que cumples con la voluntad de Dios al criarlo en los caminos que Dios tiene para él. Algunos padres son más autoritarios que otros, es cierto, pero es fácil caer en esto, sobre todo cuando las cosas se descontrolan y nos sentimos impacientes, frustrados o confundidos. Creo que para los padres es bueno conocer los cuatro peligros y errores del síndrome de los superpadres.

Mis hijos me pertenecen

Creo que a todos los padres nos viene bien recordar que nuestros hijos no nos pertenecen. Es cierto que su crianza es una inversión a largo plazo (además de ser cara). Pero ellos no nos pertenecen. La disciplina de la realidad nos recuerda que no estamos intentando ser dueños de nuestros hijos. Intentamos ayudarles a que aprendan a ser personas responsables, por derecho propio.

Nuestros hijos pertenecen al Señor. Él nos los dio «en comodato», con pautas específicas que su Palabra nos da, para enriquecer sus vidas y criarlos. Cuando caemos en el síndrome de los superpadres, podemos esforzarnos tanto, ensimismarnos a tal punto en nuestros hijos, que terminamos tratando de ser sus dueños. Muchas veces, lo haremos con muchísimo amor. Como dije antes, el padre autoritario se apoya en el control, pero falla en cuanto al amor y el estímulo. Y eso no significa que no haya muchos hogares autoritarios en los que parece haber mucho amor, pero no son más que dictaduras benevolentes. La disciplina de la realidad tiene como objetivo ayudarte a encontrar el equilibro donde podrás demostrarle amor y calidez a tus hijos, pero darles también la libertad de tomar sus propias decisiones. La disciplina de la realidad busca guiar, no poseer ni controlar.

Soy juez y jurado

Por lo mismo que acabo de mencionar, no somos jueces ni jurado. El único Juez es Dios y todos seremos juzgados algún día. Sí, es cierto que tenemos autoridad sobre nuestros hijos, pero tenemos que usarla siempre con justicia tierna y amorosa. Todos los días surgen desafíos en las vidas de nuestros hijos y en las nuestras. Pero la disciplina de la realidad destaca que no tenemos que juzgar a nuestros hijos incluso cuando muchas veces traten de hacer cosas que justamente nos mueven a juzgarlos. Los hijos tienen una tendencia natural a ver a sus padres como infalibles, como corte suprema que puede ayudarlos a obtener lo que quieren todo el tiempo. Es tentador entrar en la cuestión y resolver sus problemas, pronunciando una sentencia justa.

Por ejemplo, veamos a Ricky y Bobby, de seis y ocho años. Han estado peleando después de subir a su cuarto para ir a dormir. Papá ya entró tres veces para decirles que se calmaran. Pero Ricky y Bobby siguen discutiendo y peleando. Finalmente, Ricky (el de seis años) empieza a llorar. Con eso, el botón del enojo se dispara en papá y cuando sube a la habitación, está decidido a terminar con eso ¡ahora mismo!

—Bien. ¿Quién empezó? —ahora papá es juez y jurado y va a descubrir exactamente a quién le corresponde el castigo.

Por algún extraño motivo Ricky y Bobby se señalan mutuamente. El rol de papá, de ser juez y jurado, pasa por un momento confuso. Entonces dice:

—¡Escúchenme bien! Estoy harto. Ya les dije tres veces que se calmaran. Y lo digo en serio. ¿ME ENTENDIERON?

—Sí, papi.

—Sí, papi.

Papá sale dando un portazo tan fuerte que la casa se estremece. ¿Qué hacen Ricky y Bobby tras la puerta cerrada? Se miran, tapándose la boca para ahogar la risa.

Bobby dice:

—¿Viste cómo se le hinchaba la vena del cuello? Nunca lo vi tan enojado.

Mientras tanto, papá vuelve a la sala e intenta concentrarse en lo que está viendo con mamá en la televisión. Mamá empeora las cosas cuando le dice:

—Juan, creo que fuiste demasiado duro con los chicos.

Juan responde, molesto:

—Y yo creo que si pusieras un poco de disciplina en esta casa, yo no tendría que hacer cosas como esa.

Luego, supermamá y superpapá pueden seguir viendo las noticias en silencio, o tal vez empiecen a discutir.

Han caído en la trampita de Ricky y Bobby que innecesariamente los involucraron en su pelea. Es irónico que mientras creía estar jugando de juez y jurado, en realidad, ¡Papá se estaba dejando manipular por sus hijitos! Su primer error fue corregirlos tres veces antes de que lograran apretar el botón del enojo, causando la comisión de su segundo error, que fue enfurecerse. Su tercer error fue preguntar: «¿Quién empezó?». Por supuesto, ninguno de los chicos iba a admitir su culpa.

¿Qué tendría que haber hecho papá? Tenía diversas opciones, que podrían haber surgido de los principios de la disciplina de la realidad. Podría haber presentado una «consecuencia lógica», que les habría indicado a los chicos que si seguían peleando, irían a dormir mucho más temprano durante varias noches. O podría haber sacado a uno de ellos del cuarto para que durmiera en otra parte esa noche (para aprender más sobre este tipo de problemas, ver «Batallas a la hora de ir a dormir» en el capítulo 11).

Hagas lo que hagas, nunca seas juez y jurado. Los padres no estamos en un tribunal. Estamos en un hogar, donde el estímulo reemplaza a la recompensa y la disciplina siempre triunfa sobre el castigo. Para el juego del juez y jurado hace falta un superpadre. Necesitas la velocidad de una bala y la fuerza de una locomotora. Pero para practicar el juego de la disciplina de la realidad, necesitas la sabiduría de guiar a tus hijos para que tomen buenas decisiones, permitiendo que luego la realidad sea la que les muestre cómo son las cosas.

Mis hijos no pueden fracasar

Cuando caes en la mentalidad de los superpadres, el fracaso no es una idea favorable. Porque ellos creen que no deben ni pueden fracasar puesto que Dios está de su lado. Y naturalmente, creen que tampoco sus hijos pueden fracasar. Y si fracasan, a los superpadres les cuesta mucho aceptarlo. Los hijos interpretan ese sentimiento de desilusión como aceptación condicional, por lo que la tensión aumenta. La verdad es que nuestros hijos sí pueden fracasar.

Creo que les viene bien hacerlo a veces, porque los fracasos o errores les son útiles. Para los superpadres, estas palabras son durísimas. Hace años estaba en un programa de radio con Abigail Van Buen, la famosa «Querida Abby». Abby había tomado «Los diez mandamientos del hijo a los padres» de mi libro *Parenthood without hassles – well, almost* y los publicó en su columna. En el programa dijo que después de publicar esa columna había recibido más de setecientas cartas de lectores a quienes no les había gustado uno de los mandamientos, el que dice: «Por favor, dame libertad para que pueda tomar decisiones que me conciernan. Y dame libertad para fracasar, para que pueda aprender de mis errores. Así estaré preparado un día para tomar el tipo de decisiones que la vida requerirá de mí».

El comentario de Abby era prueba gráfica de lo que hoy es un problema en muchos hogares. Los padres temen dejar que sus hijos fracasen. Y no digo que los hijos tengan que ser fracasados consuetudinarios, o que tengan que aprender a ser perdedores en la vida. Digo que aprendemos por medio de los fracasos. Vamos aprendiendo a medida que tomamos decisiones y vemos que algunas terminan siendo errores que nos llevan a fracasar.

No importa cuántas cartas lleguen criticando ese «séptimo mandamiento», sigo creyendo que el hogar tiene que ser un lugar donde se permitan los errores y los fracasos. Porque allí, los padres pueden tratarlo sin escándalos, amortiguando los efectos del fracaso con su amor y su estímulo.

Pienso en el padre de Harlan, que había sido un superatleta en la secundaria y la universidad. El pequeño Harlan se probó para la primera división de su equipo de la liga de menores y no entró.

Lo mandaron a un equipo de la liga menor. Sin que Harlan lo supiera o diera su consentimiento, su padre fue a ver al entrenador para conversar sobre el asunto. Pero mientras hablaban, el padre perdió los estribos y terminaron a gritos. Había padres que oyeron la pelea, y también otros chicos del equipo, que eran compañeros de escuela de Harlan. Harlan estaba allí y tuvo tanta vergüenza que pensó que lo mejor sería ni aparecer en la escuela durante meses. Terminó abandonando su equipo de la liga de menores y después de eso nunca más quiso tener nada que ver con el béisbol.

El fracaso es difícil para los padres. Queremos que nuestros hijos sean exitosos en la vida, felices, pero tendremos que formularnos un par de preguntas: ¿Cómo y cuándo logramos el éxito nosotros? ¿No lo logramos muchas veces a partir del fracaso? ¿No salimos del fracaso a la victoria en muchas fases de nuestras vidas?

Creo que es interesante observar que la vida cristiana de toda persona comienza con el fracaso. Cuando acudimos a la gracia salvadora de Cristo, no lo hacemos a partir de la victoria, sino al admitir la derrota. Somos pecadores y necesitamos un Salvador. Al admitir nuestros errores y nuestra necesidad de Cristo, entonces tenemos la victoria.

Soy el jefe. Se hace lo que yo digo

Los padres que usan la disciplina de la realidad tienen autoridad, pero nunca son los jefes. Porque en el hogar cristiano, el jefe es Dios. Los padres solo administran lo que Dios les dio. Con la disciplina de la realidad intentas ayudar a tus hijos a que sean responsables, pero no tomas decisiones por ellos. Ahora, cuando adoptas la mentalidad del superpadre, empiezas a tomar decisiones por ellos porque «sabes más».

Claro que todo padre y toda madre sabrán más que sus hijos (¡la mayoría de las veces!). Hay muchas situaciones en las que sabemos qué tienen que hacer los hijos, porque ya hemos recorrido el mismo camino.

Sin embargo, la disciplina de la realidad te ayuda a guiar a los hijos, y no a dominarlos ni a tomar decisiones por ellos. Da más trabajo guiarlos, pero vale la pena, infinitamente más. Es cierto que podemos tomar todas las decisiones en cuanto a nuestros hijos, pero, ¿qué pasará cuando lleguen a la escuela secundaria, a la universidad, a la adultez? Suelo encontrarme en situaciones de consejería que son verdaderamente trágicas, y tienen como origen padres que siguen tratando de tomar decisiones por sus hijos, que son casi adultos o prácticamente adultos.

No hace mucho trabajé con una chica de quince años a la que llamaré Sarah. Era una adolescente con una mamá y un papá que sabían exactamente qué era lo mejor para ella. Sus padres la asfixiaban por completo. No tenía libertad. La observaban, no confiaban en ella, y siempre sospechaban. No había evidencia alguna de que Sarah fuera rebelde o de que hiciera algo malo. Los padres no tenían razón para desconfiar de ella, pero así era.

Sarah podía ir a la iglesia, pero si había algún tipo de paseo del grupo de jóvenes, como ir al minigolf, a patinar o algo por el estilo, los padres no la dejaban ir. No había tenido ninguna cita, ni siquiera con algún grupo de pares.

A los quince años, Sarah apareció en mi oficina. Estaba encinta. Por las noches, se había estado escapando por la ventana de su cuarto para encontrarse con un chico de diecinueve años. Los padres tenían buenas intenciones, pero al ignorar la libertad que necesitan los hijos para aprender y crecer, dieron origen a una terrible tragedia. Esos padres se sintieron desesperados cuando finalmente entendieron que habían contribuido a la caída de su hija. La chica siempre los había considerado insensibles y estrictos. Veía lo que le hacían como castigo, y se decía: *Muy bien, mamá y papá, si tienen derecho a castigarme, yo también.* Y los castigó. Pero se arruinó la vida.

Muchas veces veo padres y madres que tratan de decidir por sus hijos en cuanto a qué universidad será la mejor. O qué profesión o empleo tienen que tener. Muchos padres incluso se meten con la decisión de con quién tiene que casarse su hijo o su hija. Y no digo que los padres no tengan nada que decir con respecto a la educación, la profesión o el casamiento. Pero la opinión dista mucho de ser presión y control.

109

Luego, está la decisión más grande de todas. ¿Pueden los padres decidir por sus hijos si aceptarán a Dios en sus vidas? ¡Ni siquiera un superpadre o una supermadre podrían lograrlo!

Los ejemplos que acabo de presentar son solo algunos entre los muchos que muestran cómo la mentalidad de superpadre te llevará por el camino equivocado, siempre. Tratar de ser superpadre solo causa problemas y, si tienes una familia normal, ya tienes suficientes problemas de qué ocuparte. Claro que si desesperadamente tratas de ser superpadre o supermadre, no te gustará admitir que existen tales problemas. Aunque no hay nada malo en ello. Todos los tenemos. La pregunta es: ¿cómo respondemos ante los problemas?

Tu familia, ¿es saludable o insana?

A todas las familias les preocupa la salud. Y no es poco común ver que hay padres que gastan miles de dólares en asegurarse de que sus familias coman bien, tengan buena atención médica y cosas por el estilo. Puedes hacer todo eso, y aun así tener un hogar insano. Esta situación proviene de cómo los padres responden a los problemas que forman parte de la vida cotidiana. No quiero exagerar con la analogía, pero creo que podríamos ver los problemas como vemos a los gérmenes. ¿Dejamos que los problemas infecten nuestras familias y luego causen graves enfermedades? ¿O podemos absorber los problemas, luchar contra los efectos nocivos y gozar de buena salud?

En varias familias noto que hay conductas insanas, con respecto a cómo tratan a la «oveja negra». Hay padres que llaman y piden una cita para terapia familiar. Y luego me traen al pequeño Buford o a Cletus, y básicamente me dicen: «Doc, es este. Es el que camina a un ritmo diferente. Es el que se rebela contra la iglesia. Es el que trae malas calificaciones. ¡Arréglelo!».

Y la oveja negra se queda allí, sentada, con la cabeza gacha o mirando por la ventana, aburrida a muerte. Mi reacción suele sorprender a los padres. Les digo que si quieren avanzar y ver cambios en la conducta del pequeño, tendrán que pensar en cambiar su propia conducta primero.

Cada vez que me encuentro con una familia que cree tener una «oveja negra» suelo pedir una reunión con toda la familia. Es importante que la familia vea que la mala conducta de un hijo no es problema exclusivo de ese hijo. El problema es de toda la familia. Por lo general, hay razones que motivan al chico a comportarse como lo hace, y muchas veces son los miembros de su familia los que contribuyen al problema.

Por ejemplo, no es difícil dejar de ver lo que obtiene el hijo modelo de la situación de la oveja negra que tiene uno o dos años menos que él (o tal vez, la oveja negra sea el hermano o la hermana mayor). Siempre que el hijo modelo hace algo bien, la oveja negra se ve más negra y peor. En muchas familias, cuanto mejor se porta el hijo modelo, más contribuye a destruir la autoestima y confianza de su hermano o hermana considerados como «oveja negra». Nunca lo admitirá en voz alta, pero el hijo modelo sabe que tendrá una recompensa. Porque su posición en la familia destaca por la mala conducta de su hermano o hermana. Los padres somos humanos. Sí que comparamos, y nos preguntamos por qué el pequeño Buford no puede ser más parecido a su hermano o hermana «modelo».

Luego, surge la pregunta: «Muy bien. ¿Qué hacemos con Buford? ¿Se supone entonces que su hermano modelo tiene que portarse mal, para que todo el mundo se sienta mejor?».

Claro que no. Pero las familias, y en especial los padres, necesitan ver cuál es el propósito que hay detrás de los caprichos de Buford, de su conducta antisocial, de su hábito de chuparse el pulgar y otros comportamientos. Intento ayudar a los padres a identificar la conducta —positiva y negativa— y luego a lidiar con ella de manera diferente a la habitual. Las respuestas de los padres y demás miembros de la familia pueden hacer mucho por reforzar la conducta indeseable de alguno de los hijos. Y del mismo modo, también pueden reforzar la conducta deseable. Todo depende de la respuesta, que puede ser saludable o insana. El siguiente cuadro ilustra lo que quiero decir. Brinda ejemplos de conductas positivas y negativas, de respuestas parentales saludables e insanas, y de la percepción de sí mismo que tendrá el chico después de cada tipo de respuesta.

Conducta	Respuesta parental insana	Percepción de sí mismo que tendrá el chico
El chico «olvida» cumplir con sus tareas y sale a jugar con sus amigos (negativa).	«¡Eres tan irresponsable!» «Nunca llegarás a nada si no aprendes a cumplir con tu trabajo». «No saldrás por una semana».	«Soy malo. No valgo mucho». «Me están castigando y no es justo».
El chico ayuda a mamá a lavar los platos y limpiar la cocina (positiva).	«Aquí tienes un dólar por ayudar a mamá». «Oh, qué chico tan bueno eres porque ayudaste a mamá».	«A mamá le gusto siempre y cuando me porte bien». «Me da dinero por ayudarla».
Descubren que la chica se hace la rabona y no va a la escuela (negativa).	«¿Cómo pudiste hacernos esto?» «¡Eres falsa y mentirosa!» «Terminarás en un reformatorio».	«No sirvo para nada». «Mis padres solo se preocupan por lo que piensen de ellos los maestros». «Si voy a terminar mal, que así sea».
La chica limpia su cuarto sin que nadie se lo pida (positiva).	«Se ve bien, pero olvidaste colgar el suéter». «Eres amorosa por ayudar a mamá a limpiar tu cuarto». «Dios está muy feliz contigo».	«Nunca hago nada bien». «Mami me ama porque limpié mi cuarto». «Dios solo me ama cuando obedezco».

Respuesta parental saludable	Percepción del chico
«Me molesta mucho cuando quedan cosas sin hacer. Tuve que contratar al hijo del vecino para que hiciera tu trabajo. Me costó cinco dólares, por eso lo restaré de tu mesada». «No irás a la reunión de los Scouts esta noche porque tienes que quedarte en casa y hacer lo que no hiciste en la tarde».	«Mamá está enojada porque no hice lo que tenía que hacer». «Si no hago mis tareas tengo que pagar por ellas. Me está dando la opción de decidir».
«Gracias por tu esfuerzo. Lo aprecio». «Es mucho más fácil hacer las cosas cuando tengo ayuda». «Gracias. La cocina se ve genial, ¿verdad?».	«Soy importante. Tengo un lugar como miembro de esta familia». «Soy responsable, y hago algo bien».
«Lamento enterarme de que parece que la escuela te disguste tanto». «Hablemos para ver qué es lo que te molesta». «Tal vez me equivoque, pero creo que la escuela te hace falta, por muchas razones».	«Mis padres se preocupan por mí». «Quieren oír mi versión de la historia».
«Tu cuarto se ve genial». «Seguro que estás orgullosa de lo que hiciste. ¡Muy bien!». «Valió la pena el esfuerzo. ¡Se ve genial!».	«Soy responsable. Puedo trabajar sin que mamá esté presente». «Sé disciplinarme. Sé cómo hacerlo».

Las respuestas parentales insanas en los dos ejemplos de conductas negativas son muy fáciles de apreciar. En ambos casos los padres han enviado un mensaje referido al «tú», sin lugar a dudas. Le dicen: «No sirves para nada, no vales mucho, nos desilusionas, vas por mal camino».

Muchos chicos oyen ese tipo de mensaje todo el tiempo y en lugar de mejorar, empeoran. Los padres les refuerzan la conducta negativa diciéndoles que no sirven para nada y que son incapaces de mejorar. Y así, los hijos cumplen la profecía.

Las respuestas saludables al hijo que hace algo negativo, suelen ser mensajes centrados en los padres, que le dicen al chico que están preocupados, enojados o heridos. En vez de atacar al hijo, el padre simplemente le cuenta cómo se siente y qué le preocupa, y le pide que trabajen juntos para mejorar la situación.

Ahora veamos los dos ejemplos de conducta positiva y las respuestas, la saludable y la insana. Las respuestas insanas son las comunes. Pueden parecerse a las que les oíamos a nuestros padres. Por ejemplo: «Eres muy bueno ya que ayudaste a mamá».

Ahora bien, ¿qué hay de malo en eso? ¿Qué hay de malo en decirle al hijo que es un buen chico?

Hay algo que es malo, aunque no es fácil darse cuenta. Esa observación le transmite al chico que lo aman porque ayudó a mamá. Implica que lo aman solo cuando ayuda. ¿Qué le pasa por la mente cuando oye ese tipo de respuesta? Podrá pensar: *Y si no ayudo, ¿no me amarás entonces?*

Aunque el chico tal vez no pueda expresarlo con palabras, quizá piense que el amor de sus padres es condicional. Si no cumple, no lo aman. Lo que los padres siempre tenemos que tratar de transmitirles a nuestros hijos es que los amamos, ayuden o no, se porten bien o mal.

Ahora, veamos las respuestas saludables: «Es mucho más fácil el trabajo cuando tienes ayuda»; «Gracias», y «La cocina se ve genial, ¿verdad?».

Son declaraciones que le transmiten al chico un mensaje positivo. Oye que su trabajo es apreciado. El énfasis está en el trabajo y no en él. Verá que le facilitó el trabajo a su mamá y que ella se lo agradece. Se sentirá bien, y sentirá que valió la pena. Y luego, oír que «la cocina se ve genial», le hace sentirse capaz, que puede hacer bien las cosas.

Los ejemplos del cuadro de las páginas 112 y 113 te muestran el básico concepto de la diferencia entre la respuesta saludable y la insana por parte de los padres, ante problemas típicos y comunes que hay en el hogar. Estudia este cuadro y medita en tus respuestas. ¿Son saludables o insanas? ¿Usas el estímulo y la disciplina amorosa? ¿O estás entrando en el modo insano de elogiar y castigar?

Les recomiendo a todos los padres a aprenderse de memoria Efesios 6:4, como medio para recordarse continuamente la diferencia entre las respuestas saludables y las insanas que les dan a sus hijos. La versión bíblica Dios Habla Hoy, lo dice así: «Y ustedes, padres, no hagan enojar a sus hijos, sino más bien edúquenlos con la disciplina y la instrucción que quiere el Señor».

En este versículo, el apóstol Pablo ha pintado la imagen perfecta de la disciplina de la realidad. Los padres y las madres que describe Efesios 6:4 evitan frustrar y dominar a sus hijos, en tanto intentan guiarlos y nutrirlos como agrada a Dios. Por desdicha, veo que muchos padres y madres tratan de ser superprogenitores, puesto que piensan con sinceridad que eso es lo que enseña la Biblia. Y es irónico ver que esos superpadres y esas supermadres dependen más de sí mismos que de Dios. Hablarán de la confianza en Él, pero su estilo muestra que básicamente confían más en sí mismos. Parece gustarles el rol de juez y jurado, o de enciclopedia con todas las respuestas. Se esfuerzan tanto buscando la excelencia que sus hijos quedan congelados por miedo al fracaso.

A veces, esa búsqueda de la excelencia por parte de los superpadres da como resultado progenitores agotados que terminan siendo esclavos o sirvientes de la familia. Es lo que les pasa a las madres, con más frecuencia que a los padres. Por ejemplo, puedo mencionar a Michelle, que vino a mi consultorio. Era una madre perfeccionista de treinta y cuatro años, con tres hijas. La mayor estaba terminando la escuela primaria. Las hijas de Michelle eran fáciles de identificar. A una cuadra podían verse sus prolijos atuendos, siempre de colores que combinaban a la perfección. Michelle incluso planchaba el tocino del desayuno, para que se viera plano y provocador.

Cuando fue a verme, estaba agotada, exhausta física y emocionalmente. Se levantaba a las cinco y media de la mañana todos los días. Y era una lucha para ella lograr que se levantaran de la cama, que se cepillaran los dientes, y todo lo demás. A un cuarto para las siete de la mañana, perfectamente peinada, limpia, prolija, servía cuatro desayunos diferentes. A una hija le daba panqueques con arándanos, a la otra, huevos revueltos, y a la tercera, cereal. Papá, por supuesto, comía su desayuno preferido: huevos a la benedictina.

Toda esa idiotez ocurría día tras día, hasta que finalmente, Michelle comenzó a sentirse mal. Su familia era como un circo, en el que ella era maestra de ceremonias. Era la extrema, patética ilustración del tipo de madre que quiere darle todo a su familia. Lo que estaba haciendo era lo contrario a la sana psicología, al sentido común y a la sabiduría bíblica. Después de varias semanas de terapia, Michelle pudo progresar en algo. Lo expresó levantando las manos un día para anunciar que «estaría de huelga». Y lo hizo. Dejó de ser la supermamá y toda la situación mejoró rápidamente.

Es irónico que mientras ella creía que le estaba dando amor a su familia, y así se conducía, en realidad no alcanzara sus objetivos. Al tomar tantas decisiones por sus hijas y hacer las cosas por ellas constantemente, en realidad impedía su desarrollo para llegar a ser personas responsables que supieran tomar decisiones y aprendieran a rendir cuentas ante los demás y, en última instancia, ante Dios.

El objetivo supremo de la disciplina de la realidad

Las preguntas más importantes que me hacen los padres en los seminarios que realizo en los Estados Unidos y Canadá son: «¿Cómo ayudo a mi hijo a crecer espiritualmente? ¿Cómo hago para profundizar la relación de mi hijo con Dios?».

Creo que la clave de la respuesta se centra en el concepto de la acción más que en las palabras. Es el concepto de la disciplina de la realidad. En casa, los chicos tal vez oigan hablar de Dios. Y oyen también sobre Él en la iglesia y la escuela dominical. Pero no siempre ven mucha acción que parezca estar relacionada con eso de vivir de frente a Dios. A medida que crecen, suelen hallar dificultades al ver la debilidad y la hipocresía de los adultos que los rodean. Ven la humanidad de sus padres y de otras personas, en sus hogares y en sus iglesias.

No hay nada de malo en ser humanos, pero sí en ser hipócritas. Creo que cuando admito libremente ante mis hijos que solo soy humano, estoy aprovechando una oportunidad ideal para enseñarles lo que es depender de la gracia de Dios. Cuando reconozco ante mis hijos que no tengo todas las respuestas, y oro con ellos y les cuento lo que pasa, ven que dependo de Dios para todos los contratiempos y problemas de la vida.

Una de las mejores formas de mostrarles (y no solo decirles) a tus hijos que verdaderamente dependes de Dios, es a través de la oración. ¿Te tomas el tiempo de orar con tus hijos con regularidad? Y no hablo de recitar por las noches: «Ángel de la guarda, dulce compañía». Mis hijos jamás oyeron ese tipo de oraciones. Cuando oro con ellos, lo hago sobre lo que pasa ese día, sobre nuestras necesidades, problemas específicos, lo que sea. Oro con nuestros hijos por el abuelo y la abuela, por mamá y papá, y por sus hermanos y hermanas. Oro con ellos por algo que agradecemos en particular ese día, por una necesidad satisfecha o una respuesta recibida.

También oro con ellos en cuanto a mis debilidades y defectos. Mis hijos no me oyen dando gracias a Dios por mi perfección. Me oyen depender de Él para obtener sabiduría y fortaleza.

Los chicos admiran a los adultos porque son más grandes y pueden hacer mucho más. Los adultos satisfacen las necesidades de los chicos a lo largo del día. No es de extrañar que los más pequeños piensen que mamá y papá son «perfectos».

Claro que ese manto de perfección no tarda en volverse harapos y caer. Pero mientras mantengamos engañados a nuestros hijos, no les hacemos ningún favor con tal actuación. La gente perfecta incomoda a los demás y no son una compañía agradable. No parecen muy sensibles, y si hay algo que quiero que mis hijos vean en mí, es la disposición a escucharlos, a ser receptivo.

Es triste ver que muchos padres —por orgullo o egoísmo— se nieguen a dejar que sus hijos vean sus defectos o sus temores. Cuando los padres tienen la valentía de mostrarles a sus hijos sus defectos y faltas en la oración, sirven como preciosos modelos de lo que significa depender de Dios. Cuando eres receptivo y transparente ante Dios y tus hijos, estás diciendo: «Aunque tengo muchos años más que ustedes, también dependo de nuestro Padre celestial, como quiero que lo hagan ustedes».

Otro beneficio que nos da ser sensibles a Dios y a los hijos, es que se verán motivados para buscarte y hablar contigo acerca de sus sentimientos. Es más probable que te cuenten sus problemas y debilidades si saben que también tú has estado allí. Pensarán: *Mamá no se enojará por esto ya que a ella también le sucedió.*

Creo que el momento de la oración es el más especial del día para padres e hijos. Te urjo a abrazar a tus hijos mientras oras. Tómate tu tiempo, no te apresures. Habla de veras con el corazón. Aléjate de las oraciones lindas y elegantes, o de las que se aprenden de memoria. Enséñales a tus hijos a orar con el corazón y por cada necesidad.

Muéstrales a tus hijos que vives dependiendo del enorme amor y de la fuerza de Dios en tu vida. Sé modelo de sumisión al Señor ante tus hijos, así también aprenderán a someter sus vidas a Dios.

Haz de la oración una prioridad en tu hogar, junto con la asistencia a la iglesia y la escuela dominical. Tómate tiempo para hacer devocionales cuando están cenando. Aprovecha cada oportunidad para armarte de valentía y cuéntales lo que piensas y sientes acerca de tu Padre celestial, así tus hijos aprenderán a hacer lo mismo.

Creo que cuando damos el ejemplo de la sumisión a Dios, el resultado es una doble bendición, porque 1) damos pasos definidos hacia el objetivo final, que es guiar a los hijos a tomar sus propias decisiones, y sobre todo la decisión de aceptar a Cristo como Señor de nuestras vidas; y 2) cumplimos con nuestro rol de padres y madres con autoridad, descrito por Pablo en Efesios 6:4. Observemos que dije «con autoridad» y no «autoritarios». Los padres con autoridad están firmes en el terreno promedio, sin entrar en los extremos de la permisividad o el autoritarismo. Según vemos en el cuadro de la página 120, ni el permisivo ni el autoritario ayudan a que el hijo o la hija aprendan a tomar decisiones. Es que el permisivo les roba su autoestima e iniciativa, al tomar todas las decisiones por sus hijos. Y el autoritario también les roba su autoestima e independencia, porque acaba haciendo lo mismo: todo lo decide por los hijos.

El padre autoritario controlará a sus hijos con un gobierno autocrático, pero ese despotismo está condenado a no ser efectivo porque el autocrático autoritario tal vez piense que sus hijos «cumplen con las reglas», pero lo que en realidad sucede es que la responsabilidad por la conducta de los hijos seguirá siendo de los padres.

El autoritarismo da lugar a la rebelión porque fomenta dos tipos de conducta en los hijos: una, que ven los padres y otras figuras de autoridad; y la otra, la que se da cuando los chicos están con sus amigos. Y créeme, es una conducta muy diferente a la otra.

Uno de los lamentos que más oigo cada semana es: «El pequeño Festus se comporta de un modo en casa, pero cuando está con sus amigos siempre se mete en problemas».

Cuando identifico que el estilo de los padres es autocrático y autoritario, pregunto con ternura: «¿Y qué podrían esperar? Le han privado de la oportunidad de tomar decisiones respecto de la vida. Han enfatizado el control sin haberle enseñado a ser independiente y a confiar en que puede tomar sus propias decisiones».

Creo que el hogar debiera ser el lugar donde los chicos y las chicas puedan aprender a tomar decisiones y aceptar las consecuencias de lo que deciden, sean buenas o malas. El hogar en realidad es la universidad gratuita en la que los chicos estudian todas las materias incluidas en la toma de decisiones, algo que durará para toda la vida. Digo gratuita porque es libre y digo libre porque Dios nos ha dado libre albedrío. Podemos tomar nuestras propias decisiones, eso incluye aceptar o no su ofrecimiento de amor eterno y salvación. La libertad que tenemos es una de las grandes demostraciones y pruebas del gran amor de Dios por nosotros.

El hogar debiera ser reflejo de ese tipo de amor. Dios tiene autoridad sobre los padres, pero les da libertad y amor. Y los padres tienen autoridad sobre los hijos, que también debieran darles libertad y amor a ellos.

Para algunos padres es algo que luce peligroso. Siguen aferrados al concepto del control. Si no pueden controlar a sus hijos, temen que se descontrolen, que se lastimen, que tomen el mal camino, etc. Pero si nos detenemos a pensar, los padres no tienen otra opción que darles libertad a sus hijos. Y no digo que deban ignorarlos, o dejar que salgan a la calle y los maten. Digo que en la base de la relación entre padres e hijos debiera estar el deseo de educarlos, guiarlos, enseñarles y darles la libertad para que lleguen a ser personas independientes. Los hijos, de todos modos van camino a ser personas y en lugar de poner obstáculos o barreras, debemos alentarlos, estimulando este proceso.

Padres autoritarios	Padres con autoridad o responsables	Padres permisivos
1. Toman todas las decisiones por sus hijos.	1. Les ofrecen alternativas y pautas.	1. Son esclavos de los hijos.
2. Utilizan la recompensa y el castigo para controlar la conducta de los hijos.	2. Les brindan a los hijos oportunidades para tomar decisiones.	2. La prioridad son los hijos, no su cónyuge.
3. Se ven mejores que sus hijos.	3. Ejercen una disciplina amorosa y coherente.	3. Les roban la autoestima y el respeto por sí mismos al hacer cosas que los hijos podrían hacer.
4. Gobiernan con mano de hierro, dándoles poca libertad a los hijos.	4. Hacen que sus hijos rindan cuentas y asuman responsabilidades.	4. Les dan experiencias tipo «Disneylandia», facilitándoles todo lo posible, haciendo la tarea por ellos, respondiendo por ellos, etc.
	5. Permiten que la realidad sea la maestra.	5. Invitan a la rebelión por su crianza incongruente.
	6. Transmiten respeto, aprecio y amor por los hijos, fomentando así su autoestima.	

Muy pronto, tus hijos serán adolescentes. Y luego, adultos. Sabrán lo que quieren, de todos modos (y antes de lo que imaginas). Incluso en la adolescencia tampoco podremos hacer mucho más que amar y respetar a nuestros hijos. Podremos pensar que seguimos teniendo el control y el poder, pero todo eso se nos escurre entre los dedos con gran rapidez.

Todo el tiempo recibo a padres y madres que no les han otorgado libertad a sus hijos y hoy cosechan amargos frutos porque ya han llegado a la adolescencia o son jóvenes adultos. El énfasis de esta obra se enfoca en ayudarte a criar a tus hijos desde los primeros años, enseñándoles a tomar decisiones con sabiduría. Como padres, no hay objetivo más grande que ese.

✔ Para repasar y aplicar

¿Has estado intentando ser supermamá o superpapá? ¿En qué aspectos? ¿Qué resultados obtuviste?

¿Cuáles son las cuatro líneas de razonamiento erróneo de los superpadres? ¿A cuáles eres más susceptible?

✔ Para poner en práctica

- *Ya no busques la perfección.* Si ya sabes que nadie es perfecto, puedes dejar de fingir. Abandona alguna de esas tareas irracionales que intentas cumplir por tu familia. Admite alguna falla o defecto.
- *Ora con tus hijos.* Muéstrales que te apoyas en la oración diaria. No prediques. Solo deja que entre en tu hogar la realidad de la presencia de Dios. Muestra con franqueza cuál es tu relación con Dios, y alienta a tus hijos a ser francos en cuanto a su relación con Él.

7

Cómo ser el mejor amigo de tu hijo

Hasta ahora hemos visto algunos principios básicos de la disciplina de la realidad. Esos conceptos incluyen lo siguiente:

La disciplina de la realidad intenta ser coherente, decisiva y respetuosa con tus hijos como personas.

La disciplina de la realidad usa la guía más que la fuerza, pero se orienta a la acción y no se conforma con solo usar palabras.

La disciplina de la realidad hace que tus hijos rindan cuentas y asuman la responsabilidad de sus acciones para ayudarles a aprender a partir de la experiencia. Esta podrá incluir fracasos o éxitos, pero en todos los casos tus hijos son responsables de lo que hagan.

La disciplina de la realidad se preocupa por ayudar a tus hijos a aprender. Ellos saben que ustedes son los maestros más importantes que puedan tener y que también buscan las mejores situaciones escolares para ellos.

Cuando uso la expresión «disciplina de la realidad», tal vez sientas cierta incomodidad. Porque nuestro concepto de la disciplina es algo que es estricto, autoritario, algo para nada divertido como forma de vida. Pero en este libro espero mostrarte que si empiezas a aplicar la disciplina, llegarás a ser el mejor amigo que tus hijos puedan tener. Porque quien aplica la disciplina es el que guía, capacita y enseña a otros para ayudarles a ser más maduros, responsables y exitosos en la vida.

Rechaza la conducta, ama a tus hijos

Los niños, en el fondo, buscan la disciplina. Ellos no te rechazarán porque apliques la disciplina siempre y cuando sepan que no los estás rechazando a ellos. Eso es lo bello del concepto de la disciplina de la realidad. Esta les permite a los padres transmitirles a sus hijos que los aman, incluso cuando no siempre les agrade cómo se comportan. En mi práctica como consejero, y en los seminarios que realizo en todo el país, veo una y otra vez que a los padres les falta conocer el arte de ayudar a sus hijos a ver que «Te amo, aunque no me gusta lo que hiciste». De cierta forma, los chicos siguen recibiendo otro mensaje: «No te gusta lo que hice y tampoco te gusto mucho».

Aun así, los hijos siguen pidiendo más. Siguen poniéndonos a prueba, rebelándose, indagando todo el tiempo, básicamente todo eso se resume en una pregunta fundamental: «¿Me amas? ¿Tanto como para corregirme y disciplinarme, pero sigo gustándote incluso entonces?»

Al utilizar la disciplina de la realidad, hay una palabra clave: equilibrio. El chico se comporta mal, tienes que lidiar con eso. Si lo haces siendo permisivo, el chico pronto decidirá que es él quien manda en la casa. Y si lo haces con autoritarismo, sentirá que lo pisoteas y esperará al momento justo en que pueda vengarse, como sea. «La venganza» puede adoptar forma de desobediencia o desfachatez, o incluso de huída del hogar o el suicidio. La tragedia que observo reiteradas veces es la de hijos e hijas rebeldes que literalmente destruyen sus vidas para vengarse del autoritarismo de los padres.

Algunos de los que se han criado en hogares autoritarios siguen siendo «buenos chicos y buenas chicas» hasta que llegan a los últimos años de la adolescencia, o hasta que son jóvenes adultos. Entonces, se vengarán mediante la rebeldía franca, el rechazo a su fe y otras cosas más. Como consejero, he visto adultos que se rebelan mucho más tarde en la vida. Muchas de las «crisis de la mediana edad» se deben a que la mujer o el hombre en cuestión buscan resolver sus sentimientos a partir de una crianza autoritaria.

Cuentas claras siempre

La disciplina de la realidad trata de no ser demasiado permisiva ni demasiado autoritaria. Se busca ser coherentes, siempre orientados a la acción. Quien aplica la disciplina de la realidad siempre mantiene las cuentas claras y al día, de modo que no hay viejas deudas, resentimientos, enojos o frustraciones que se vayan acumulando. Cuando se rompe una regla o hay algún tipo de mala conducta, los hijos saben que habrá rendición de cuentas de inmediato y que la situación se solucionará enseguida.

Esa «solución» no implica necesariamente una nalgada o bofetada. Sí hay espacio para algo así, pero creo que muchísimos padres lo usan cuando no hace falta. En cualquier situación que requiera de disciplina el tema central es lograr que los hijos vean qué es lo que han hecho mal, que tengan oportunidad para arrepentirse y lamentarlo, y que sientan que se les ha tratado con equidad.

En ciertos casos, podrán lamentar lo que hicieron sinceramente, y expresar arrepentimiento ante la persona a la que ofendieron. Si piden perdón, hay que perdonarlos. Lo importante es comunicarse. Si es posible, el hijo o la hija y su padre o su madre tendrán que hablar acerca de la situación. Es entonces, al hablar sobre la mala conducta o la violación de reglas, que se da la verdadera enseñanza. Con la disciplina de la realidad uno no reglamenta a los hijos solo por el hecho de disciplinarlos o por «mantener el orden». El objetivo a largo plazo y de largo alcance es ayudarles a ser personas responsables que puedan saber cómo disciplinarse.

Usa a tu aliado más poderoso

Al enseñar a tus hijos con la disciplina de la realidad, siempre utiliza a tu aliado más poderoso: las consecuencias naturales o lógicas. El concepto de «consecuencias naturales» fue presentado y desarrollado por el psiquiatra Rudolf Dreikurs, que creía que la mejor forma de educar y criar a los hijos es dejando que la vida lo haga. Muchas consecuencias serán «naturales» en cuanto a que sencillamente sucederán si se deja que las cosas sigan su curso. Las Escrituras describen las consecuencias naturales en Gálatas 6:7, que parafraseado dice: «El hijo cosechará lo que siembre». Por ejemplo:

Corre cuando debieras caminar y resbalarás, y tendrás un raspón en la rodilla.

Quédate levantado hasta tarde y llegarás tarde a la escuela al día siguiente.

Ahora, las consecuencias «lógicas» son un poco distintas. Los padres establecen consecuencias lógicas de antemano al decirles a sus hijos lo que sucederá si no cumplen con determinadas obligaciones. Por ejemplo:

Si no comes tu cena y hay que tirarla (o dársela al perro) no comerás nada hasta la hora del desayuno.

Si llegas tarde de la casa de tu amiga no podrás volver a visitarla mañana (o tendrás que volver mucho antes la próxima vez).

Si olvidas alimentar al gato varias veces tendremos que buscarle un nuevo hogar.

Al utilizar las consecuencias lógicas o naturales, tenemos que explicarles las cosas pero sin repetir todo el tiempo las reglas, y sin brindar muchas advertencias, segundas oportunidades y demás. Uno de los objetivos principales es enseñarles a los hijos que en la vida real hay consecuencias reales, y que la vida no siempre nos da segundas oportunidades.

La vida cotidiana nos da muchísimas oportunidades para poner en acción las consecuencias lógicas o naturales. Y cada vez que lo hagas, prepárate para ese «momento de la verdad», en que hay que aplicarlas. Si te ablandas o te inclinas a la permisividad, le faltará realidad a tu disciplina, y no habrá resultados.

El remordimiento puede ser el arma de los hijos

Como padre, sé que no siempre es fácil mantenerse firme y hacer que se cumplan las consecuencias lógicas o naturales. Incluso puede ser doloroso permitir que ellas sigan su curso, como cuando dejamos que sigan durmiendo, llegando tarde a la escuela. Habrá llantos, lágrimas y remordimiento, y todo eso puede ponernos nerviosos.

Suelo advertirles a los padres que el remordimiento de sus hijos puede ser real, pero también puede ser un arma de manipulación. Si tu hijo o hija siempre rompe la misma regla o comete la misma falta, y muestra remordimiento una y otra vez, entonces está usándolo como arma. Quizá piense: *Mientras le diga que lo siento, podré salirme con la mía.* Recuerda que la disciplina de la realidad siempre busca la rendición de cuentas y la responsabilidad. Es bueno el remordimiento, pero en muchos casos no basta. Por ejemplo, si un niño rompe algo en casa porque viola la regla de «no jugar rudo dentro», tal vez se muestre muy arrepentido. Pero además, deberá hacerse responsable por lo que rompió.

El mismo principio de responsabilidad valdrá para quien siempre llega tarde para la cena. Uno podrá aceptar sus disculpas, una o dos veces. Pero si sigue con esa conducta, tendrá que quedarse sin cenar.

Recuerdo a una señorita de nueve años con quien trabajé durante varias sesiones de consejería. Estaba ansiosa por poder pasar determinado fin de semana con una amiga. Iba a quedarse a dormir en su casa, luego desayunarían y la mamá de su amiga iba a llevarlas de paseo.

Pero esa señorita de nueve años también tenía determinadas tareas que tenía que cumplir cada semana, antes de la noche del viernes. Las tareas estaban ya predeterminadas por su mamá, así como los plazos límite.

Llegó el viernes y cerca de las 6:30 de la tarde la hija le recordó a mamá que era hora de ir a casa de su amiguita. El único problema era que no había terminado con sus tareas. De hecho, ni siquiera había empezado con varias de las cosas que tenía que hacer. Mamá le dijo con calma:

—Lo siento, cariño. Pero no vas a poder ir.

Por supuesto, hubo lágrimas y una escena, pero cuando todo volvió a la calma, la hija se sentó a la mesa con los ojos todavía húmedos, y dijo:

—Pero mami... ¿por qué?

Mamá dijo muy tranquilamente:

—Cariño, porque no está hecho todo lo que tenías que hacer después de la escuela el día de hoy. Lo siento, pero tendrás que quedarte en casa esta noche para poder terminar con todo.

Lo que sucedió luego es interesante y muy significativo para los padres interesados en usar la disciplina de la realidad. Con toda la habilidad y la sabiduría que parecen poseer los niños, la pequeña de nueve años empezó a retar a su mamá.

—Pero mamá... ¡no me dijiste que tenía que hacerlo! ¿Cómo es que no me lo advertiste?

¿Ves que fácil es crear un monstrito? Nuestros hijos son muy hábiles para mantenernos a raya y hacer que nos sintamos culpables. Tienen cantidad de maneras para transmitirnos que somos nosotros los que tenemos que advertirles, recordarles, indicarles y hasta sobornarlos. ¡Y todo eso no tiene sentido! La hija sabía, porque se lo habían dicho claramente, cuáles eran las tareas y los plazos. Lo que mamá jamás había hecho antes era hacer cumplir las reglas.

Y aquí es donde de veras tendrás que aplicar la disciplina de la realidad, si es que quieres que funcione. Llegarás a ese momento en que tengas que hacer cumplir las reglas, a pesar de las lágrimas, acusaciones y reproches. Podrás dejar que la culpa te ablande, inclinándote por la permisividad. O podrás ponerte la armadura del autoritarismo. Pero ninguna de las dos cosas servirá.

Lo que tendrás que hacer es lo que hizo esta mamá. Se mantuvo calmada pero firme. Cariñosa pero decidida. Por supuesto, ese fin de semana no estuvo en la lista de favoritos de su hija de nueve años. Pero lo que le interesaba era enseñarle a ser responsable, más que ganarse puntos con su hija por ser permisiva. Es lo que requiere de nosotros esto de enseñarles a ser responsables: a veces hay que halar la alfombra para que los monstritos pierdan el equilibrio.

La disciplina de la realidad, para ser efectiva, tendrá que centrarse en el concepto de controlar tus emociones, en lugar de dejar que éstas te controlen. Obviamente es más fácil decirlo que hacerlo (y también lo es ahora escribirlo, para mí) cuando tienes el vidrio roto en la ventana, o el florero hecho añicos en el piso. No siempre será fácil controlar tus emociones cuando la pequeña Courtney viene con aires de grandeza, o cuando el pequeñito Cletus de cuatro años baña en la poceta o servicio sanitario a su hermanita de dos. Aun así, de nada te sirve estallar. De hecho, cuando reaccionamos con un estallido y no disciplinamos con amor, luego tenemos que pedirles perdón a nuestros hijos. También es difícil, pero es una potente herramienta que nos permite dar el ejemplo de las enseñanzas de Cristo en cuanto a «perdonar, así como el Señor nos perdona» (Efesios 4:32 y Colosenses 3:13).

En toda situación dependerá de ti, como madre o padre, evaluar qué es lo que pasa y cuál será el mejor camino. La clave para interactuar efectivamente con tus hijos está en pensar antes de disciplinar. Sé que no siempre es simple, en especial cuando la disciplina de la realidad implica que hay que actuar con decisión, sin esperar. Pero en toda situación, conviene tomarse unos momentos para pensar exactamente qué es lo que está sucediendo y qué es lo que hay que hacer. Al tomarte este momento (si es necesario, retírate para alejarte un poco de la situación), disminuirás la probabilidad de actuar solo a partir de la ira, aumentando las probabilidades de aplicar la disciplina efectiva.

Nueve maneras de ser el mejor amigo de tus hijos

En resumen, aquí van los nueve principios que podrás recordar cuando emplees la disciplina de la realidad, si quieres ser el mejor amigo o la mejor amiga de tus hijos:

1. La disciplina tiene que ser acorde a la infracción. Por ejemplo, si tu hija malgasta el dinero que le diste para la semana y luego pide más, antes de lo previsto, le dirás sencillamente: «Lo siento, tendrás que usar lo que te di y si no te queda nada, espera hasta el sábado».
2. Nunca golpees ni provoques a tus hijos para someterlos. Recuerda que el cayado del pastor de ovejas era para guiarlas, no para pegarles.
3. Usa métodos orientados a la acción, siempre que sea posible.
4. Intenta ser coherente siempre.
5. Pon énfasis en el orden y en la necesidad de ser ordenados. El trabajo antes del juego, las tareas antes del desayuno y así sucesivamente. Este concepto refuerza la obediencia y destaca que en el reino de Dios siempre hace falta orden. El orden es importante.
6. Requiere siempre que tus hijos rindan cuentas y asuman la responsabilidad de sus acciones.
7. Comunícales siempre que son buenos, incluso cuando su conducta haya sido irresponsable.
8. Dales opciones que refuercen la cooperación, no la competencia.
9. Si es necesaria una nalgada, nunca la apliques en el momento de ira. Y siempre explícale luego por qué se la diste, diciendo esas palabras que tanto poder tienen: «Te amo. Me importas mucho».

Simple, pero efectivo

Más de uno me ha dicho: «Está pidiendo demasiado. Me resulta difícil disciplinar a mis hijos con sus métodos».

Les digo que comprendo eso. La disciplina de la realidad es simple y directa, pero difícil de aplicar. No es fácil ser como la madre de esa niña de nueve años que no cumplió con sus tareas, y que por ignorar sus responsabilidades no pudo ir a pasar la noche a casa de su amiga. Intentó todas las tretas conocidas para que su mamá se sintiera culpable, pero esta se mantuvo firme. Firme aunque afectuosa. Comprensiva pero decidida, haciendo que su hija asumiera sus responsabilidades.

No hay nada de raro o extraño en hacer que tus hijos asuman sus responsabilidades. Muchos especialistas en crianza de niños lo sugieren. Pero en mi caso, prefiero creer que la disciplina de la realidad es una horma especialmente eficaz para lograrlo porque el énfasis se pone en la acción, y uno está dispuesto a «halar la alfombra» con buen humor, aunque con decidida resolución. Y vale la pena. ¡La disciplina de la realidad funciona! Lo veo todos los días en mi propio hogar. Lo veo en las familias que acuden a mi consultorio de consejero, y cuando dicto seminarios por todo el país. En la segunda parte de este libro veremos algunos problemas específicos en cuanto a cómo puede mejorar y fortalecerse la relación con tus hijos por medio de la disciplina de la realidad. Desde este mismo momento.

✔ Para repasar y aplicar

Este capítulo dice: «Al aplicar la disciplina, serás el mejor amigo o la mejor amiga de tus hijos». ¿Cómo puede ser eso?

¿Qué son las «consecuencias naturales o lógicas»? ¿Por qué son importantes para disciplinar a los hijos?

✔ Para poner en práctica

Encuentra la verdad en las consecuencias. Piensa en algunas consecuencias naturales y lógicas que puedas usar para disciplinar adecuadamente a tus hijos. Planifica tus políticas.

8

Cuando explota el núcleo familiar

Gail era una madre soltera con problemas para criar a dos hijos pequeños, pero cuando en su iglesia ofrecieron un seminario sobre la crianza de los hijos, no asistió. El domingo siguiente, el pastor le preguntó por qué, y le dijo, en son de broma:

—Tal vez es porque ya tienes todas las respuestas.

—Oh, no, pastor. Usted sabe que no es así —respondió ella—. Pero cuando vi todos esos afiches con madres y padres juntos, y cuando usted anunció varias veces que era para padres y madres, supuse que no era para mí. Es diferente cuando hay que hacerlo de a uno.

Muchas veces, los escritores o disertantes, hablamos como si los consejos para criar a los hijos solo sirvieran para los hogares donde hay padre y madre, «núcleo familiar», como suelen llamarlas los sociólogos. Y quienes son solteros o solteras con hijos, se sienten excluidos, como si nuestras bien pensadas fórmulas tuvieran que aplicarse en laboratorios herméticamente sellados, y sus hogares no contaran con tal calificación. Si es eso lo que sientes al leer este libro, te pido disculpas. Porque en verdad, los padres y las madres que están solteros pueden aplicar la disciplina de la realidad tan efectivamente como cualquiera. Y para muchos, tal vez sea justamente lo que necesitan.

Los estudios revelan que casi el 30 por ciento de los niños en los Estados Unidos viven hoy en hogares uniparentales. Y un 20 por ciento más vive en familias que se han reconformado, o como las llamo yo, «familias mixtas». Parece que *Ozzie y Harriet* le están dando lugar ahora a *La familia Brady* y *Murphy Brown*. Hoy los núcleos familiares están explotando, y muchos son los que tienen que vivir en situación diferente.

¿Cómo se aplica la disciplina de la realidad aquí? ¿Hay formas especiales de mostrar amor y firmeza, o de «halar la alfombra» cuando una madre o un padre crían solos a sus hijos y tratan de hacer de ellos personas responsables? ¿O cuando criamos hijos ajenos? Bueno, sí y no. Casi todo lo que queda de este libro sigue valiendo para estos casos, pero hay consideraciones adicionales, que cubriremos aquí.

Hogares uniparentales

Criar a un hijo o una hija, sin tener al lado a alguien más, es lo más difícil del mundo. Porque uno tiene que ganarse el pan, ser guía y payaso, enfermero y también sargento. Hay que encargarse de la tarea de la crianza que hacen dos personas en otros casos, además de las actividades o los empleos que tengas. Casi todos los padres o madres solos y solas que conozco están cansadísimos.

En la mayoría de los casos es resultado de una pérdida: la del cónyuge o pareja, debido a muerte o divorcio. En ambas circunstancias se sufre mucho y, a veces, también surge la culpa o la ira. Así que uno no solo lucha por vivir el día a día sino que además tiene un caldero de emociones ¡propias y de los hijos! No es fácil vivir así (reconozco que cada vez hay más mujeres solteras que quieren ser madres. En estos casos las emociones son diferentes, pero aun así, no es fácil).

¿Es tu destino, entonces, el de una vida de segunda clase? ¿Quedarán marcados para siempre tus hijos debido a esa situación? No necesariamente. Conozco muchos chicos de familias uniparentales que son adolescentes o adultos felices, productivos, sin problemas relacionales. Eso testifica de su carácter, del esfuerzo de sus padres y de la gracia de Dios.

Cuídate

Si crías a tus hijos y tienes plena custodia de ellos, en un hogar uniparental, vives con mucho estrés. Quiero decir que vives con muchas presiones. Hay diez millones de cosas por hacer y solo tienes tiempo para doce o trece de ellas. Si no es tu jefe que te pide que te quedes unas horas más, son tus hijos que quieren ir de compras, o el banco que te llama porque te atrasaste en el pago de tu préstamo. Siempre hay algo.

Quienes viven con tanto estrés, muchas veces andan a toda velocidad. Se han acostumbrado tanto que no se dan cuenta de que sufren estrés y, a veces, no es sino hasta que llega una crisis —emocional, física o relacional— que pueden ver lo que sucede. No esperes a ese momento. Sé consciente de tus niveles de estrés y haz lo que puedas por aliviarte las cosas.

Ante todo, asegúrate de cubrir lo básico: descanso, alimento y ejercicio. Duerme siete u ocho horas cada noche y come tres comidas al día. Evita andar por allí comiendo de a ratos, y aléjate de las dietas de moda. Si no puedes ir al gimnasio juega con tus hijos, pero crea el hábito de estar en actividad física.

Luego, ataca tu itinerario. Habrá muchísimas cosas que sencillamente no podrás hacer por falta de tiempo. En un hogar uniparental no se puede estar quedando bien con todo el mundo. Aprende a decir que no cuando la gente te pide que hagas cosas que consumen tiempo. Eso equivale al suicidio. Reconoce que no puedes con todo.

Tómate tu tiempo para relajarte, justo cuando más estrés haya en tu vida. Trata de descubrir cuándo te sientes bajo presión, para poder evitar estallidos. Tal vez sea un momento del día en que todo se acumula, o una tarea en particular, o alguien con quien hablas, o algo que hacen tus hijos. Sea lo que sea, modera tus niveles de estrés, tomándote una minivacación mental.

Trata de lograr que tus hijos te ayuden en eso. Conozco a una mamá que dijo que cuando llegaba a casa del trabajo, la primera media hora era «tiempo de calma». No había que molestarla. Después, podía atender con alegría todas las necesidades de sus hijos, pero le hacían falta esos treinta minutos para bajar las revoluciones. Sus hijos vieron que todo era mucho mejor si le daban a su mamá ese rato libre. También necesitarás algo parecido. Diles a tus hijos que, a veces, son tus necesidades las que vendrán primero.

Mímate un poco. Encuentra cositas sencillas que te hagan sentir bien, como pedir comida hecha, ir a lo del pedicuro, darte un baño tibio o ir a un recital con tus amigos. Aparta algo de tiempo y dinero para tus pequeños placeres, no sientas culpa por eso.

¿Qué tiene que ver todo esto con la disciplina de la realidad? Es un punto de partida. Porque necesitas fuerzas para que esto funcione, lo que significa que tienes que cuidarte. Antes mencioné que en el caso de un matrimonio, es bueno contratar a una niñera para poder salir juntos cada tanto, sin los chicos. Hace falta mantener fuerte la relación para poder ser buenos padres. Lo mismo vale para ti, excepto que en este momento, solo se trata de una persona. Tómate algo de tiempo para conservar tus fuerzas y, cada tanto, haz algo sin los chicos.

Comprende el sufrimiento de tus hijos, pero no lo alimentes

Es obvio que no eres la única persona que sufre. Tus hijos también. Es un dolor que durará bastante tiempo, aunque lentamente irá desvaneciéndose. En los primeros dos años, el dolor surgirá y se acentuará cada tanto, tomándote por sorpresa, aunque luego, años después, te visitará con menos frecuencia.

En ocasiones, tus hijos estallarán de ira. Si estás presente, serás el blanco de sus ataques (así es la ira, porque no siempre elige su blanco). Hay chicos que se retraen y se niegan a manifestar lo que sienten. Otros se muestran autodestructivos. Y hay algunos que no harán nada más de lo que tienen que hacer en la escuela. Hay casos de otros que se niegan a hacer lo que les pidas.

¿Cómo podrías disciplinar a un niño o una niña, porque están sufriendo? Sabes qué es lo que le sucede y lo comprendes. De hecho, incluso sientes algo de culpa por haber causado ese dolor (y la culpa es la que da origen a casi todas las malas decisiones que puede tomar quien cría en soledad a sus hijos). Querrás compensar la falta o pérdida dándoles demasiadas segundas oportunidades y nunca diciéndoles que no.

Eso no les será de utilidad. Hay determinadas conductas que siguen siendo inaceptables. Tienes que esperar que tus hijos —incluso si sufren— hagan su contribución al bienestar de toda la familia. Están juntos en eso y tienen que ayudarse mutuamente. Todos están sufriendo, pero eso no es excusa para conductas destructivas. Y más que nunca necesitas mostrarle amor a ese hijo que tiene mala conducta («te entiendo»), al tiempo que debes insistir en que actúe como se debe. Si quieres darle algo para compensar su dolor, lo mejor será actuar como madre o padre que ama a sus hijos y es coherente, con parámetros saludables.

Que tus hijos sepan que tu compromiso con ellos es... para siempre

Los niños suelen temer al abandono, sobre todo cuando ha habido un divorcio. Han visto que no pueden confiar en un adulto como al que amaban. Y eso puede dar como resultado una actitud de duda para confiar en ti o manifestar amor a los demás. Como la realidad de la disciplina se basa en el compromiso mutuo, en el que cada miembro de la familia aporta al todo, esto puede causar dificultades.

Esfuérzate por mantener el significado de familia, tengas un solo hijo u once. Necesitan estar comprometidos, ya que al estar a solas ahora, cargas con el peso de la prueba. Necesitas convencerlos de que estás presente y que te quedarás hasta el final. Que no te irás cuando haya dificultades. Tal vez requiera tiempo vencer sus defensas emocionales, y es probable que te resulte frustrante, pero siempre diles que estás con ellos. Sigue declarando tu compromiso permanentemente.

Sigue con tu plan, más allá de lo que haga tu ex

Una vez tomada la decisión de implementar la disciplina de la realidad, apégate a ella, aunque tu ex no lo haga. Que tus hijos sepan que tienes «reglas de la casa». Si se quedan contigo, sabrán que hay determinadas expectativas. Si visitan a tu ex los fines de semana, seguirán las reglas que haya allí. Pero en tu casa, las pautas son las que tú decidas.

—¡Pero papá me deja hacer esto!

—Eso está bien cuando estás en su casa. Pero aquí no puedes.

Tus hijos se quejarán tal vez durante un tiempo, pero muy pronto se darán cuenta de cómo son las cosas. Incluso tratarán de convencerte diciendo que les gusta más estar con tu ex. No te dejes engañar. Sigue con tu plan de la disciplina de la realidad mientras estén bajo tu responsabilidad.

Por supuesto, es bueno presentar algo así como un frente unido ante los hijos, incluso si te has divorciado. Si estás en términos más o menos amigables con tu ex, en especial en lo referido a los hijos, podrás describirle tus métodos de la disciplina de la realidad, y abrigar la esperanza de que los emplee también. Explícale cuáles son tus expectativas para cada uno de tus hijos, y dile que quieres que asuman responsabilidades. Por el bien de los niños, tu ex tal vez acuerde apoyar tu estilo de disciplina.

Sin embargo, no es necesario. Muchas veces la gente malinterpreta la disciplina de la realidad, por considerarla demasiado dura, y tu ex quizá se preocupe porque estés aplicando un método demasiado duro con los hijos de ambos. Que no te haga cambiar de idea. Sigue con tu plan de juego.

Evita las relaciones triangulares

Digamos que tu ex marido avisa que pasará a buscar al hijo de ambos a las diez de la mañana el sábado. Pasarán el día en un parque de diversiones. Tu hijito ya está vestido y con su bolso preparado, sentado en el escalón de entrada a las 9:45. Llegan las 10, luego las 10.30, las 11 y papi no aparece.

Con la cabeza gacha y llorando, el niño vuelve a entrar en la casa y dice: «¿Por qué no vino? Me lo prometió».

Claro que para ese momento estarás furiosa. Jamás fue bueno para cumplir promesas, y ahora te mata ver tan desilusionado a tu hijo. Ya estás a punto de llamarlo por teléfono, y vas a cantarle las cuarenta.

Pero no es problema tuyo. En realidad, esto es entre tu ex y tu hijo. No tienes que meterte. Entrégale el teléfono al pequeño y dile: «No sé. Tú sabes su número. Pregúntale».

No solo te mantienes a salvo de una situación explosiva, sino que tu hijo puede aprender una valiosa —aunque dolorosa— lección. Y, ¿cuál será la voz que mayor efecto tenga sobre el padre ausente? ¿La tuya, reprochándole a gritos? ¿O la de los ruegos llorosos de su hijo? Deja que tus hijos tengan su propia relación con tu ex.

A menudo, los hijos del divorcio se ven obligados a actuar como palomas mensajeras. Van y vienen entre ambos, llevando mensajes (por lo general, desagradables), o recabando información.

«Dile a ese padre que tienes que te traiga de vuelta a una hora razonable esta vez».

«¿Tu mamá está viéndose con alguien?»

Si tienes negocios o algo que arreglar con tu ex, hazlo directamente, o usa a tus abogados. No pongas a los chicos en el medio. Evita también la tentación de tratar de ganarte la lealtad suprema de tus hijos. A veces los padres divorciados sienten cierta sensación de victoria ante la idea de que «los chicos me quieren más a mí». Como resultado, hablan mal de sus ex, cada vez que pueden. Para los hijos eso es terrible, porque tienen que aprender a respetarlos a ambos (y tu deseo de caerles bien, saboteará tu disciplina de la realidad. Si son los peones de un juego emocional, pronto aprenderán a usar esa estrategia en tu contra: «Papi es más bueno que tú. ¡No me hace ir a dormir antes de las once!»).

A veces tus hijos o tu ex tratarán de llevarte a la posición del medio en su relación: «¿por qué papi no me ama más?», «Creo que Tyler está enojado conmigo, ¿por qué?». Claro que quieres ayudar, pero el medio es un lugar peligroso. Siempre que puedas, aliéntalos a la comunicación directa.

No seas quien resuelve todos los problemas

Como cabeza del hogar uniparental, te acostumbras a satisfacer las necesidades de tus hijos sin ayuda. Eso puede derivar en un espíritu protector que haga que quieras proteger a tus hijos de la realidad. Además, los que crían solos a sus hijos suelen sentir mucha culpa por haberlos puesto en una situación que no es perfecta, y por eso tratan de compensarlo protegiendo a sus pequeños de cualquier sufrimiento adicional.

Ahora bien, la clave de esta disciplina es que los chicos tienen que aprender a enfrentar la realidad y, en ocasiones (como dicen algunos), «la realidad muerde». Sé que es difícil ver que tu pequeña trae un cero en la clase de historia porque prefirió ver televisión en vez de hacer su tarea, pero eso no significa que vayas a hacer sus trabajos por ella. La próxima vez elegirá estudiar en lugar de ver televisión. Es duro ver que sacan a tu hijo del equipo de fútbol de la escuela, pero eso no significa que tengas que llamar al entrenador para quejarte. El año que viene, el chico se esforzará más, o encontrará otra área de interés más afín a sus talentos.

La realidad es buena maestra, aunque a veces sea cruda. Y no les haces ningún favor a tus hijos si los proteges de ella. Resiste la tentación a resolver sus problemas. Deja que descubran algo de la realidad por sí mismos.

No te apoyes demasiado

Los que crían solos a sus hijos tratan de hacer que estos asuman ciertas responsabilidades que le tocaban antes al ex. Está bien si se trata de sacar la basura. Pero si estás usando a tu hijo como confidente emocional, ¡cuidado! Eso vale en especial para los hijos únicos. Porque terminas creando la situación tipo «Tú y yo contra el mundo». Uno se siente tentado a contarle a su hijo lo que siente en el corazón.

Pero con eso, le restarás utilidad a la disciplina de la realidad porque va en detrimento de tu «sana autoridad». No puedes tener a tu hijo como confesor, y un minuto después, ser quien lo disciplina.

No digo que no tengas que hablar con sinceridad y disfrutar de la compañía de tus hijos. ¡Claro que sí! Pero recuerda que sigues siendo quien tiene que criarlos.

Y recuerda que tus hijos son chicos. Muchos de tus sentimientos son de naturaleza «adulta», complejos y conflictivos. Tus hijos no están listos para eso todavía. Podrás sentirte genial después de desahogarte con el hijo que te escucha, pero ahora es él quien carga con tus problemas, y ese peso puede aplastarlo. Si te preocupa el dinero, o tu vida amorosa, o quieres hablar mal de tu ex, guárdatelo o (mejor todavía) encuentra a otro adulto en quien confiar.

Si tienes varios hijos, lo más probable es que te apoyes en el mayor para que ayude con los más pequeños. Eso no está mal. Sande y yo lo hemos hecho muchas veces (aunque las diferencias de edad entre nuestros hijos hacen que sea sencillo). Pero cuídate de ponerle demasiadas responsabilidades sobre los hombros al mayor. Porque no tiene que ser «el otro padre o la otra madre» de los menores. Deja que surja cierto liderazgo natural en el mayor, pero recuerda siempre quién es el padre o la madre de todos.

Evita la trampa de los abuelos

Como consejero, ayudé a una madre soltera de treinta y cinco años que tenía dos hijos, uno de doce y otro de diez años. Sus padres habían decidido llevarlos a todos a Disney World, así que hicieron todos los arreglos y pagaron todos los gastos. Era un regalo maravilloso, pero la mujer tenía sentimientos encontrados. Estuve de acuerdo con ella. Porque el regalo era genial, aunque también peligroso.

Es que esencialmente, esos abuelos estaban actuando como padres. Estaban decidiendo cosas por su hija adulta y los hijos de esta. En ese viaje, serían ellos los encargados de los chicos, no ella. ¿Qué aprenderían de todo eso sus hijos?

Tal vez, te encantaría que te pagaran un viaje a Disney World. Y podría ser algo bueno, pero esos abuelos sin darse cuenta usaban la ocasión para ejercer poder sobre su hija y sus nietos. Creo que se sentían algo culpables porque ella se había divorciado ya tres veces. Pensarían que no la habían criado bien. Y ahora no confiaban en su capacidad para criar a sus nietos, por lo que querían encargarse de ellos (de hecho, ya habían estado cuidándolos durante dos o tres días a la semana, cuando la mujer quería tomarse un respiro).

Los abuelos estaban siendo buenos y afectuosos, pero también buscaban controlar las cosas. Y la hija se los permitía. Cuando los demás hacen cosas por ti, pronto entiendes que no eres capaz de hacerlas.

Así que sugerí que lo mejor sería que la hija asumiera el rol de madre, y los abuelos tendrían que apoyarla. Ese viaje a Disney no iba a reforzar su rol materno (pero si querían ayudar de verdad, podían darle el dinero para que ella viajara con sus hijos).

Podríamos contar la misma historia, en muchísimos casos, de hogares uniparentales. Los abuelos, a menudo debido a que sienten cierta sensación de culpa y porque sinceramente desean ayudar, usurpan el rol del padre o de la madre. Y la madre o el padre, como están cansados, dejan que así sea. Tienes que saber que es una trampa que mina las líneas de autoridad en la familia. Los padres o las madres que crían solos a sus hijos necesitan cooperar con los abuelos para que el vínculo de respeto se fortalezca. Los abuelos tienen que ayudar, pero sin controlar.

Ten cuidado con lo relacionado a tu vida amorosa

Como el divorcio o la muerte te han dejado a solas para criar a tus hijos, ahora hay un enorme agujero en tu vida. Es natural que quieras hallar a alguien que llene ese vacío. Aun así, debes tener cuidado cuando sientes que tu corazón se acelera al ver a alguien que te gusta. ¿Te estás enamorando? ¿O es porque tienes una necesidad? Después de la tragedia, quedas con una muy grande y eso podría romper el equilibrio de cualquier relación que inicies. Los expertos afirman que toma al menos dos años sanar emocionalmente después de un divorcio, y a veces más. Si te apuras para entrar en otra relación, solo estarás disponiéndote a tropezar de nuevo.

Debes tener, además, cuidado especial respecto de tus hijos. Es cierto que gran parte de tu necesidad se basa en la carencia de ellos en cuanto a la falta de un padre o una madre. Reconoces que criar a solas a los hijos es difícil, por lo que sueñas con un nuevo cónyuge que resolvería todos esos problemas. Pero echa un vistazo a las páginas que siguen y verás que comenzar una nueva familia no es un picnic. Si vuelves a casarte con la persona equivocada —una vez más— volverías a lastimar a tu familia. Así que, ve un poco lento.

Tus hijos también albergan muchas de las fantasías que tienes en mente. Te ven charlando con alguien amable en la tienda y ya están planificando la boda. Si invitas a alguien, puedes tener la seguridad de que estudiarán a esa persona para ver cómo sería como mamá o papá. Como parte de su proceso de duelo, se aferran a la idea de que el daño se puede reparar. Cuando por fin ven que tú y tu cónyuge son historia pasada, buscarán a alguien que pueda llenar ese rol, para que todo vuelva a ser como antes. Claro que jamás funcionará de ese modo. No se puede volver atrás. El único camino que hay lleva hacia adelante. Aun así, esa presión de los niños podría hacer que buscaras una nueva relación.

Recomiendo que mantengas tu vida amorosa en privado, todo lo posible. No hables con tus hijos sobre las citas, ni las hagas en casa hasta que te hayas comprometido. Porque estarías arriesgándolos a sufrir desilusiones futuras. La mejor forma de seguir saludables como familia (y como persona) es aceptar la idea de que seguirás sin casarte, y que tendrán que aprender a funcionar como familia sin la pieza que falta. Así es la realidad. Luego, si Dios trae a un cónyuge nuevo a tu vida, podrás entrar mucho más fuerte a esa nueva relación.

Connie conoció a Rick a través de unos amigos en el trabajo, así que empezaron a salir. Con dos niños de un matrimonio que había terminado dos años antes, estaba lista para una relación seria. Rick parecía el tipo perfecto para ella. Incluso su padre, a quien no le habían gustado ninguno de los hombres con quienes ella había salido, aprobó con mucho gusto cuando Connie se lo presentó.

Cuando Rick llevó a pescar a los niños, Connie se sintió más enamorada todavía. Con nueve y once años, Jake y Jeffy de veras necesitaban una figura paterna y Rick era el tipo al que le gustaba hacer cosas al aire libre. Lo admiraban. La verdad es que toda la familia estaba loca por Rick. Juntos, formaban un grupo muy lindo.

Pero después, Connie empezó a notar ciertos problemas: misteriosos viajes de negocios, excusas que en realidad no la convencían. Primero, intentó ignorarlo todo pero no tardó en darse cuenta de que Rick la estaba engañando. Cuando finalmente lo confrontó, Rick se rió: «Ah... es eso. Oye, soy un hombre. No es como si estuviéramos casados ni nada. No es gran cosa».

Claro que para Connie sí era gran cosa. Ya había estado pensando en la boda. Por tanto, decidió pisar el freno. Su ex esposo la había engañado. No iba a dejar que pasara lo mismo otra vez.

Jake y Jeffy se entristecieron mucho al saber que no volverían a ver a Rick. Connie les explicó la situación con delicadeza, pero ellos ya lo habían adoptado prácticamente como padre. De modo que terminaron culpando a Connie por la ruptura, mostrando una actitud rebelde que contaminó su hogar durante meses.

Eso hizo que la vida de Connie fuera más difícil que antes. Naturalmente, sufría por la traición de Rick, y ahora tenía que pelear con los chicos todos los días. Le preocupaba no haber sido lo suficientemente atractiva como para mantener a Rick interesado solo en ella. ¿Por qué necesitaba a otras mujeres? Además, se sentía culpable por haber ilusionado a los chicos, para luego romper esa ilusión. Ese caldero de emociones la hizo sentir muy necesitada. Y sintió el impulso de buscar los brazos de un hombre nuevo.

Stan era nuevo en la comunidad, y también en la iglesia. Era buenmozo y nunca se había casado. No era el tipo macho que había sido Rick. Pero era estable, con metas claras, y tenía un buen empleo en una compañía de seguros, con posibilidades de ascender. Connie enseguida se sintió a gusto con él, por lo que lo llevó a conocer la ciudad y a arreglar su apartamento. Él la necesitaba y ella a él. Exactamente cuatro meses después de la debacle con Rick, Connie tuvo su primera cita oficial con Stan.

No pasó mucho tiempo antes de que Stan viniera a cenar con ella y los niños tres veces a la semana. Jake y Jeffy se andaban con cuidado, pero terminaron acostumbrándose a que estuviera en casa. Al fin y al cabo, les gustó y sobre todo porque los ayudaba con la tarea. Connie empezó a pensar que esa relación tal vez podría funcionar. Stan, pensaba ella, era definitivamente un tipo para casarse, uno que seguramente sabría cuidarla a ella y a sus hijos.

Después de salir con regularidad durante seis meses, Connie se sentía un poco impaciente. Quería pasar al siguiente nivel en la relación, pero Stan parecía contento así como estaban. Se dio cuenta de que ella tomaba todas las iniciativas para las salidas, como si a él no le importara mucho si se veían o no. ¿Cómo es que un tipo tan bueno como Stan llegó a los treinta y siete años sin casarse? Tal vez, tiene problemas con el compromiso.

Connie decidió tratar el tema directamente. Una noche, mientras estaban en la sala, apagó el televisor y le habló sobre su deseo de casarse otra vez. No tenían que apresurarse, le dijo para tranquilizarlo, pero definitivamente ese era el rumbo que ella quería tomar. En respuesta, él solo decía: «Hmmm», «Ajá», y cosas así... en general; sin comprometerse con nada.

No volvió a verlo nunca más. Stan dejó de llamarla. Abandonó la iglesia. No le devolvía las llamadas. Ella lo había presionado y él había huido de esa relación.

Jake y Jeffy no mostraron lo que sentían esta vez, pero al año siguiente su conducta empeoró bastante. Traían malas calificaciones. Jeffy siempre se peleaba con otros chicos en la escuela. Y un día Connie recibió un llamado telefónico de parte de la policía: habían arrestado a Jake por llevarse algo sin pagar en una tienda.

El ciclo de desilusiones había sido duro para Connie, pero arrastró a sus hijos en esa espiral descendente. Ellos no supieron lidiar con la desilusión y la ira que les provocaba. Y esas emociones se hacían notar de manera destructiva.

El relato de Connie también es bastante común. He sido consejero de veintenas de familias con historias parecidas, de ilusiones rotas y heridas que se reabren. Por eso les digo a los que están solos que traten a sus hijos con guantes de seda cuando se trata de reiniciar una vida romántica. Es obvio que tienes que cuidarte y cuidar tu corazón cuando tienes necesidad. Pero tendrás que proteger en especial a tus hijos. No los arrastres contigo en la montaña rusa del amor.

Mi mejor consejo a los padres y las madres que crían solos a sus hijos es: 1) No hagas citas; 2) Si sales con alguien, que no sea en casa; y 3) No traigas a casa a esa persona hasta que haya algo en tu mano (o en la de la otra persona), que brille en el dedo anular.

Como verás en el próximo capítulo, incluso aunque las nuevas relaciones funcionen, a menudo causan más problemas que los que resuelven.

✔ Para repasar y aplicar

¿Cómo entender el dolor de tus hijos sin malcriarlos? ¿Por qué importa tanto no malcriarlos?

¿Cuáles han sido tus mayores problemas desde que crías a tus hijos solo o sola?

¿Cuáles son las sugerencias de este capítulo que más te costaría seguir? ¿Cuáles son las que te resultarían fáciles? ¿Por qué?

✔ Para poner en práctica

Traza un plan para poner en práctica esas cosas difíciles que acabas de mencionar. Y también las más fáciles. Incluye detalles como reuniones, conversaciones, políticas, personas, etc.

9

Las familias no se funden. Chocan

Hace tiempo, los padres solían tener muchos hijos. Ahora, los hijos suelen tener muchos padres.

Como es tan común el divorcio y el casarse de nuevo, las familias recompuestas son la industria que más crece en este nuevo milenio. Los hijos muchas veces tienen que aprender a convivir con padres nuevos y hermanos y hermanas que antes no tenían. Y eso no es sencillo.

La idea de mezclar o fundir familias luce buena, hasta que la concretas. «Tengo hijos que necesitan un padre, y tú tienes hijos que necesitan una madre. Echemos nuestros guisantes en la misma olla». Pareciera ser lógico. Pero cuando te metes en los pequeños detalles de formar un hogar, a partir de dos familias diferentes, empiezan a estallar las chispas y, en realidad, tal vez halles que añoras la época en que criabas a tus hijos sin que hubiera nadie más en casa.

Después de un seminario que dicté en Minnesota, se acercó una pareja, los dos me dijeron: «Queríamos que supiera lo mucho que significó para nosotros su libro *Living in a stepfamily without getting stepped on* [Tu lugar en la familia, ahora que tu mamá (o tu papá) se ha casado de nuevo]». Yo, con cierta humildad, esperé a oír lo mucho que les habían ayudado mis brillantes ideas para vivir en paz y armonía. Pero me sorprendió su franqueza.

«Su libro nos preparó para las "noches del Armagedón" que hemos estado viviendo. Es terriblemente difícil vivir juntos con los hijos de ambos. Pero gracias por habernos advertido cómo sería».

Sus comentarios no fueron lo que esperaba. Pero aun así, no se equivocaban. Incluso si haces todas las cosas bien, la familia nueva será zona de guerra.

Digo a menudo que, en una boda, quienes se casan siempre son más que dos. Digamos, seis. Tienes que contar a los padres de ambos. Y en un aspecto muy real, te estás «casando» con tu familia política. Te guste o no, te casas con la familia.

Pero, ¿y si la novia y el novio ya tienen hijos? Bueno, aplicará el mismo principio, pero las cifras aumentan en progresión geométrica. Porque te «casas» con la madre, el padre, el hijo y la hija de tu cónyuge. Y viceversa. Tus hijos ahora tendrán nuevos hermanos y hermanas, y nuevos abuelos. En una única ceremonia ¡puede haber como veinte o treinta «casamientos»!

Lo cierto es que mezclar o fundir familias es algo muy complicado. Tienes que entrar en esa situación con los ojos bien abiertos. Si esperas que este casamiento resuelva tus problemas de criar a tus hijos sin nadie más, olvídalo. Porque en realidad, estás abriendo una caja llena de nuevas preocupaciones.

Cuando es solamente uno de los dos quien tiene hijos, es un poco más sencillo, pero igualmente habrá problemas. El nuevo padre o la nueva madre tienen que ganarse el derecho a ser padre o madre, y ello llevará tiempo.

En general, se requieren entre tres y siete años para que las familias puedan fundirse en una sola. ¡Tres a siete años! Eso significa que tu pequeño del sexto grado ya se habrá ido de casa para cuando empiecen a sentirse como una familia de verdad. Es mucho tiempo. Y mientras tanto, la disciplina de la realidad te ayudará, pero cuídate de cómo la aplicas. Te podrán ayudar estas pautas:

Disciplina a tus propios hijos al principio

Recuerda que «las relaciones vienen antes que las reglas». Todavía no tienes una relación del todo definida con los hijos de tu nuevo cónyuge y por eso, te costará hacer valer la ley. Y si necesitas «halar la alfombra», causarás resentimiento en ellos. Cada uno disciplinará solo a sus propios hijos durante los primeros años. Y al final, la familia se habrá consolidado al punto que eso ya no hará falta.

Puede haber cierta falta de equilibrio si uno de los dos es más estricto que el otro. Así que deben trabajar juntos para aplicar la disciplina de la realidad de manera coherente, «comparando reglamentos» (ver más abajo). Aun así, siempre es mejor la falta de equilibrio que el resentimiento causado por la disciplina inadecuada que aplica un padrastro o una madrastra.

Crea un nuevo hogar

No es una metáfora. Literalmente, múdate a una casa o un apartamento nuevo cuando formen la nueva familia combinada. Cuando la familia se muda a la casa de uno de los dos, habrá quien se sienta alienado, y quien se sienta invadido. Es mucho mejor iniciar una nueva aventura de vida para todos. Reconozco que es complicado buscar una casa nueva donde vivir, pero es una de las muchas cosas que tendrán que considerar, antes de fundir a esas dos familias. Si ya se han mudado a la casa de uno de los dos, probablemente estés notando las dificultades ya. La familia «anfitriona» resiente tener que compartir «sus» dormitorios, baños, televisores, computadoras y teléfonos. Y la familia «huésped» nunca llega a sentirse en casa. Intenten remediar eso lo antes posible, encontrando una casa que sea nueva para todos.

Compara los reglamentos

Como consejero, siempre sugiero hacerlo, sea que tengan hijos o no. Reconozco que cada uno fue criado con un conjunto de expectativas diferentes sobre lo que es bueno y lo que es malo, lo que es cortés y lo que es egoísta. Lo que hace la mamá y lo que hace el papá. Tu «reglamento» te llegó de parte de tus padres, aunque al crecer, puedes haberlo editado y, en tu matrimonio anterior, habrás hecho más adaptaciones. Tus hijos habrán aprendido determinadas reglas y expectativas. Pero tu cónyuge creció con reglas y expectativas distintas que también fue adaptándolas con el tiempo, así que sus hijos tienen un reglamento completamente diferente al de los tuyos.

¿Qué se puede hacer? Conversar al respecto y seguir conversándolo. Que la familia entera pueda opinar sobre lo que estará bien y mal en la vida familiar. Formen un conjunto de expectativas y responsabilidades que todos compartan.

Como padres de los hijos del matrimonio anterior de cada uno, tendrán que mantener cierta humildad. No saben qué es lo que les gusta o disgusta a los nuevos hijos que tienen ahora. Y tal vez piensen que están siendo descarados cuando solamente intentan bromear o jugar. Es posible que haya cosas que se les permitieron toda la vida, y que a alguno de ustedes les disguste. Aquí será útil usar el viejo «lenguaje del yo». Pueden expresar su desaprobación («No me gusta cuando haces eso»), pero no suponer que conocen las intenciones de los chicos («¡Eres tan rebelde!»).

Ellos no están obligados a amarte, sino a respetarte; y viceversa

Entre padrastros, madrastras e hijastros suele haber pequeñas guerras. Los hijos de tu cónyuge tienen muchas razones para detestarte, por más irracionales que sean. Pueden considerar que eres un impostor o una impostora que intenta ocupar el lugar de su madre o su padre real, sin llegar a lograrlo. Pueden culparte por impedir que sus padres se reconcilien. Pueden incluso sentir resentimiento debido a que les has «robado» a su padre o su madre (tu cónyuge ahora). Antes tenían toda su atención y ahora tienen que compartirla contigo. O tal vez, tengan expectativas imposibles con respecto a tu persona y se desilusionarán cuando no las cumplas.

Podrás tratar de probar tu valía, convencerlos para que no piensen eso de ti o decirles que los amas. Pero es probable que no logres grandes cambios. Y si todavía tienen heridas abiertas, tendrás la culpa de todo, a su entender. Cuanto más intentes hacer que te amen, menos te amarán. No se puede obligar a que alguien sienta amor por otro.

Lo que puedes esperar es que te respeten. Al entrar en esa nueva relación con ellos, comprende qué tipo de relación es, y no intentes hacer de ella más de lo que es al momento (eso solo haría que su resentimiento aumente). Con el tiempo, tal vez puedas ganarte el amor de los hijos de tu cónyuge, pero quizá tengas que ser muy persistente. Mientras tanto, tu posición es de casi autoridad. Sí, tendrán a su padre o su madre para que los discipline, pero también tendrán que mostrarte respeto como coadministrador del hogar y como persona a la que su padre o madre ama.

Está bien que exijas que te respeten, dentro de lo que es la disciplina de la realidad. Porque si fueran de visita a una casa y fueran irrespetuosos, los harían salir. Así es la realidad. Tú y tu cónyuge tendrán que ponerse de acuerdo en cuanto a determinados parámetros de respeto por parte de los chicos, junto con las medidas disciplinarias que ambos acordarán.

Ahora, la mejor forma de recibir respeto es dándolo. A veces, hay personas que me confiesan que en realidad no sienten amor por los hijos de su cónyuge. Y les digo que está bien. Que no es obligatorio que los amen. Pero sí tienen que respetarlos porque, cuando menos, son seres humanos que viven en la misma casa. Son hijos de la persona a la que aman. Tienen sentimientos, ideas, sueños y metas. Cuanto más los escuches, cuanto más honor y respeto les muestres, más a salvo se sentirán a tu lado. Al fin y al cabo te devolverán ese respeto.

Sé que a veces sientes que estás en zona de guerra. Porque llega el momento en que tratamos a esos hijastros e hijastras peor que lo que trataríamos a un extraño. Deja de pelear y empieza a ser cortés una vez más. No te quejes de que la relación carece de amor. Esfuérzate por una convivencia respetuosa, y el amor llegará.

Al fundir familias, considera el orden de nacimiento

Hace tiempo que me fascina ver la forma en que el orden de nacimiento afecta nuestras personalidades. Los primogénitos, los hijos del medio y los menores tienen características que les son propias y, cuando aprendes cuáles son, puedes reconocerlas dondequiera que vayas. En una ocasión, mientras me entrevistaban por *The New Birth Order Book* [El libro del nuevo orden de nacimiento], sorprendí a los cuatro animadores del programa en vivo «*The View*», de la cadena televisiva estadounidense ABC, al adivinar correctamente si cada uno de ellos era primogénito, hijo del medio o hijo menor (Meredith Vieira quedó muy impresionada cuando pude determinar que tenía hermanos varones mayores que ella).

Pero eso es más que un juego. Es información esencial para ti, ahora que estás formando nuevas relaciones. Como consejero prematrimonial, les digo a quienes me consultan que su posición como hijos se hará notar en el matrimonio. Habrá combinaciones que funcionen naturalmente bien. Otras podrán ser más explosivas. Lo mismo sucede cuando mezclas o fundes dos familias, tendrás más combinaciones que tomar en cuenta.

Los primogénitos suelen ser los más responsables. Maduran más rápido. También suelen ser ambiciosos y perfeccionistas. Los hijos menores suelen ser extrovertidos y buscan que les presten atención. Son los «bebés» de su familia y, por lo general, llevan esta etiqueta el resto de sus vidas. Los hijos del medio a veces se pierden en el tumulto. Tienen que esforzarse más para encontrar su lugar. Así que, aunque son pacificadores y mediadores en las disputas de sus hermanos, también se convierten en observadores externos, misteriosos, por lo que no se dan a conocer demasiado. Los que son hijos únicos parecen exhibir las características de los primogénitos pero multiplicadas por tres, en tanto otros curiosamente mezclan las características del primogénito casi adulto con las del hijo menor que busca atención.

Por cierto, habrá excepciones, y en cada familia puede haber factores que alteren los roles de los hijos. Pero el patrón es así en general. Presento esto en detalle en *The New Birth Order Book*. Lo que quiero decir aquí, es que al unir dos familias, todo queda patas arriba. El primogénito de una de las familias ahora tendrá dos hermanos o hermanas mayores. Y el menor tal vez tenga que compartir las luminarias con un nuevo bebé. Todo eso puede causar frustración y conductas desagradables, incluso si los chicos no pueden entender bien lo que sienten. Es como si fueran actores sobre el escenario a los que de repente se les cambian los papeles. No saben qué papel les toca y por eso sienten gran ansiedad.

Es muy importante que en la nueva familia haya un lugar único para cada uno. Si reconoces los roles del orden de nacimiento para cada uno de ellos, podrás brindarles el apoyo que necesitan. El que antes era primogénito y ahora tiene hermanos mayores puede seguir asumiendo responsabilidades. No hay que ignorar su rol de liderazgo. Además, habrá que seguir prestando atención al que era el menor, incluso si ahora hay alguien menor que él o ella. Los del medio no tienen que adaptarse tanto a lo nuevo (siguen estando en el medio) y podrás usar su capacidad como pacificadores para calmar conflictos entre los demás.

Deja que hagan su duelo por la parte que ya no tienen

Toda familia combinada surge a partir de una pérdida. La muerte o el divorcio ha separado a la familia anterior, y ahora hay un arreglo nuevo que pareciera reemplazarla. Los hijos tienen sentimientos encontrados. Por un lado, albergaban la esperanza de que pudiera repararse el dolor por el que pasaron. Es una oportunidad para arreglar las cosas, con una casa nueva, un hogar igual al que tenían. Al menos, es lo que esperan. Pero pronto ven que no es igual a su hogar anterior. Empiezan a comparar cada cosa nueva con los recuerdos que tienen, y lo nuevo nunca llega a ser tan bueno como lo anterior.

«Mi padrastro no me deja hacer cosas que papá sí me permitía».
«Me gustaba más cuando tenía un cuarto para mí solo».

A medida que los hijos ven que lo nuevo no puede sustituir a lo viejo, tal vez se enojen contigo, su padre o su madre, por tratar de engañarlos. «Si estás tratando de mejorar las cosas, te aviso que no funciona». Quizá peleen por preservar el recuerdo de «cómo era antes», y se enojarán contigo porque piensas que intentas borrarles ese recuerdo.

Cuando sufrimos una pérdida, es natural que hagamos duelo. Las clásicas etapas del duelo son la negación, la ira, la negociación, la depresión y, finalmente, la aceptación (en general es progresivo el avance por etapas, pero también hay rebotes). Necesitas permitir que pasen por ese proceso. Mientras tanto, quizá se retraigan y finjan que todo sigue igual, o te griten por cosas menores, o traten de romper tu nuevo matrimonio para que vuelvas a casarte con quien te divorciaste, o se nieguen a participar de las actividades de la familia.

Como padre o madre, tienes que seguir hablándoles sobre la realidad de la situación: El pasado ha quedado atrás, pero no lo olvidamos. Todos se sienten mal por haber perdido la familia que tenían, pero no pueden permanecer encadenados al pasado. Este nuevo arreglo no es sustituto del anterior, sino una aventura nueva. Y necesitamos que participen de esta nueva familia porque es la realidad que tenemos en este momento.

Cómo lidiar con el enojo

El fundamento de esta familia combinada se construye con el cemento del enojo, de la culpa, de los celos, de la ira, del amor, de la desconfianza, de la ansiedad... ¿ya mencioné la ira y el enojo? Como acabo de describir, la ira es una de las etapas del proceso de duelo en toda pérdida. Pero también suele hacer estragos en un hogar donde los hijos tienen que luchar con otros hijos para encontrar su posición. Habrá enojo contra el nuevo padrastro o la nueva madrastra que intentan establecer nuevas reglas para la familia. Todos tienen algo por lo cual sienten angustia o enojo.

Por lo general, nos enojamos cuando creemos que nos han tratado injustamente. Como la familia combinada crea tantas decisiones nuevas, repartiendo responsabilidades, mesadas, espacio dentro de la casa, tiempo con la televisión o el teléfono, atención de los padres y demás, hasta Salomón quedaría confundido. Todos sienten que pierden en algo, y ni hablar de la injusticia que representa formar parte de una familia que se ha dividido, como primera cosa que tenemos que tomar en cuenta. Los chicos tienen una astilla bajo la piel, del tamaño de un barco.

Recomiendo que se realicen reuniones semanales en las que cada uno tenga oportunidad de decir qué le molesta o le enoja. Te advierto que pueden ser reuniones explosivas, por lo que habrá que establecer reglas básicas, pero es importante que los chicos tengan un espacio en que puedan desahogarse. Si guardan ese enojo dentro de sí, en algún momento surgirá, y no de la mejor manera.

Evita los triángulos, todos

En el capítulo 8 les advertí a quienes crían solos a sus hijos en cuanto a ponerse en medio de la relación de los hijos con el ex. Esos triángulos siempre terminan mal. En las familias combinadas, hay muchos más triángulos que se deben evitar. Está tu ex y su ex. Están tus hijos y los hijos de tu cónyuge. Ahora, calcula tú la figura geométrica y sus derivados.

Es común que los chicos peleen con su madrastra o padrastro por el «control» de su padre o su madre. He oído muchísimas veces acerca de los esfuerzos de los hijastros por sabotear este nuevo matrimonio. Digamos que han planificado pasar un fin de semana sin los chicos, por lo que alguno de ellos fingirá estar enfermo, solo para que no puedan irse. Hay intentos periódicos por presentar un interrogante: «¿Quién te importa más: tu nueva pareja o yo?».

Podrás pelear y ganar esas batallas, pero creo que más sabio será salirse del triángulo. Es decir, encontrar maneras visibles en las que muestres tu apoyo a la relación que tu cónyuge tiene con sus hijos o hijas. Cuando los chicos ven que no se trata de una relación en la que alguien tiene que quedar excluido, ya no tendrán tantos motivos para pelear.

Los hijos también podrán esforzarse por ponerte en contra de su mamá o papá «reales». Te dolerá, pero no dejes que te arrastren a ese tipo de lucha. No se trata de una competencia. Y los chicos seguirán tratando de fungir de casamenteros entre tú y tu ex. También allí tienes un triángulo que evitar.

A menudo tendrás que entrar en las disputas entre tus hijos e hijastros, para resolverlas, pero siempre que sea posible intenta que resuelvan las cosas entre ellos. Cuando te pones en el medio, siempre habrá quien piense que estás de un lado o del otro. La disciplina de la realidad te hará pedirles que resuelvan sus conflictos sin que intervengas.

Valora la individualidad, pero siempre espera que contribuyan

En toda familia, todos debieran ser tratados y valorados como personas. Escucha las ideas y sueños de cada uno, alimentando sus intereses y celebrando sus talentos. En una familia combinada, esto tiene especial importancia porque los chicos pueden sentirse perdidos, menospreciados.

Una de las mejores cosas que puedes hacer para que los chicos se sientan importantes es darles la oportunidad de contribuir en algo a la familia. Establece responsabilidades, que pueden ser tareas dentro de la casa. Al asignar esos roles, considera la edad, capacidad e intereses de cada chico. De hecho, vale la pena hablar sobre los roles que se asignan durante una reunión familiar para que cada uno pueda elegir sus responsabilidades. Ayudarán con más alegría si han podido tener voz y voto. Pero tendrás que insistir en que cumplan con sus responsabilidades. Si no, que enfrenten las consecuencias de la disciplina.

Prepárate para las granadas que arrojará tu ex

Los ex cónyuges siempre encuentran cómo arruinarte la vida. No todos. He visto varios divorcios amigables. Pero tu ex tiene la capacidad de complicarte las cosas en grande, mayormente con los hijos en medio.

Tu ex tal vez los desilusione, los malcríe, les haga promesas imposibles, les enseñe malos hábitos o los ponga en contra de ti. Si comparten la tenencia, tienes que enviar a tus hijos a que estén con esa persona y luego arreglártelas con lo que suceda.

No tengo respuestas fáciles para esto. Solo tienes que saber que puede ocurrir y actuar con tus hijos con la mayor franqueza posible. No envenenes su relación con tu ex, pero intenta ayudarles a que vean la realidad. Trata de no involucrarte emocionalmente en un conflicto con tu ex. Porque tal vez sepa qué es lo que te hace estallar. Prepárate para esos encontronazos y concentra tu atención en tu nueva relación y tu nueva familia. Esfuérzate todo lo posible por preparar a tus hijos e hijastros para la vida en el mundo real.

La fortaleza de tu matrimonio tiene que ser la pieza central de la familia

En una familia combinada, el esposo y la esposa tienen que estar unidos antes que cualquier otra cosa. Si esa relación es fuerte, lo demás vendrá por añadidura.

La siguiente es una pregunta interesante: «¿Quién te importa más? ¿Tu cónyuge, o tus hijos?». Claro que los amas a todos, pero, ¿quién es más importante? En un primer matrimonio, por lo general uno no tiene problemas para decir que su cónyuge tiene preeminencia. Porque después de todo, esa relación fue primero.

Así que, cuando digo que la relación matrimonial fuerte es la que tiene que ser el centro de la familia, mi afirmación tiene sentido. Aunque en la familia combinada, es un poco tramposa la pregunta. Porque la relación con tus hijos vino primero. Tu cónyuge es relativamente algo nuevo. ¿Cómo podría ser más importante este nuevo romance, que la relación de sangre que tienes con tus hijos?

Aun así, para que tu familia tenga estabilidad, tendrán que ser las cosas como te lo indiqué hace un momento. Tu relación con tu cónyuge tiene que ser un ancla firme. Los chicos la pondrán a prueba, lucharán contra ella o no les gustará. Si no dejas en claro desde el principio que tu cónyuge es primero, tus hijos tal vez logren destruir ese matrimonio.

Claro que no es una situación de exclusiones, incluso cuando los chicos traten de que así lo veas. Tu matrimonio no pone a tus hijos en posición inferior. No los amas menos porque ahora tengas a alguien nuevo a quien amar (y una nueva familia que amar, también). Aprovecha cada oportunidad para comunicarles a tus hijos que tu amor es para siempre, pero que también sepan cuánto amas a tu cónyuge.

Forma un equipo

El éxito de tu familia combinada depende de que todos tiren hacia el mismo lado. No puedes exigir lealtad y adhesión. Tendrás que ganártelas. Así que, no fuerces las cosas, en especial al principio. Trata a todos con respeto. Escucha a los chicos. No tienes todas las respuestas, por lo que debes hacer que lo sepan. No tomes decisiones que afecten al resto de la familia sin consultarles. Forma un equipo.

Te llevará entre tres y siete años lograr que la familia actúe como un todo. Pero podrás acelerar ese proceso si honras a cada persona como valioso miembro del equipo.

✔ Para repasar y aplicar

¿Por qué es importante «crear un nuevo hogar» para tu nueva familia combinada? Además de mudarse a una casa nueva (lo más recomendable), ¿de qué otro modo puedes lograrlo?

¿Cuáles son los desafíos más grandes que tienen como familia combinada?

¿Qué sugerencias del capítulo te parecen más difíciles de seguir? ¿Cuáles te parecen más fáciles? ¿Por qué?

✔ Para poner en práctica

Traza un plan para poner en práctica esas cosas difíciles que recién mencionaste, y también las más fáciles. Especifica detalles sobre las reuniones, conversaciones, políticas, personas, etc.

SEGUNDA PARTE

La disciplina de la realidad
en el lío de todos los días

10

Cómo actuar cuando se portan mal

Hace unos años, se veía a los chicos absortos con sus mascotas Tamagotchi. Eran criaturas virtuales, en realidad computadoras diminutas, que requerían de ciertos cuidados para que todo saliera bien. Sus dueños tenían que presionar determinados botones para alimentarlas, llevarlas de paseo y hasta mimarlas. Si no obtenían el trato indicado, se comportaban mal... y al fin, acababan.

Esos aparatitos eran el furor de todos, lo fue durante un tiempo. Los chicos interrumpían sus clases, citas o programas televisivos para apretar los botones y mantener felices a esas alimañitas virtuales. Estoy seguro de que los mismos chicos se quejaban o postergaban la tarea cuando se les pedía que alimentaran a sus mascotas reales.

A veces pienso que los padres querrían que sus hijos fueran más como esas diminutas computadoras. Muchas veces, hay padres y madres que me consultan porque quieren saber «qué botón presionar». Me asignan el rol de «el hombre de las mil respuestas» y suponen que sus problemas desaparecerán si solo siguen a la perfección mis instrucciones.

Lamento desilusionarte, pero las «respuestas» que puedas hallar en este libro no son prescripciones garantizadas para la crianza perfecta. Al haber trabajado con miles de familias durante tantos años, sé bien que lo que funciona con un chico no necesariamente será la respuesta para otro.

Dicho esto, quiero repetir que creo firmemente en que la disciplina de la realidad sí funciona. Sus principios son sólidos. Aunque la forma en que la utilices podrá variar y hay formas que son mejores que otras. La disciplina de la realidad es más un arte que una ciencia. No tiene que ver con presionar botones, pero da resultado si la usas con sentido común y creatividad, consciente de que cada uno de tus hijos e hijas son personas únicas.

En estos últimos tres capítulos ofrezco sugerencias para poder conducirse en situaciones comunes en el hogar. ¿Cómo aplicar la disciplina de la realidad en estos casos? Este capítulo se refiere a determinadas conductas de tus hijos. ¿Qué harás cuando hagan estas cosas? Los capítulos que siguen cubren situaciones familiares específicas y, luego, estrategias de los padres. Dentro de cada capítulo hallarás temas que surgen en casi todos los hogares. Espero que puedas usar esto como recurso que puedas consultar una y otra vez a lo largo de los años mientras tus hijos crecen.

El que busca llamar la atención

El padre o la madre que utilizan la disciplina de la realidad, entienden que los chicos siempre buscan llamar la atención. Desde los primeros momentos de la vida, todos buscamos que nos presten atención, de alguna forma. Los bebés, por ejemplo, aprenden que les prestarán atención si lloran. Si los padres siempre los alzan en brazos apenas dan un gemido, el chico aprende que aunque sea pequeñito, tiene muchísimo poder e influencia sobre los adultos.

A medida que crecen, los niños buscan llamar la atención también de manera positiva. Pero si no la reciben con reconocimiento por medios positivos, recurrirán a cantidad de métodos negativos, que van del quejido a la distracción, a golpetear sobre la mesa con un lápiz o a peinarse mientras la familia cena alrededor de la mesa.

Desde temprana edad, los niños pueden formarse creencias erróneas respecto de sí mismos y de los demás. Y si no se les corrige, esa percepción les acompañará hasta la adultez. Los ejemplos de ello en la mente de un niño o una niña, incluyen: *Solo importo cuando me hago notar. Solo importo cuando puedo controlar, dominar o ganar.*

Y digo que son ideas erradas sencillamente porque no son verdad. No es que importemos solo si nos hacemos notar y que nos presten atención. Por el solo hecho de haber sido creados por Dios, importamos. Lo que tenemos que hacer es ir al encuentro de nuestro Creador en sus términos y llegar a entender su plan para nosotros mientras vivimos en esta tierra.

Ese deseo natural que tienen los niños de que se les preste atención es una de las razones principales por las que los padres tenemos que tomarnos el tiempo de criarlos y educarlos. Tenemos que tomarnos el tiempo para entrar en el mundo privado de cada niño o niña. Tenemos que lograr ubicarnos detrás de sus ojos para ver la vida como la ve nuestro hijo o nuestra hija.

En cuanto a cómo ponerte tras los ojos de tus hijos, sugiero que apliques tu ingenio para «la adivinanza sicológica». Siéntate con tu pequeño o pequeña y mirándole a los ojos, dile: «¿Sabes, cariño?, tal vez esté equivocado, pero al verte pelear con tu hermano me parece que en realidad no lo odias tanto. Solo quieres que yo te preste más atención, porque quieres saber que de veras te amo y me importas. ¿Es eso lo que pasa en realidad?».

Los miedos

Todos los niños, y en particular los más pequeños, de menos de seis años, suelen tener miedos. El miedo puede adoptar distintos tamaños y formas: pesadillas, terror a la oscuridad, entre otras cosas. La mayoría de los padres encuentra que los miedos de sus hijos se centran en la noche, en la hora de ir a dormir, en el hecho de estar a solas en su cuarto.

163

Hay formas muy obvias de ayudar a tu pequeño a conquistar sus miedos: las luces de noche, la luz del pasillo encendida, entre otras. Y todo padre o madre debe saber que la mayoría de los miedos que dan lugar a las pesadillas, los terrores en la noche, los pensamientos y sentimientos anormales, es resultado directo de permitir que los pequeños vean escenas de violencia en la televisión. Hay que estar muy conscientes del potencial daño a largo plazo que puede causar el hecho de permitir que los chicos vean programas y películas de violencia o terror. El doctor James Dobson cita un estudio de la Universidad Cornell que demuestra que los padres de clase media con hijos en edad preescolar, pasan como promedio treinta y siete segundos al día con sus hijos, ¡o menos de cinco minutos a la semana! Y por otra parte, el mismo estudio muestra que los niños ven televisión ¡cincuenta y cuatro horas a la semana!

Una de las mejores formas para ayudar a los niños con sus miedos, es hablar de nuestros propios temores. Casi todos, cuando éramos pequeños, temíamos a algo. Es bueno contarles tus experiencias y decirles cómo reconociste y enfrentaste determinados miedos. Jamás critiques ni reprendas a tus hijos porque los tengan. No te burles, ¡por muy gracioso que sea lo que te digan! Ayuda a tus hijos a entender que todos tenemos temores y que con ayuda y aliento podrán vencer eso que tanto miedo les causa.

Pero recuerda que los niños pueden usar el miedo del mismo modo que el remordimiento: como estrategia o herramienta de manipulación. Ellos son maestros en eso de involucrar innecesariamente a mamá y a papá en sus vidas. Quieren el monopolio y harán lo que sea por conseguirlo. Desde muy temprana edad, pueden ser maestros en el arte de monopolizarnos.

A los padres de los más pequeños (de menos de cinco años) suelo sugerirles que la hora de ir a dormir debería incluir una rutina. Cuando el niño se mete en su camita, puede haber un momento de oración, y luego uno de cuentos, o tal vez prefieras una grabación. Deja en claro que será un solo cuento o una sola grabación, y que luego se cierra la puerta y no la volverán a abrir (ver la sección «batallas a la hora de dormir», en el siguiente capítulo).

Las peleas

Muchos padres y madres con los que hablo parecen creer que es imposible tener hijos que no peleen. Pero también conozco familias en que las peleas entre hermanos son mínimas. Si entendemos la dinámica de por qué pelean los chicos, podremos avanzar para corregir la situación.

Ante todo, recuerda que si dos de tus hijos pelean, están cooperando uno con el otro. Parece extraño decir que la pelea es un acto de cooperación, pero eso es exactamente lo que está sucediendo. Como dice el viejo refrán: «Cuando uno no quiere, dos no pelean». Es que la otra persona tiene que decir la palabra justa, o usar el gesto o expresión facial que haga falta, para que empiece el conflicto y sigan peleando.

He descubierto que la mejor forma de manejar las peleas es darles lo que parecen decir que quieren. Si quieren pelear, entonces que peleen. Siempre les digo a los padres, sin embargo, que tienen que establecer con claridad dónde pueden hacerlo y bajo qué condiciones. Si pelean, no podrán interferir con la paz y el bienestar de los demás miembros de la casa.

Cuando dos hermanos o hermanas empiezan a pelear, lo mejor será guiarlos (si son pequeños, llevarlos) a un cuarto en otro lugar de la casa, o tal vez al jardín. Diles que pueden seguir peleando hasta que hayan resuelto sus problemas. Déjalos con su «pelea». En la mayoría de los casos, cuando les das permiso para pelear, ya no lo harán. Solo se quedan ahí, mirándose. Uno dirá: «Bueno, vamos, empieza tú». Y el otro responderá: «No. Tú tienes que empezar».

Lo que suele suceder es que ninguno empieza porque la verdad es que no tenían tantas ganas de pelear. Su pelea, casi siempre, tenía como fin lograr que los padres se involucraran. Cuanto antes aprendan los padres a mantenerse al margen, antes también les estarán enseñando a sus hijos a ser más responsables.

Muchos maestros me dicen que cuando ven a dos chicos peleando, lo resuelven de este modo: les dan a ambos unos guantes de box, y luego retiran al público para llevar a los pugilistas al gimnasio, donde podrán pelear todo lo que quieran. Claro que en esas situaciones, los chicos tampoco pelean, la mayoría de las veces. Es que suelen pelear porque quieren llamar la atención. Quieren público: sus pares, o sus padres si es que están en casa. Si les quitas el público, ya no pelearán.

Por supuesto, hay excepciones a toda regla o principio general. A veces habrá alguno que empieza a pelear con otro más pequeño y débil. Conozco a una madre que encontró a su hijo de doce años asfixiando a su hermano de nueve, que ya estaba poniéndose azul. ¡Fue entonces cuando decidió que tendrían cuartos separados!

Muchas veces la pelea no es física, sino verbal. Hay palabras que van y vienen, luego siguen los insultos y, por fin, los gritos. Si sucede a la hora de la cena, diles que dejen la mesa y vayan a pelear a otra parte, o afuera de la casa. Si tienen ganas de pelear e insultarse a la hora de comer, que lo hagan en otro lado. También es buena idea acompañarlos dondequiera que prefieras que vayan a pelear, y darles instrucciones de que tendrán que permanecer en ese cuarto o en el jardín hasta que hayan resuelto sus problemas. Solo cuando los hayan resuelto y quieran comportarse tranquilamente, podrán reunirse con los demás en la mesa familiar.

Siempre asegúrate de que la realidad sea la maestra. Si para cuando terminan de pelear, la familia ya terminó de cenar, no habrá más cena ni comidas especiales para ellos. Habrán perdido la oportunidad de cenar, porque preferían pelear. La realidad ahora es la que les enseña que hace falta un orden y que tienen que tratarse con respeto. Si no logran resolver su desacuerdo antes de que terminen todos de comer, tampoco podrán cenar. Es un poco parecido a cuando no te apuras en la mañana y ves que se te escapa el autobús, justo cuando das la vuelta a la esquina.

La disciplina de la realidad pone énfasis en las realidades de este mundo, las cuales te dicen que hay cosas que se hacen a determinada hora y en determinado lugar. Si no llegas a tiempo, tienes que esperar a la próxima vez. Si pierdes el autobús, tendrás que esperar el siguiente. Y si te pierdes una comida, pasará lo mismo.

La pelea —verbal o física— suele ocurrir cuando la familia viaja en auto. En esos casos, lo mejor es detenerse al costado del camino. Si es posible, salir del auto y caminar un poco para que los chicos puedan pelear fuera del auto (dejarán de hacerlo enseguida). No conviene salir del auto y decirles que sigan peleando allí pero que no avanzarán hasta tanto se calmen.

Aquí, la clave está en mantener la calma y no enojarte. Si los chicos están en camino hacia algo que les gusta (como su lección de música, o su partido de fútbol o béisbol), mejor todavía. Habrá una consecuencia natural por su mala conducta.

Creo que como padres, estamos mostrándonos responsables si decidimos no conducir un vehículo mientras hay una pelea. Una vez más, te recuerdo que tu mensaje será: «Bien, pueden pelear, pero yo no voy a seguir hasta que haya terminado la pelea». Y la pelea por lo general, terminará en un minuto, o menos todavía. Si no dejan de pelear, tendrás que armarte de valor, dar la vuelta y conducir de regreso a casa.

En todo caso, tu objetivo no es alentarlos a pelear. Quieres que vean que la pelea no es una buena forma de resolver los problemas. Quieres que tus hijos aprendan cosas como:

1. Pelear no da beneficios por parte de mamá y papá, ni siquiera hay reacción negativa.
2. Si peleo, puedo salir lastimado.
3. Si peleo, puedo perderme el partido, el paseo por el parque o lo que quería hacer.

Recuerda que no hay forma de eliminar la rivalidad entre hermanos. Solo puedes esperar que se minimice, con expectativas realistas. El conflicto en el hogar, y particularmente entre los hermanos, es algo natural. Mientras ayudas a tus hijos a aprender a que pueden resolver sus conflictos de manera positiva, estás fortaleciendo sus músculos sicológicos para enfrentar las realidades de la vida.

Los olvidos

¿Tus hijos parecen sufrir de temporarias pérdidas de memoria? No hablo de amnesia. Hablo de esas veces en que les pides que hagan algo en particular y luego responden en tono de blanda disculpa: «Lo olvidé».

Lo que importa aquí es ver por qué siempre olvidan esas cosas, en especial, las que les pides que hagan. ¿Se benefician con el olvido? No hablo de que les des más dinero de su mesada. Hablo de que les permitas manipularte y salirse con la suya.

Si le pides a tu hijito que haga algo, y lo olvida, y entonces vas tú y lo haces por él, le estarás dando justamente lo que estaba buscando. Has reforzado su hábito del olvido y al mismo tiempo, debilitas a tu hijo de manera severa. Porque debilitas su confianza en sí mismo. Debilitas su capacidad para pensar y recordar cosas que son importantes. A la larga, debilitas su capacidad para ser responsable.

Cuando los padres se quejan de que sus hijos «olvidan» las cosas, de inmediato les urjo a no permitir que el olvido sea excusa para no hacer algo. La disciplina de la realidad no acepta excusas (podrás aceptar razones cuando hay circunstancias mitigatorias, pero no las continuas excusas que se han vuelto un patrón de conducta). Incluso si te resulta difícil y sientes que te has vuelto «malvada» o «malvado», recuerda que en el futuro, tus hijos trabajarán para personas que no aceptarán excusas o disculpas porque «olvidaron» hacer las cosas.

Así que, mantente siempre firme en el principio básico. Si les has pedido que hagan algo y lo «olvidan», haz que lo hagan de todos modos. Si por eso se pierden su programa favorito, o llegan tarde adonde sea (aunque se trate de la escuela), o hay consecuencias inconvenientes, que así sea. La vida no tolerará las excusas de tus hijos. Tú tampoco tienes que hacerlo.

Las mentiras

Los padres que conozco quieren que sus hijos les digan la verdad. A ellos les importa en particular que sus hijos no mientan, también les preocupan las causas por las que sus hijos a veces recurren a la falta de sinceridad. La mentira suele caer en dos categorías básicas:

1. *Algunos chicos mienten para cumplir un deseo.* Este tipo de mentira expresa una fantasía simple e infantil. Los muy pequeños sueñan

con amigos imaginarios, con que han visto a Papá Noel o cosas parecidas. Esas «mentiras» son casos aislados por lo general, y no son para preocuparse.

2. *La razón por la cual se dicen más mentiras suele ser el miedo.* Por amado y aceptado que sea un chico, tiene miedo de que si les dice la verdad a sus padres en cuanto a alguna mala conducta, sucederá algo desagradable. Lo castigarán de alguna manera. En el origen de sus miedos yace el de que si dice la verdad, no lo amarán. El chico siente que para merecer amor, tiene que ser perfecto.

Las mentiritas inocentes suelen ser intentos espontáneos por cubrir pequeñas imperfecciones. Si el padre o la madre son autoritarios, estarán preparando el terreno para más mentiras. Los hijos de padres autoritarios suelen sentirse derrotados por las expectativas irrealistas (además del miedo). Lo que puedes hacer es hablar de tus propias imperfecciones con tus hijos, ayudándoles a ver que todos somos imperfectos en alguna manera u otra. Una vez, cuando mi hija Krissy tenía nueve años, vino llorando a decirme que había mentido con respecto a una llamada telefónica para mí. En realidad, había sido culpa mía. Sin pensarlo, le había dicho que le dijera a alguien que yo no estaba en casa, cuando la verdad era que me estaba afeitando en el baño.

Las madres a veces les dicen a sus hijos que no tienen tiempo de hacer galletas o limonada. En realidad lo tienen, lo que no tienen es ganas. Es mejor ser sinceros y decir: «Estoy demasiado cansada», o incluso: «Ahora no tengo ganas».

La mayoría de los padres que me consultan saben acerca de la mentira, o al menos, del ocultamiento de la verdad (mentiras inocentes). En muchos casos, los padres preferirían que los chicos dijeran la verdad, y con eso se terminara el tema. No habría castigo ni ninguna forma de disciplina. Lamentablemente, hay ocasiones en que habrá que hacer que los chicos respondan por las mentiras, y habrá que invocar algún tipo de consecuencia. Cuando suceda eso, asegúrate de dejar en claro que aunque haya mentido y habrá consecuencias, sigues amándolo mucho, y que esperas que no sienta que tiene que mentir de nuevo en el futuro.

Los padres pueden alentar a sus hijos para que no mientan más, con las siguientes estrategias:

1. *Confía siempre en tu hijo.* Dale la oportunidad de decir la verdad. Cuando la diga, dale las gracias y sigan adelante a partir de allí. Si hace falta una consecuencia, explícale con cuidado y en detalle los motivos que tienes, pero señalando que la verdad siempre es mejor que la mentira.

2. *Aprovecha siempre toda oportunidad para mostrarles a tus hijos por qué la mentira no rinde beneficios.* La mentira lleva a otra mentira, para tapar la primera. Me gusta decirles a mis hijos: «Si no mientes, no hace falta tener tan buena memoria». El mentiroso siempre tiene que acordarse de qué cosa le dijo a cada quien, y cuándo, y cómo puede cubrir su última mentira con otra mentira más.

Cuando no quieren comer

De esto ya hablamos en otros capítulos. Mi trabajo con padres e hijos me indica que en los hogares estadounidenses ya hay demasiadas contiendas a la hora de la cena. Y también en el desayuno y el almuerzo, aunque parece que la cena es ese momento especial en que los pequeños deciden que no van a comer.

Mi premisa básica es que cuando no quieren comer, no funcionarán los sobornos ni las recompensas. Ni tampoco hacer «el avioncito», que se usaba hace veinte años (en caso de que no lo sepas, era decir «abre la puerta del hangar», y con la cuchara llena imitabas a un avioncito que entraba allí).

La disciplina de la realidad tiene una perspectiva sencilla para los chicos que no quieren comer. Simplemente, haz que asuman la responsabilidad de su decisión. Quita la comida del plato, échala en la basura y dale permiso para levantarse de la mesa. Funciona con chicos de diez años, tanto como con los de tres.

En realidad, quitarles la comida y darles permiso para levantarse es la parte fácil. Lo difícil es cuando tienes que mantenerte firme negándole comida durante el resto de la noche. Aquí tendrás que dejar que vivan la realidad de sentir hambre porque decidieron no cenar. Si lo cumples, y le quitas la comida y le dices: «Terminó la hora de la cena para ti. Ve a jugar», puedes tener la certeza de que pronto sucederán un par de cosas:

1. *El pequeño Rufus aparecerá al rato, llorando y gimiendo porque tiene hambre.* Dile simplemente: «Seguro que tienes hambre. ¿Será porque no quisiste comer tu cena, chiquitín?».

2. *Lo otro que posiblemente sucederá es que el pequeño comerá un gran desayuno al día siguiente.* Sé que algunos pensarán. ¿Qué? ¿Dejarlo sin comer? Tu pediatra te dirá que ningún chico muere si no come una comida, y esa que se ha perdido le enseñará mucho acerca de la realidad.

Cuando tu hijo quiere jugar al «no tengo hambre», es importante que no caigas en la vieja trampa en que caían nuestros padres cuando éramos pequeños. No hay soborno, ni recompensas, ni argumentos para convencer, ni ruegos, ni amenazas, ni gritos, ni nalgadas. Dale el derecho a tomar su decisión y luego haz que asuma la responsabilidad.

Claro que si te cuesta echar la comida a la basura, puedes ponerla en el refrigerador, para calentarla al día siguiente.

El egoísmo

Una de las realidades de la vida es que nuestros hijos son criaturitas bastante egocéntricas. Muchas veces, quedamos asombrados, pensando cómo puede ser que solo piensen en sí mismos. La respuesta es simple. Son chicos, y es característico de ellos pensar solo en sí mismos. Tienen que aprender a pensar en los demás.

La ironía es que aunque una de nuestras grandes responsabilidades como padres consiste en ayudarles a aprender a pensar en los demás, y no solo en sí mismos, al mismo tiempo muchos padres cometen el error de centrarse en agradarlos a ellos y hacerlos felices. Y no digo que tenemos que tratar de que sean infelices. Pero sí veo caso tras caso de padres que están tan ocupados en hacer felices a sus hijos, intentando hacer lo que les guste, que lo que puedan enseñarles acerca de «pensar en los demás en lugar de pensar solo en ti», se pierde en el camino.

Un típico ejemplo es el de los regalos. Viajo mucho, y entiendo a los padres que quieren llevar regalos para sus hijos cada vez que viajan. Yo también lo hice. Pero también intento advertirles (y vale para mí también) que no hay que traerles siempre algo. Porque si se vuelve una rutina, el chico acaba pensando que es un derecho. No tenemos «derecho» a que nos regalen nada. El regalo se supone que es un acto de afecto hacia el otro.

Recuerdo una entrevista de un programa de televisión. El conductor me preguntó qué creía que tenía que hacer con su hijo. Parece que a su hijo de nueve años no le gustaban los regalos que este hombre le llevaba cuando salía de viaje. Era un chico lleno de energía, afectuoso, un «buen muchacho». Pero pronto se acostumbró a que eso de no gustarle los regalos se volviera algo así como un juego. Casi siempre que su papá le traía algo, el pequeño se quejaba. El padre se sentía culpable, irritado porque se había esforzado buscando un regalo adecuado, que al hijo no le gustaba.

Le dije que la próxima vez que pasara eso, podía hacer lo siguiente: si el chico decía que no le gustaba, el papá le diría simplemente: «¡Qué lástima que no te guste! ¿Me lo devuelves, por favor? Estoy seguro de que no quieres la molestia de tener algo así».

Luego, el padre podría hacer varias cosas. Tal vez, a uno de sus hermanos sí le gustara el regalo. O al hijo del vecino. Lo que decidiera hacer, tenía que ser directo y rápido. En lo posible, devolvería el regalo a la tienda.

Le advertí a ese padre que lo hiciera con calma y amor. Si el chico percibía que el padre «se vengaba», o desahogaba su desilusión, la disciplina sería inefectiva. Lo que intentaba hacer en ese caso era comunicarle a su hijo algo sencillo: «Te amo. Te traigo regalos para demostrártelo. Pero si no te gustan, supongo que no querrás tenerlos en tu cuarto ocupando lugar».

Y también le sugerí a ese animador de televisión una cosa más. Es algo que intento hacer yo también. Los padres podemos dejar ese hábito de traer regalos a casa cada vez que viajamos. Si hay que viajar a menudo, esos regalos podrían tomarse como sobornos, o como forma de aliviar la culpa por ausentarse. Los regalos debieran ser algo especial, no algo que se da cada semana, cada mes o cada vez que viajas. Lo que realmente queremos enseñarles a los hijos es que debieran sentirse felices porque su papá volvió. Debieran sentir felicidad porque tienen de vuelta a papá, no necesariamente porque recibieron otro regalo.

Otra manera de combatir el egocentrismo en los niños es enseñándoles desde temprano que hay más bendición en dar que en recibir. Hay que alentarlos a hacer cosas por los demás, todo lo que podamos. Por ejemplo, si hay una pareja de ancianos en el barrio, a quien se puede ayudar, sin cobrarles, eso ayudaría. Y si realmente quieres que sea eficaz, que sea un proyecto de toda la familia. Mamá, papá y los chicos pueden ir y arreglar su jardín, como acto de amor a los ancianos. Mostrarles a tus hijos cómo no ser egoístas es mucho más efectivo que decírselos.

Exploración sexual

Cada vez que menciono el tema del sexo en un seminario, el auditorio queda en silencio. Creo que la razón es que —en particular, en los Estados Unidos— jamás nos hemos sentido cómodos al hablar de sexo. Cuando hablo con madres y padres en mi consultorio, suelen informar que sus hijos han descubierto sus genitales y que «se están toqueteando», por lo que quieren saber qué hacer.

Mi primer consejo es que no entren en pánico. Los niños, de hecho, descubren sus genitales casi inmediatamente después de nacer, y siguen con la fascinación de tocarse.

Pero, ¿cómo se supone que hay que hablarles cuando eso sucede? Creo que la clave es transmitirle al niño o a la niña que es natural querer tocarse su propio cuerpo. Desde temprana edad, dale pautas con respecto a que está bien tocar su propio cuerpo, pero que no debe tocar el de otra persona sin su permiso.

Claro que hay situaciones en las que el otro chico o la otra chica «dan permiso». Se sabe que los chicos juegan a la casita o al doctor y que «se revisan y exploran». ¿Cómo manejan eso los padres? Ante todo, entendiendo que la motivación para «jugar al doctor» suele provenir de la necesidad de los chicos de determinar si todos los varones y todas las nenas son iguales. Cerca del noventa y cinco por ciento de los hombres y mujeres con los que trabajo en el consultorio admiten que cuando eran pequeños se dedicaron a explorar sexualmente (jugando al doctor) a chicos y chicas de su mismo sexo.

Si ves que tu hijo o hija juegan al doctor con otros, cuanto más calma sea tu reacción ante esa conducta, que es normal, mejor será. Simplemente, lleva aparte a tu pequeño o pequeña y explícale que es natural que sienta curiosidad. Pero dile también que puede incomodar a otros si anda tocándoles el cuerpo. Dile que le hablarás sobre el cuerpo y su funcionamiento y que leerán un libro que ayudará a «responder las preguntas que tengamos».

También recomiendo que hables con los padres del otro niño o la otra niña y les digas que jugaron al doctor, te refieras al episodio y a lo que le dijiste al tuyo o la tuya, afirmando brevemente qué es lo que harás.

Luego, cumple con lo que dijiste que ibas a hacer. Consigue un libro adecuado (uno muy bueno es *The wonderful story of how you were born* [La maravillosa historia de cómo naciste], de Sidonie Gruenberg, publicado por Doubleday). Utilízalo como trampolín para poder seguir conversando del tema.

Recomiendo también a los padres que les cuenten a sus hijos que ellos también jugaron al doctor cuando eran chicos. Y lo recomiendo porque admitirlo refuerza en la mente del chico que lo que hizo es natural, no algo de lo que debe sentirse con culpa. También, abre caminos para continuar con la comunicación. El principio de la disciplina de la realidad es que los padres tienen que estar dispuestos a contarles las realidades de sus propias experiencias a sus hijos, para poder tener un diálogo franco y sincero.

Nunca castigues a un chico o a una chica por su curiosidad natural respecto de su propio cuerpo. Si reaccionas exageradamente y produces culpa y miedo, estarás sembrando en su mente semillas que germinarán y darán lugar a actitudes sexuales anormales en el futuro.

Jugar al doctor es una cosa. Pero, ¿qué hace una madre cuando encuentra a su hija de cinco años, estimulándose mientras está sentada en el piso mirando los dibujos animados del sábado por la mañana? La clave de todo encuentro con tus hijos respecto de tocarse los genitales está en mantener la calma, en ser positivos, afectuosos. Nunca critiques, condenes ni te escandalices. No querrás que tus hijos asocien sus genitales con algo malo o sucio.

Siempre que puedas intenta transmitirles desde temprano que todas las partes de su cuerpo son buenas, maravillosas y que se las ha dado Dios. Todo lo que somos forma parte del plan divino para nuestras vidas. Cuando tus hijos crezcan (más de seis años) podrás empezar a hablar del regalo del sexo, y de cómo mamá y papá hacen los bebés. Ya mencioné el excelente libro de Sidonie Gruenberg. Otro muy bueno es *How to teach your child about sex* [Cómo enseñarles a tus hijos sobre el sexo], de Grace H. Ketterman, M. D. (Revell).

En los seminarios a veces me piden que cuente experiencias que hayamos tenido con mi esposa en esta área, respecto de cuando nuestros hijos exploraban sus genitales. El incidente más cómico sucedió un día mientras yo estaba en la oficina. Sonó el teléfono y era Sande, prácticamente con un ataque de histeria. Lloraba y lo único que pude entender era que algo malo le pasaba a Kevin, que en ese momento tenía diecinueve meses. De inmediato pensé en la piscina que teníamos en el jardín, y supuse lo peor. ¿Lo había encontrado flotando allí? No. No era eso.

—Bueno, ¿qué pasa? Dime, rápido.

—Bueno... es... es su cosa.

—¿Su cosa?

—Sí, ya sabes. Su cosa...

—Y, ¿qué pasa con su cosa?

—¡Está violeta! —estalló.

—¿Violeta? ¿Cómo que está violeta?

Sande me dijo entonces que el pequeño Kevin se había bajado el pañal, y que con un marcador mágico se había hecho un dibujo en su «cosa». Luego, había entrado marchando como Napoleón en la sala de casa para mostrárselo a mi esposa.

Allí, tuve un ataque de risa. No tendría que haberlo hecho. Pero no pude evitarlo.

—Bueno... ¿de qué te ríes?

Noté que no le parecía bien que me resultara divertido.

—Bueno, amor. Es que los niños pequeños hacen esas cosas. No te preocupes.

Sande no podía creerlo.

—¿Hacen eso? —dijo—. Es decir que... ¿está bien? ¿De veras?

—Con diecinueve meses, está bien —la tranquilicé—. Solo espero que no tenga alergia ni urticaria.

Así, fue ese el día en que mi esposa aprendió que los varoncitos «hacen cosas locas como esa». Lo que muestra esta historia es que los chicos van a explorar y a experimentar, a veces consigo mismos, y otras veces con otros chicos. La disciplina de la realidad exige que mantengas la calma y que jamás le hagas sentir que su sincera curiosidad es algo sucio o pervertido. Al mismo tiempo, siempre destaca la naturaleza privada de los órganos sexuales y que Dios nos los dio como parte de su maravilloso plan para nuestras vidas.

Las malas palabras y los insultos

Un día mi hijita de seis años de repente ennegreció nuestro cielo con una palabrota. Su mamá me miró. Yo la miré. Luego, ambos vimos a la nena. Sin decir nada, la levanté, la llevé a su cuarto y la senté en la cama. La nena estaba sorprendida porque la había llevado tan repentinamente a su cuarto. Me miraba con ojos que parecían bolas de ping pong. La miré directo a los ojos y le dije: «Krissy, papi y mami conocemos todas las palabrotas que existen. Pero tenemos la opción de decidir que no las usamos».

Claro que para ese momento Krissy estaba llorando, lamentaba haber dicho lo que dijo. Le aseguramos que la perdonábamos, luego hablamos con ella del hecho de que oiría ese tipo de palabras en la escuela y en el patio de juegos. Vería también palabrotas escritas en las paredes de los baños y oiría también a algunos adultos diciendo esas cosas. Esa es la realidad de la situación. Aunque lo detestamos, sabemos que nuestros hijos estarán expuestos a palabras feas, sucias y profanas desde muy temprano. Y que así será toda la vida.

Creo que lo más importante cuando oyes a tu pequeño decir algo obsceno o una mala palabra, es hacerle saber que conoces todas las palabrotas —sin que falte ninguna— pero que has decidido no usarlas. Si esas palabras incluyen tomar el nombre de Dios en vano, explícale a tu hijo que en tu hogar, deciden no usar ese tipo de lenguaje porque es crudo, ignorante e irrespetuoso para todos.

Es mucho mejor hacer eso que recurrir a alguna medida tradicional, como una bofetada, una nalgada o la clásica «lavada de la boca con jabón». Todo eso sirve para aliviar tu enojo, pero no tiene nada que ver con la disciplina y la crianza.

Cuando te contestan mal

A menos que manejes tu hogar con la autoritaria precisión del dictador, tus hijos quizá se sientan libres de contestarte mal cada tanto. Muchos de los padres con los que trato tienen un verdadero problema cuando a sus hijos «se les va la boca». Quieren que puedan expresar lo que sienten y defender lo suyo, pero cuando cruzan esa línea tan invisible pero real, y se vuelven insolentes, dentro del cerebro de los padres se enciende una lucecita de alarma, y una vocecita les dice: *No puedes decirme eso. ¿No sabes quién soy? ¡Soy tu madre!*

A veces la madre o el padre expresan eso en voz alta y, por supuesto, dan lugar a más contestaciones e insolencia.

Cuando tu hijo se pone altivo contigo, no debes ponerte en el mismo nivel, ni responder con altivez. Lo que haces al tratar de hacer valer tu poder es echar los cimientos para una buena batalla de esas que te agotan. Tienes varias otras formas de manejar las malas contestaciones.

Si te cuesta no explotar de rabia, podrás salir de la habitación durante uno o dos minutos. Eso le transmite al chico lo siguiente: «Decido que no voy a pelear contigo». Quizá, puedes ir a tu habitación y encender la radio (para ahogar las malas contestaciones por un rato), y eso podrá ayudarte a controlarte y estar al mando de tus emociones. Te advierto, sin embargo, que solo puedes irte por unos minutos. Es que no querrás que tu hijo o hija piensen que pueden «descontrolar a mamá al punto de que se vaya», cuando le venga en gana. Y cuando estés en calma y a la mano, vuelve y ocúpate de la situación.

Una de las formas de lidiar con las malas contestaciones es sencillamente darle al chico un mensaje en primera persona, mostrándole que «yo» no aprecio este tipo de conducta ni voy a tolerarlo. Si decide seguir hablando en mal tono, será tu hijo o tu hija quien tendrá que retirarse y aislarse durante un rato si hace falta.

Si persiste con las malas contestaciones, tal vez esté pidiendo a gritos una nalgada. Si tiene siete años o menos, eso puede ser lo que necesite. Asegúrate de no descontrolarte, sin embargo, y de que después le quede claro que lo amas pero que no puede contestarles mal a sus padres.

Supongamos que la «mala contestación» gira en torno a lo que tendrá que ponerse la pequeña Jessica para ir a una fiesta de cumpleaños. Si empieza a contestar mal y protesta de mal modo porque no le gusta esa ropa, podrás «halar la alfombra» anunciando simplemente: «Bueno, supongo que entonces no irás a la fiesta».

Hagan lo que hagan los padres, insisto en que no deben permitir que sus hijos les contesten mal. Además, es esencial que las mujeres no acepten este tipo de malas contestaciones por parte de sus hijos, y que los padres tampoco la acepten por parte de sus hijas. Hay una relación muy poderosa entre la madre y su hijo y el padre y su hija. Lo que los padres están haciendo en realidad es enseñarles a sus hijos quiénes son, como varones y mujeres, y qué es ser varón o ser mujer. Además, tiene particular importancia que las madres eviten que sus hijos lleguen a creer que pueden imponerse y pisotear a las mujeres.

Los estudios sicológicos siguen demostrando que los hombres tienden a casarse con mujeres cuyos rasgos de personalidad son similares a los de sus madres, y que las mujeres tienden a casarse con hombres cuyas personalidades son similares a las de sus padres. Este tipo de evidencia dada por la investigación, destaca la necesidad de que los padres estén al tanto de la relación «especial» que hay entre madre e hijo y padre e hija. Cuando los padres se mantienen firmes con los hijos del sexo opuesto, en realidad les están enseñando mucho sobre el respeto y el amor en la relación del matrimonio. En el momento tal vez no sea evidente, pero si mamá no permite que el pequeñito Buford le conteste mal y papá reprende a Jessica por tener uno de sus ataques de capricho, en verdad están aumentando las probabilidades de que sus hijos tengan matrimonios felices en el futuro.

Uno de los conceptos clave con los que la disciplina de la realidad está totalmente de acuerdo es el que sigue: «¡Dios no nos creó, a ninguno de nosotros, para que nos pisoteen!».

Ir con cuentos

Este es uno de los trucos más antiguos y potentes que usan los chicos para arrastrar a los padres sin necesidad alguna a las peleas con sus hermanos. El problema cuando permitimos que siquiera empiecen a contar un cuento es que cuando oyes uno, tendrás que oírlos todos. Sugiero siempre que los padres se nieguen a oír nada que se parezca a cuentos con respecto a los hermanos. Por supuesto, habrá que saber diferenciar entre los cuentos que solo buscan meter en problemas a hermanos o hermanas, y algo que nos brinde información de naturaleza más seria. Por ejemplo, si el chico de doce le pega a la hermanita de ocho, la nena necesita algún recurso para que mamá se entere de que él la maltrata. Pero en muchos casos, los chicos arman sus propias historias sobre lo que hizo el hermano mayor o lo que hizo la hermanita, etc.

Cuando puedas detectar que no hay daño real, lo mejor es decir directamente: «Cariño, tengo la certeza de que puedes arreglarlo. Arréglenlo entre ustedes». Este tipo de afirmación que alienta le dice a tu hijo que no vas a ceder ante la manipulación, ni te dejarás usar. Quiero volver a destacar que hay momentos en que un chico puede tener una queja genuina. Pero si puedes detectar que solo intenta manipularte para salirse con la suya, tendrás que actuar rápido para poner punto final a la situación. De otro modo, estarás yendo directamente a la trampa. Correrás en círculos en tanto cada uno de tus hijos tira de un lado o del otro, para meterte en el lío.

Cuando permites que ellos te manejen de ese modo, inevitablemente terminas en el viejo juego de ser juez y jurado, en el que tienes que tomar una decisión basándote en información muy limitada y parcial, que recibes de uno o ambos hijos. La disciplina de la realidad no opera cuando tienes que jugar a ser juez y jurado. Quieres que la realidad sea la maestra y también la jueza si hace falta. En lo posible, mantente fuera de las peleas y los desacuerdos entre tus hijos, y deja que asuman la responsabilidad de sus acciones. Cuando sea necesario, tal vez tengas que entrar en la contienda, pero recuerda que tu participación tiene que ser mínima.

Conozco a una madre que trató de mantener la perspectiva adecuada, haciendo lo siguiente: cuando alguno de sus tres pequeños venía con un cuento sobre lo que había hecho otro, ella prestaba atención. Si no era más que «Brian me pegó» o «Vicky no me deja jugar», la mamá decía: «Gracias», y no hacía nada más. Pero si se trataba de información sobre verdadero abuso, o un lío general que involucraba a dos que se ponían en contra de uno y este último estaba en grandes problemas, ella respondía actuando como correspondiera. Sus hijos no tardaron en entender que los «cuentos» no recibían atención alguna, y dejaron de acudir a ella con ese tipo de informaciones para solo contarle lo que realmente era importante.

11

La batalla cotidiana

Criar a tus hijos no debiera ser una batalla, pero bien sabes que a menudo lo es. En efecto, incluso llega a parecer una gran guerra, por todo o nada. Hay chicos que descubren que tienen poder, por eso lo usan. Te ponen a prueba una y otra vez, en muchas de las situaciones que enfrentas a diario. Desde el momento de levantarse hasta la hora de ir a dormir, están dispuestos a resistir en contra de tu voluntad. Y tienes que saber qué hacer.

Muchos padres le temen a determinada hora del día porque saben que el pequeñito Sean o la jovencita Sharisse van a presentar pelea. Ya sea con «No quiero levantarme todavía», o «Eso no lo voy a comer», o «Solo diez minutos más y voy a la cama»... los hijos tratan de empujar los límites de tu poder sobre ellos. ¿Cómo responderás?

La belleza de la disciplina de la realidad es que cambia ese juego de poder, al menos un poco. No serás solo tú contra tu pequeño. Es tu pequeño contra la realidad, y tú solo estás allí para guiar el proceso. Sharisse tal vez no quiera levantarse por la mañana pero, si llega tarde a la escuela, habrá consecuencias. Sean quizá no quiera comer brócoli pero, si no lo hace, tal vez sienta hambre hasta que llegue la mañana. En realidad, no estás en batalla contra tus hijos, sino peleando a su favor en tanto enfrentan las duras y crudas realidades de la vida. Claro que ellos quizá no lo vean de ese modo. Este capítulo se enfoca en esas situaciones familiares en las que podrás encontrar conflictos. ¿Cómo aplicar la disciplina de la realidad en esos momentos de todos los días?

Batallas a la hora de ir a dormir

La hora de ir a dormir es un problema clásico en muchos hogares. Los chicos suelen resistirse a ello, y también les cuesta permanecer quietos una vez que se han metido en la cama.

Una de las claves para manejar la estrategia del «¿Puedo quedarme un ratito más?», es usar la regla de oro de la disciplina de la realidad: acción directa y rápida. No discutas ni negocies. Anuncia: «A la cama, a las ocho», o la hora que hayas establecido. Y, luego, cúmplelo.

Con los niños menores, tal vez tengas la rutina de leerles un cuento y decir las oraciones. Pero cuando ya se completó la rutina, arrópalos y cierra la puerta. Hora de dormir.

Ahora, habrá chicos que te pondrán a prueba gritando, gimoteando o rebuscándoselas para seguir y seguir con el juego. He sido consejero de padres cuyos hijos han gritado durante horas, y eso puede ser muy irritante, al punto de que algunos padres aflojan. No sirve de nada mantenerse firme durante una hora y cuarenta y cinco minutos, para luego ceder y ver qué es lo que pasa. Lo único que les enseñas a esa niñita o ese niñito es que sigan gritando porque tarde o temprano mami o papi vendrán.

Si te cuesta encontrar la rutina adecuada para que tus hijos vayan a dormir, tal vez te sirva usar un grabador con detención automática. Podrás conseguir cintas con cuentos grabados, que arrullarán a tus pequeños.

Pero en todos los casos, recuerda estos principios básicos:

1. Crear una rutina que para los chicos sea siempre igual.

2. Usa la grabación como último paso para que se duerman.
3. Una vez que has arropado a los niños, no abras la puerta de su cuarto por ningún motivo.
4. Si salen de la cama, tendrán que arroparse ellos mismos. Al saber que no pueden lograr que repitas la rutina, probablemente se queden en la cama.
5. El momento de arroparlos y decir las oraciones puede ser una maravillosa oportunidad para hablar con ellos sobre lo que sucedió en el día (tanto contigo como con ellos). *No te apresures cuando los arropes y ores con ellos.* Es tu oportunidad diaria para comunicarle tu amor a tu hijo en un momento crítico. No corras a ver tu programa favorito. Tus hijos son más importantes.

Los chicos mayores (de siete o más) usarán todo tipo de tácticas dilatorias para evitar la hora de ir a dormir (especialmente, si está por comenzar determinado programa). Negociarán como vendedores de autos usados, solo para lograr sacarte unos minutitos más. No entres en ese juego. Que entiendan algo sencillo: «No vas a la cama a la hora y durante varias noches tendrás que acostarte más temprano». O «No vas a la cama a la hora y no podrás ver tu programa favorito durante una semana». La clave está en no ceder ni dudar. Sé agradable y amigable, pero imita al General Ulysses S. Grant. Su lema era «rendición incondicional».

Supongamos que tus monstritos han ido sin chistar a sus madrigueras una noche, pero a los pocos minutos oyes ruidos raros (es un problema muy común cuando dos duermen en el mismo cuarto). No puedes concentrarte en la charla con tu cónyuge, ni en mirar tu programa o leer el periódico. Los golpes y saltos suenan muy fuertes. Una vez más, la situación requiere de acción pronta y directa. ¿Qué opciones tienes?

Puedes o no usar una táctica que yo empleé una vez. La recomiendo siempre y cuando uses el sentido común y extrema precaución. Nuestras pequeñas Holly y Krissy no se dormían, por lo que sin darles aviso previo, las puse afuera, en el zaguán de atrás, y el clima era un tanto inclemente (a veces sí llueve en Tucson). Se quedaron allí durante exactamente noventa segundos. Luego las dejé entrar. Fueron directo a la cama sin decir palabra. No hubo dilaciones ni jueguitos.

Si te parece demasiado exagerado esto de llevar afuera a los chicos unos segundos, o no puedes hacerlo porque no tienes patio, te doy más ideas: Sácalos a ambos de la habitación y llévalos a otro lugar, como la cocina, el cuarto de costura o incluso el baño. Dales instrucciones de que deben permanecer sentados allí hasta que puedan resolver el problema. Bajo ninguna circunstancia puede haber un televisor, ni una radio, ni juguetes o cosas con que pudieran entretenerse. La idea es que se sienten en sillas apartadas y tengan un período de «tiempo afuera» para calmarse.

Otra opción consiste en separarlos. Si uno de los dos es obviamente el culpable del lío, llévalo a otra habitación por un rato. Allí, también tendrá que permanecer sentado en una silla, «tiempo afuera» unos cinco o diez minutos, hasta que pueda volver a la cama sin regañar.

La última opción es la nalgada, pero estoy seguro de que no te hará falta. Porque cuando actúes, tus hijos querrán calmarse. Es divertido luchar y reírse en la cama. Pero estar sentados en una habitación, no lo es. Puedes encontrar y decidir la acción que más se adecúe a tu situación, pero recuerda que no hay que discutir ni hablar del asunto para acabar con la batalla de la hora de ir a dormir. Hay muchas estrategias con que puedes aplicar la disciplina positiva sin entrar en el jueguito que tus hijos buscan. Ese jueguito incluye advertencias, sermones, ir varias veces para decirles que se callen, etc.

Deja claro que la hora de ir a la cama no es opcional. Es obligatoria. Podrán protestar y decir: «No tengo sueño». Diles: «Bueno, aunque no tengas sueño es hora de ir a dormir. Así que, ve a la cama». Que sepan que mamá y papá necesitan momentos a solas en la noche, para poder conversar o hacer otras cosas.

La cortesía o los buenos modales

Otra de las preguntas que me hacen las madres es: «¿Cómo les enseño a ser corteses? ¿Cómo les enseño a decir "gracias", "por nada" y "por favor"?».

Casi todas las personas que conozco —consejeros, terapeutas, maestros y padres— concuerdan en que hay que empezar a temprana edad a enseñarles a ser corteses, de modo que la cortesía sea algo natural en los chicos. Aconsejo a los padres que entre ambos decidan cuáles son las reglas de cortesía que quieren enseñarles a sus hijos. ¿Quieres enseñarle a tu hijo a decir: «Sí, señor», o «No, señora»? Otras cosas también comunes incluyen sin duda el «gracias», el «por favor», el «por nada», o el «¿puedo...»?

Todos tenemos ideas básicas en cuanto a los buenos modales, y podemos tratar de martillar e insistir para que los aprendan. Pero al corregirlos y lograr la respuesta adecuada, seguramente estaremos cumpliendo con parte de la enseñanza. Sin duda, la otra parte es que la mejor forma de enseñarles a ser corteses, es siéndolo nosotros como padres y madres. Como modelos de cortesía —entre sí y con los demás— podemos enseñarles buenos modales a nuestros hijos.

Una de las formas que usamos en casa para enseñarles a ser corteses, es jugando durante la cena a lo que llamo «El juego del penique». Todos, incluyendo a los adultos, reciben cinco peniques. El objeto es atrapar a quien no practica buenos modales en la mesa (comer con la boca abierta, no ponerse la servilleta en el regazo, poner los codos sobre la mesa, pasar el brazo por delante de otro, hacer ruido). Durante la cena, todos observan a cada uno para ver si pueden atraparlos y quitarles un penique. Por ejemplo, si mi hija me ve haciendo algo mal y avisa, tengo que darle un penique.

Es un juego excelente para chicos menores de diez años. A nuestros hijos siempre les divirtió mucho. También hablamos cosas interesantes a raíz del juego, en cuanto a por qué ciertas cosas están mal y cómo podrían hacerse mejor.

Supongamos que tu hijo le ha dicho algo descortés a otra persona, sea niño o adulto. Como mencioné ya en el capítulo 5, tu mejor opción es «tomar el toro por las astas». Es decir, ocuparte en ese preciso momento.

No reprendas a tu hijo frente a la otra persona. Trata de sacarlo de la habitación, o al menos llévalo aparte, y luego háblale. Con suavidad pero con firmeza, dile exactamente cómo te sientes por lo que acaba de decir o hacer, y por qué lo sientes. Si tiene edad suficiente (tres años o más), haz que vuelva y pida disculpas. Si se niega a hacerlo, podrás disciplinarlo de otra forma: apartándolo del grupo durante un rato.

Lo que siempre tienes que intentar, si es posible, es que tu hijo diga «lo siento» o «perdóname, por favor», o «te pido disculpas», o lo que sea que le haga ver a la persona ofendida que lamenta lo hecho o dicho.

Lo repito, la mejor forma de enseñarles a ser corteses, es siendo corteses. Si ofendes a tu hijo o tu cónyuge, dile: «Lo siento», sin tardanza.

La cortesía es buen tema de conversación a la hora de la cena en familia, o tal vez en momentos especiales, como antes de ir a dormir. Habla con tus hijos sobre la cortesía entre ellos (podrás descubrir bastante en cuanto a lo que consideran «cortés» en tu trato hacia ellos). Presenta ideas específicas sobre cómo ser corteses con los demás y, lo más importante, ayuda a tu hijo para que entienda cómo se siente la otra persona cuando uno es cortés, y cuando no lo es.

Los peligros de la vida

¿Cómo hablar con los hijos acerca de las realidades de vivir en un mundo donde el peligro está siempre presente?

Una simple técnica que puedes emplear al conducir el auto junto con los más pequeños, es mostrarles los animales atropellados, como perritos, gatos o sapos, indicando lo que pasa «si no miramos a ambos lados antes de cruzar».

Si tienes piscina, tendrás que tomar en cuenta que los niños de entre tres a seis años suelen decir que saben nadar cuando en realidad no es así. Para el niño «nadar» puede significar jugar en el agua y salpicarse, nada más. Antes de que los vecinitos de tus hijos puedan usar la piscina, siempre comprueba si saben nadar o no. Aconseja a los niños mayores en cuanto a la profundidad de la piscina, y recuerda que es aconsejable decirles que no conviene zambullirse ni tirarse de cabeza.

Sugiero también —y es una advertencia importante— que leas de vez en cuando informes periodísticos sobre niños que se han ahogado, en particular si la víctima tiene la edad de tus hijos. No exageres, ya que podrías malograr el efecto del factor temor. Lo que quieres es crear un saludable respeto ante los peligros que representan las piscinas.

En estos últimos años ha surgido un peligro más prominente: el secuestro por parte de personas extrañas. Hay programas de televisión que cubren casos de niños desaparecidos y relatan cómo fueron secuestrados. Así que, ¿cómo enseñarles sobre los «peligros de los extraños»?

Es también un área sensible porque no quieres crear en ellos un temor infundado. Por otra parte, sí quieres que sepan y estén al tanto. Creo que lo más realista es sencillamente decirles a los chicos con franqueza y mucha calma, que no todas las personas del mundo son como mamá y papá. Que hay mucha gente buena pero también algunas personas muy malas. Haz que sepan que todo lo que les pasa a las personas en la vida no es bueno necesariamente. Y que, si no tienes cuidado, pueden pasarte cosas malas también a ti.

Los padres pueden enseñarles que Dios los protegerá mientras van aprendiendo a usar el cerebro que Dios les dio para pensar.

Habla con tus hijos e incluso repasa pequeñas situaciones en cuanto a qué hacer si viene un extraño y les ofrece llevarlos en auto. Establece una regla firme para toda la familia: nadie aceptará que un extraño los lleve en auto y, obviamente, tampoco pedirán aventones (siendo decano asistente en la Universidad de Arizona, vi con qué frecuencia terminaban violadas las alumnas, por haber ejercido esa práctica).

Ayuda a tus hijos a pensar en qué cosas podría hacer un extraño con tal de lograr que subieran al auto. Por ejemplo, los secuestradores de chicos dicen cosas como: «Tu perrito se ha lastimado, puedo llevarte con él», o «Mamá (o papá) han tenido un accidente y me han mandado a buscarte».

Indícales que si mamá o papá tuvieran algún problema, por cierto, jamás enviarían a un desconocido a buscarlos.

Dales alternativas y planes de acción en caso de que alguien los detenga. Diles que no discutan con la persona, que ni siquiera le hablen. Que rechacen la invitación muy cortésmente y sigan adelante, caminando rápido. Si el desconocido da señales de seguirlos, que corran hasta el lugar más cercano para pedir ayuda: una casa donde vean luz, o donde vean —por la ventana— que hay alguien.

Muchas escuelas del barrio han decidido colaborar con los padres para brindar asistencia de emergencia a los niños en caso de un incidente. En ciertas casas, las ventanas tienen una gran E (o algún símbolo parecido), que significa que esos padres tienen voluntad y autoridad para ayudar a un niño que tenga una emergencia. Conversa con tus hijos sobre el problema, repasa el camino que sigue para ir y venir de la escuela, e identifica esas casas para que sepan de antemano dónde podrán encontrar ayuda.

Sé que es triste tener que advertir a nuestros hijos sobre tales cosas, pero cada año vemos que suben las estadísticas de niños maltratados, secuestrados o, incluso, asesinados. Es una realidad y debes tomarte el tiempo para ayudarles a entenderlo. No estás tratando de asustarlos. Más bien, les enseñas a ser sabios. Si tiene edad suficiente como para no estar bajo tu vista aunque sea por momentos, ayúdale a entender cómo ser responsable y capaz de tomar decisiones rápidas que le hagan evitar los peligros.

Estrategia a la hora de la cena

Menciono los problemas a la hora de la cena, como el de resistirse a comer, en muchos lugares de este libro. Pero aquí quiero sugerir una estrategia básica que te ayude a aplicar la disciplina de la realidad en esa hora crítica que se conoce como «hora de la cena», en que tantas familias parecen tener tensiones, estrés, peleas y enojos. La hora de la cena debiera ser uno de los momentos más plenos, cálidos y agradables del día, que nos fortalezca y una, pero en demasiados hogares vemos que sucede exactamente lo contrario. ¿Qué se puede hacer?

Ante todo, asume el compromiso de romper la típica rutina que probablemente hayas estado siguiendo. Esto es especialmente válido en los hogares donde los niños se resisten a comer, protestan por la comida y demás. Que todos se sienten alrededor de la mesa, pero no te molestes en servir la comida en los platos de tus hijos. Que pidan ellos lo que quieran que les pasen. Y que coman exactamente lo que quieran. No los molestes ni los obligues a comerse sus vegetales ni a tomarse la leche.

No obligues ni recuerdes a tus hijos que tienen que terminar la comida. No malgastes tu energía con cuentos sobre la gente del Lejano Oriente que muere de hambre. Tus hijos saben que no hay forma de enviarles la comida que la familia tiene hoy sobre la mesa. Algunos, incluso saben que en muchos países de Oriente la gente come pescado y otros alimentos saludables, y que están en mejor estado físico que muchos estadounidenses gordos que no hacen ejercicio.

En general, trata a tus hijos como si fueran adultos, que asumen la responsabilidad por lo poco o mucho que comen.

Luego, siéntate y escucha. Observa si la conversación a la hora de la cena cambia. Habla sobre temas interesantes para ti y para ellos. Si no quieren contarte qué pasó en la escuela, no te preocupes. Haz lo posible por mantener la situación en calma, relajada.

Toma en cuenta que tus hijos pronto notarán lo que estás tratando de hacer, y vendrá el contraataque. Te echarán trampas y buscarán envolverte en controversias sobre si están comiendo o no. Mantente en calma, pero firme. No te metas con lo que comen o no. Por sobre todas las cosas, disfruta de tu cena.

En las casas donde ambos padres trabajan, añado unas sugerencias estratégicas. Cuando trato con familias en las que mamá tiene que trabajar, encuentro que en muchos hogares se espera que los chicos hayan empezado a preparar la cena, que hayan puesto la mesa, sacado la basura y demás. Creo que los chicos sí tienen que participar de las tareas del hogar, pero aplaudo en especial su participación en los hogares donde tanto mamá como papá trabajan. Porque cuando los dos tienen que trabajar y mamá tiene poco tiempo para preparar la cena, el asignar responsabilidades a los hijos es una muy buena oportunidad para poner en funcionamiento los principios de la disciplina de la realidad.

Pero, ¿qué pasa si esto no parece funcionar? ¿Qué pasaría si llegan mamá y papá y la mesa no está puesta, no han sacado la basura y nadie empezó a preparar la cena? Los chicos están ocupados, o con sus amigos, o repeliendo el último ataque de Nintendo, o con alguna otra cosa por el estilo. ¿Qué dice la disciplina de la realidad en un momento como ese? Digo que usa la acción, no las palabras. Pero no es el tipo de acción que podrías imaginar. No te pongas a invocar lógicas consecuencias. No empieces a recordarles cosas, ni los obligues, ni amenaces o sobornes, ni estalles de ira. Simplemente, siéntate a leer el periódico. Relájate, y descansa después de tu día de trabajo.

Tarde o temprano alguno de tus hijos vendrá a preguntar lo obvio: «¿A qué hora estará lista la cena? ¿Qué hay de cenar?».

Esa es la oportunidad para que mamá o papá digan, muy calmados: «Cuando esté lista la cocina para que se pueda cocinar, entonces comenzaremos con la cena. En este momento pareciera que nadie tiene interés en cenar. No podemos hacer nada en una cocina sucia y desordenada».

Ese tipo de respuestas les enseña a tus hijos que el orden es valioso. Si no pueden ayudar a mantener la casa ordenada, no se preparará la cena.

Claro que no puedes dejar que tus hijos «cenen» galletas o papas fritas de paquete, y se sienten a ver televisión con esas cosas para comer. Que sepan que no se come hasta que se cumpla con las responsabilidades que se supone tendrían que estar ya cumplidas.

La levantada por la mañana

Por lo que oigo en las sesiones de consejería, y por las preguntas que recibo por correo, pareciera que muchos hogares estadounidenses son zonas de guerra, en especial por la mañana. Parece que es una batalla terrible lograr que el pequeñín Buford salga de la cama y se prepare para llegar a tiempo a la escuela. Cuando las madres o los padres vienen con el problema de «¿Cómo logro que mis hijos se levanten?», les recuerdo uno de los principios básicos de la disciplina de la realidad: *no puedes obligar a nadie a que haga nada*. Puedes guiarlo para que la realidad le haga hacer lo que debe.

Así que, la mejor forma para resolver esa crisis de «no puedo lograr que se levanten», es quitarte de en medio, de toda responsabilidad. Declara un armisticio en la batalla. Ya no vas a insistir cinco veces en que tienen que levantarse.

¿Sugiero que les permitas dormir hasta tarde? Sí, claro que sí. Que la realidad haga que tus hijos se levanten. Cuando hayas intentado, sin éxito, lograr que tu hijo o tu hija se levanten, niégate a cooperar. Niégate a que te usen como reloj despertador humano. Diles que tendrán que buscar la forma de despertarse y levantarse. Tendrán que tomar decisiones adecuadas acerca de cómo salir de la cama y llegar a la escuela. Y si no llegan a la escuela, la realidad se presentará, en muchas formas. La principal serán los problemas con los maestros. Es cierto que tal vez los maestros te llamarán a ti. Pero solo pásales el mensaje a tus hijos. No permitas que los maestros te intimiden, ni te hagan sentir culpable, o te obliguen de alguna forma a volver a actuar como despertador humano.

Una solución más que evidente para este problema es que cada chico tenga su propio despertador. Dales uno a cada uno y muéstrales cómo usarlo. Si olvidan poner el despertador, sufrirán las mismas consecuencias que sufres tú cuando olvidas poner el tuyo para una cita o reunión importante.

Incluso puede serte útil la participación de los maestros de tus hijos en este plan. Llama a la escuela y diles que tu hijo o hija llegarán tarde porque no se han levantado, y que crees que sería buena idea que hubiera consecuencias definidas por su tardanza. Cuando el pequeño Buford llegue a la escuela, su maestra quizá le diga: «Buford, veo que has llegado tarde. Pero tienes suerte. Podrás compensar esos veinte minutos que perdiste esta mañana quedándote en el recreo para trabajar mientras los demás salen a jugar».

Es cierto, si dejas al pequeño en casa, y llega tarde a la escuela, la idea no parece muy atractiva ni fácil. Podrá causarte vergüenza o ciertas molestias. Por ejemplo, tal vez tengas que llevarlo en el auto a la escuela porque el autobús ya habrá pasado (y por otra parte, si la escuela está cerca, que sea el pequeño quien se moleste. Podrá caminar hasta allí).

Puede ser difícil ganar la batalla de las mañanas, pero si perseveras durante unos días, o tal vez una o dos semanas, verás los resultados. La decisión es tuya: o sigues siendo un reloj humano y asumes responsabilidades que en verdad les corresponden a tus hijos, o puedes darles esa responsabilidad, en cuanto a levantarse por las mañanas.

Nota, sin embargo, que podrías ser uno de esos padres o madres afortunados con hijos que se levantan a la primera llamada, sin problemas. Si gozas de esta bendición, ignora mis consejos sobre los despertadores y sigue viviendo esa dicha. Cuando tu hijo o hija crezcan, pedirán un despertador, pero será porque lo desean, y no porque necesitas una medida disciplinaria.

La tarea escolar

En la mayoría de los sistemas escolares del país, lograr que los chicos hagan la tarea es un problema que empieza ya en el tercer grado de la escuela primaria. Muchas maestras y maestros con los que converso, me dicen que si el alumno o la alumna son eficientes en el uso del tiempo, pueden cumplir casi toda la tarea durante el tiempo libre que tienen dentro de la escuela. Por supuesto, hay algunos que prefieren jugar, o desperdiciar los minutos de otra forma, y por eso tienen que llevar la tarea a casa.

Y allí comienza la batalla. Para los padres que tienen problemas con la tarea escolar de los hijos, sugiero unos pasos básicos:

1. *Recuerden un principio básico de la disciplina de la realidad, y no «obliguen» a sus hijos a hacer la tarea.* Será mejor que se remitan a brindarles un entorno propicio al estudio, nada más. En algunas casas, eso es todo lo que realmente necesitan hacer mamá y papá. Hay chicos que saben conducirse lo suficiente como para poder cumplir con sus tareas, con mínima ayuda de sus padres. Y terminan todo a tiempo.

Si es posible, que sea una habitación especial para estudiar, pero en caso de que sea un lujo inaccesible, el dormitorio por lo general será el lugar indicado. Con un escritorio, y algo de espacio para que pueda poner sus papeles y libros.

También es buena idea asignar un horario para la tarea. Después de la comida, de 6:30 a 8:00 de la noche, de lunes a jueves, como horario adecuado para chicos de cuarto a octavo grado. Los más pequeños podrían usar el mismo horario, pero más corto, como de 6:30 a 7:00 o 7:15 de la tarde. Claro que eso variará según las circunstancias de la familia.

Mamá puede cooperar estando atenta a que mientras el pequeño estudia, ella debiera esforzarse porque haya calma. Si usa la aspiradora, por ejemplo, no estará contribuyendo a un ambiente propicio para el estudio.

2. *Otro tema importante que tienen que tomar en cuenta muchos padres es que no deben hacer la tarea por sus hijos.* Hay gente que ríe ante la idea de que los padres hagan la tarea escolar de los hijos. Pero conocí a muchos que hacían eso exactamente, y con toda regularidad (algunos de los peores, eran maestros y después de la cena convertían la casa en algo así como un aula).

Mi firme recomendación es que los padres den un paso atrás y que se nieguen a participar en las tareas escolares. Si el chico pide ayuda cada tanto, es otro asunto. Pero todos tendrán que entender, que «cada tanto», significa precisamente eso. Si no te cuidas, pronto estarás atrapado o atrapada en una situación en la que casi todas tus horas de la noche los días de semana, se dediquen a la tarea escolar. Si es este tu caso, algo no funciona. Pide una entrevista con el maestro consejero de tu hijo o hija, y decide firmemente que te mantendrás fuera de la tarea escolar, ayudando en todo lo posible a los maestros para que los chicos hagan lo que tienen que hacer.

Hay padres que sentirán que les cuesta lograrlo porque su inclinación natural es a ayudar a los hijos (tal vez, a los que tengan verdaderas dificultades). Y claro que también está el tema del orgullo parental, y la vergüenza de que sus hijos saquen bajas calificaciones cuando con algo de ayuda, podrían obtener mejores notas.

Mi regla de oro es: un poco de ayuda, sí. Mucha ayuda, no. Ayuda continua, ¡jamás! Por ejemplo, si tu hijo te pide que lo ayudes a practicar ortografía, ayúdalo. Toma poco tiempo relativamente, y cabe dentro de la categoría de la ayuda pero sin que tú hagas la tarea por él. También es bueno que vea que te interesa lo que está haciendo.

3. *Supongamos que tu hijo o hija no se sientan a hacer la tarea.* Ahora, digamos que le brindas el espacio para estudiar, que te esfuerzas porque haya silencio y ni siquiera con eso, hace su tarea. Tu siguiente paso sería el de crear ciertas consecuencias lógicas (ver capítulo 7). La mejor forma de usar las consecuencias lógicas será hablando con tu hijo o hija y haciendo que contribuya a establecerlas.

Por ejemplo, si no cumple con su tarea y obtiene calificaciones menores a una «C» o un «6», digamos, no podrá salir a jugar después de la escuela o la comida. No podrá participar de actividades o deportes extracurriculares, como la liga de menores. Repito que necesitas hablar con tu hijo acerca de lo que piensa que sería justo, y llegar a algo que sea razonable para todos.

También, recuerda que las calificaciones de tu hijo o hija son de ellos, no tuyas. Asegúrate de hablarle sobre sus calificaciones y cuando veas un boletín pobre, podrías decir: «Lamento ver que no te gusta aprender». Será un comentario sincero, pero no lo estarás menospreciando ni criticando.

Si luego ves que mejora un poco, ten paciencia. Hay chicos que no rinden bien en la escuela a determinada edad, pero luego mejoran mucho. Como padres cristianos, tenemos la autoridad y la responsabilidad de criar correctamente a nuestros hijos. Siempre enséñales el siguiente orden de prioridades y responsabilidades:

1. Dios
2. Los padres
3. La casa y la familia
4. La escuela
5. Las actividades extracurriculares

El grupo de pares

A medida que los hijos crecen, el grupo de pares hace sentir su presencia. Encuentro que la presión del grupo de pares comienza a veces ya en primer o segundo grado.

Para que los padres puedan cumplir con su misión, tienen que entender que a los chicos les gusta desarrollar el sentido de pertenencia. Todos tienen dos opciones básicas: identificarse con su familia o identificarse con el grupo de pares, que son los chicos del barrio o de la escuela. Ten por seguro, sin embargo, que siempre pertenecerán a algo.

El desafío para los padres reside en transmitirles diariamente a sus hijos que pertenecen a la familia. El sentimiento de pertenencia es uno de los bloques que forjan la autoestima. Si tu hijo siente que forja su autoestima en casa, es mucho menos probable que se deje influenciar por el grupo de pares. Aquí hay unas cosas simples que puedes hacer para que tus hijos sientan que: «Pertenezco aquí. Mamá y papá me aman de verdad».

1. *Deja que tengan voz y voto en la planificación de actividades familiares, paseos, viajes y vacaciones.* Solicita su opinión sobre qué les gustaría hacer, y luego accede a un acuerdo a mitad de camino entre lo que tú dices y lo que dicen ellos.

2. *Pídeles su opinión sobre problemas que tienes como madre o padre, o que tienen otros miembros de la familia.* Estos problemas pueden ser espirituales, financieros o emocionales. Cuando les pides su opinión estás diciéndoles: «Valoro tu opinión. Eres importante y valioso en esta familia».

3. *Creo que también les decimos que pertenecen si les damos trabajo para hacer dentro de la estructura familiar.* No asignes tareas como si fueran trabajos desagradables, de los que no podrán librarse jamás. Ayuda a tus hijos a ver que las tareas en el hogar son una forma de sentirse orgullosos por lo bien que se ve la casa. Es cierto que el aspecto de la casa no será una gran prioridad hasta al menos unos años más, pero cuando empiezan a invitar a sus amigos, en especial a fines de la primaria y cuando interactúan más con el sexo opuesto, verás que sí mejoran. De hecho, el pequeñito Festus podrá convertirse

en un joven versión de Míster Músculo, que quiere tener la casa presentable para cuando le visiten sus amigos.

4. *Deja que tus hijos pongan a prueba el sistema (las reglas de la familia), y no te niegues al toma y daca.* Borra de tu vocabulario esas frases como: «Lo haces porque yo te lo digo», o «Mientras vivas aquí, harás lo que te digamos». Más bien, razona con tus hijos y explícales por qué crees lo que crees y luego actúa de acuerdo a ello. Si se toma el tiempo de darle razones para las reglas, le estás diciendo en cierto modo: «Te valoro como persona y te halago al tratarte como se trata a quien puede pensar por sí mismo».

Si quieres leer un poco más sobre la presión del grupo de pares, te sugiero estos tres libros. Cada autor tiene un sesgo distinto, pero los tres te muestran las realidades de lo que hoy está enfrentando tu hijo o hija, o que pronto tendrán que enfrentar, por parte de sus pares. Además, te muestran cómo puedes hacerles sentir más seguros y aceptados en el hogar:

Si amas a tu adolescente, de Ross Campbell (Grupo Nelson)
Preparémonos para la adolescencia, de James Dobson (Ed. Peniel)
Right from Wrong [Lo bueno de lo malo], de Josh McDowell

Dejar los pañales

Enseñarles a los pequeños a dejar los pañales es tal vez, una de las tareas que más se apoya en la disciplina de la realidad. Todos conocemos a esa señora cuyo hijo dejó los pañales a los diez o catorce meses. En muchos casos, no fue el chico quien aprendió a dejar los pañales, sino la madre. Porque aunque recuerda que debe llevar al niño al baño, pocas veces tendrá accidentes de ese tipo. Claro que hay excepciones, chicos que dejan los pañales a muy temprana edad, pero no es una regla fija. No hay un día mágico en que cada bebé se gradúa, finalizado el curso de «dónde hacer tus necesidades básicas».

Cada chico es único. Cada uno tiene su tiempo. La mayoría comenzará entre los dieciocho y los veinticuatro meses. Ten por cierto que para esta experiencia, tienen que estar listos tanto el pequeño o la pequeña como su madre.

Les digo a los padres —y en especial a las madres— que la clave está en permanecer en calma y relajados. No te pongas nerviosa o tensa, porque tu pequeñín percibirá lo que sientes y también sufrirá tensión y angustia.

Mi esposa y yo recordamos el día en que ella le anunció a una de nuestras hijas: «Hoy vas a aprender a dejar los pañales». Sande estaba harta ya de los pañales sucios y decidió que la situación requería de cierta «disciplina». Por supuesto, su iniciativa terminó en un total desastre. Nuestra hija percibió la tensión de Sande y respondió de la misma manera. Todo fue un fracaso completo, a pesar de que mi esposa usaba un sistema de recompensas en que le daba una golosina a la niña cada vez que llegaba al baño a tiempo (o casi). ¿Dónde aprendió mi esposa a usar golosinas como recompensa? Sí, adivinaste. De un libro escrito sobre el tema por... —adivinaste de nuevo—, un psicólogo.

Después de esa primera debacle todos nos olvidamos de los pañales y nos relajamos por unos meses. Cuando nuestra hija tenía unos dos años, mi esposa pensó que había llegado el momento de volver a intentarlo.

Esta vez, siguió los consejos de su psicólogo favorito (yo). Trajo una bacinilla plástica y la dejó en el baño sin decir nada. Nuestra hija «descubrió» la bacinilla y empezó a usarla con gran entusiasmo. En tres días había dejado los pañales. Sí, reforzamos su aprendizaje con una recompensa: unas lindas pantaletas (para mi hija, no mi esposa).

Siempre les digo a los padres que cuando se trata de dejar los pañales, los chicos pueden ejercer un enorme control sobre los adultos. Empiezan a sentir que tienen algo de poder sobre esos grandotes que han estado controlando sus vidas hasta el momento. Y si lo piensas, no es difícil entender por qué sienten que tienen poder. Actuamos como tontos y decimos tonterías cuando los chicos usan la bacinilla. Está bien reforzar el aprendizaje, pero decir: «Ahhh, ¡mira eso», o «Mira qué lindo regalo le dio Festus a mami», es exagerar las cosas. Después de todo, se trata de un acto elemental.

Algunos padres tratan de enseñarles a sus hijos a usar el baño con un adaptador de asiento. Es mucho mejor usar la bacinilla, del tamaño del niño, donde puede sentarse sin miedo a caer. Si tus primeros intentos fracasan y ves que no tiene interés, tal vez convenga guardar la bacinilla durante un mes y volver a intentarlo entonces.

O quizá, quieras usar mi método favorito. Creo que la mejor forma de enseñarles a los chicos a dejar los pañales es comprar la bacinilla, ponerla en el baño y no decir nada. Que la descubran y si la usan bien, los alentamos. Los abrazamos, les hablamos y les decimos que están haciéndose grandes y aprendiendo a comportarse como chicos maduros.

Se han escrito libros enteros sobre cómo enseñar a los niños a dejar los pañales. Si sientes que necesitas más ideas, habla con tu pediatra. El principio general de la disciplina de la realidad que más te convendrá es mantenerte en calma, dejando que la naturaleza siga su curso. No hay acto más natural en el mundo entero, y tu hijo o hija aprenderán solo cuando estén listos. Más allá de lo que decidas hacer, no te dejes intimidar ni engañar por otras madres que han leído algún libro sobre «cómo dejar los pañales en menos de una hora». Créeme, eso no es la realidad.

Rivalidad entre hermanos

Son muy pocas las familias con más de un hijo que pueden escapar a los problemas de la rivalidad entre hermanos. Creo que parte del asunto está en la tendencia de los padres a sentir que tienen que tratar del mismo modo a todos los chicos. Al menos, puedes tener la certeza de que eso es justamente lo que los chicos intentan transmitir: lo que obtiene uno, lo quiere el otro.

Mis hijos intentaron llevarme a ese terreno en diferentes ocasiones. Holly decía: «Papi, ¿cómo puede ser que a ella le dieron eso y a mí no? ¿Por qué Krissy puede hacer eso y yo no?».

A veces, bromeaba un poco y «halaba la alfombra», con alguna frase loca como: «Bueno, es obvio que es porque mamá y yo la amamos mucho más que a ti».

Si Holly seguía insistiendo y exigiendo que las tratáramos de la misma manera, finalmente le decía algo como: «Está bien, Holly, si realmente quieres que te trate exactamente como a tu hermanita Krissy, ahora tendrás que ir a dormir a las 8:30 en lugar de a las 9:00 de la noche, y tu mesada es de dos dólares y cincuenta centavos en lugar de tres dólares».

Allí, Holly decidía que en realidad no quería que las tratáramos igual en todas las circunstancias. Esta ilustración funcionó en mi caso porque Holly era mayor que Krissy y ya tenía prerrogativas como un horario más tarde para dormir, o una mesada un poco mayor. Le habíamos permitido a Krissy hacer algo que ella también pensaba que podía hacer, y eso era la causa del problema. Pero, ¿qué pasa si el menor quiere los mismos privilegios que tienen los mayores? El principio de la disciplina de la realidad que has de invocar siempre es que amas a todos tus hijos por igual, pero los tratas diferente según lo que creas pertinente y justo en ese momento.

Una de las fuerzas más importantes que operan tras la rivalidad entre hermanos es que nuestros hijos quieren siempre «la "chancha" y los veinte». Quieren asegurarse de que el hermano o la hermana no obtengan más, pero al mismo tiempo también quieren un trato diferente, especial. Es fácil para los padres caer en la trampa de jugar a juez y jurado.

Gran parte de lo que mencioné en «Peleas» se aplica a la rivalidad entre hermanos. Como dije entonces, no lo podrás eliminar del todo. Debes buscar formas de minimizarla y controlarla. De hecho, es saludable permitir que uno de tus hijos se desahogue expresando su frustración y sus sentimientos con respecto a su hermano o hermana, a la larga eso permite que se esfumen la hostilidad, el enojo y la rivalidad crónica.

Es evidente que el truco está en mantenerlo bajo control y no permitir que se te vaya de las manos. El principio básico de la disciplina de la realidad que hay que usar con la rivalidad entre hermanos, es siempre dejar que los chicos resuelvan situaciones y desacuerdos entre ellos, todo lo que sea posible. Por ejemplo, si dos chicos, de siete y nueve años, están peleando, sácalos de la sala y ponlos en una habitación a solas, diciéndoles que permanecerán allí hasta que resuelvan su problema.

Recuerda siempre que lo que se dicen cuando están peleando, es para los padres. Quieren que intervengamos, que entremos en el juego. Si uno provoca al otro y la respuesta es derogatoria, sin que te des cuenta la familia entera estará envuelta en una guerra. Si los chicos quieren estar mal, gritándose y diciéndose cosas, que lo hagan fuera de la casa o en algún cuarto alejado. No pueden hacerlo en la sala, ni cuando están sentados a la mesa.

Otro de los principios clave de la disciplina de la realidad es que consciente o inconscientemente los chicos tienden trampas para que los padres entren en sus discusiones y desacuerdos, y tengan participación en la resolución del problema. Los padres y las madres responsables, sin embargo, usan la disciplina de la realidad para mantenerse al margen si es posible, dejando que ellos resuelvan sus dificultades.

En los hogares tradicionales donde la regla es la recompensa y el castigo, los chicos a menudo tratan de hacer que el otro lleve las de perder. Quieren que los padres intervengan, que sentencien y castiguen a un hermano o una hermana. Este juego de «juez y jurado», por lo general, solo es preciso en un cincuenta por ciento, en el mejor de los casos, y suele crear más caos y problemas que los que resuelve.

Como consejero he oído a muchos hermanos menores con historias de cómo disfrutaban al provocar a sus hermanos mayores para que les pegaran. Luego, como actores dignos del Oscar y calculando bien sus tiempos, lloraban, gritaban o hacían ruido para que los padres creyeran que estaban cercanos a la muerte. Por lo general, la reacción de los padres era castigar, agresiva e inmediatamente, al mayor. Aunque el menor tenía que soportar que su hermano o hermana mayor les pegara, siempre sentía que todo valía la pena. ¿Por qué? Porque le encantaba ver cómo la madre o el padre castigaban al mayor.

Los psicólogos con frecuencia nos encontramos con situaciones familiares en las que el mayor va por la vida «mirando por encima del hombro» a los siguientes. La palabra técnica es destronamiento. El problema del destronamiento es más pronunciado cuando los hermanos son muy cercanos en edad, y más todavía si son del mismo sexo.

Aunque no sea perfecto para todas las situaciones, creo que el mejor sistema para asegurar el trato individual y justo de los hijos, es «otorgar el derecho de nacimiento» al mayor. Significa que el mayor tiene más libertad y privilegios, pero también más responsabilidades.

El monstruo de la televisión

La televisión es hoy uno de los problemas más grandes para los padres. Los canales están llenos de basura, que va de la violencia y el sexo inmoral, a los programas malos o de mal gusto. Y no es solo lo que ven en ella lo que me molesta, sino lo que no ven. Muéstrame un programa en el que se vea a los hombres como algo más que bufones tontos, un programa donde mamá y papá se honren y se respeten, donde los chicos respetan la autoridad de quien sea, incluyendo a los padres, y donde se vean los trágicos resultados del sexo casual. Incluso los programas que no presentan explícitamente malas palabras, sexo o violencia, sí violentan nuestras ideas de lo que debiera ser la vida en familia.

Pero aunque la televisión es un problema, también nos da una oportunidad para usar la disciplina de la realidad de manera efectiva. Considera estos pasos:

1. *Establece pautas para lo que la familia ve en televisión.* Hablen de lo que los chicos quieren ver y mira esos programas. Destaca siempre la idea de la disciplina de la realidad, de que las pautas son para establecer qué es lo aceptable en tu hogar y, luego, cumple esas pautas.

2. *Otro factor importante es el del límite de tiempo para ver televisión.* Siempre destaca la idea de la disciplina de la realidad: el trabajo

viene antes de la diversión, y hay que hacer la tarea antes de que la televisión sea siquiera una opción.

3. *Monitorea lo que eligen ver tus hijos, incluso si no puedes estar siempre allí.* En el mercado encontrarás dispositivos que permiten que los padres preseleccionen los programas de televisión para la semana. Son aparatos muy útiles, en especial para quienes crían a sus hijos a solas y necesitan dejarlos sin compañía durante horas.

4. *Haz tu tarea con la guía de programación semanal.* Identifica los programas o películas que serán buenos para toda la familia. Haz de ello un evento importante. Compra palomitas de maíz y disfruten juntos. Quisiera sugerir programas donde se vea a familias reales. Soy coconductor del programa *REAL FAMILIES*, con la doctora Jay Passavant. Es en vivo, con público y muy divertido. ¡Vale la pena ver algo así!

5. *Conoce las demás opciones.* He oído quejas por parte de padres cristianos respecto de la televisión por cable, pero lo prefiero a la televisión abierta, que muestra programas insípidos y sugerentes. El cable tiene programación informativa para toda la familia. Además de los canales específicamente para chicos, hay sistemas de televisión por cable y satélite que tienen programas cristianos. Mira los videos cristianos que hay disponibles, desde *Veggie Tales,* a los clásicos de Disney, encontrarás películas que enseñan y entretienen de manera positiva.

Terrores en el asiento trasero

Supongamos que para las vacaciones están pensando en viajar por todo el país. Con respecto a los chicos, podrás: a) dejarlos en casa; b) mandarlos a un campamento de verano; c) llevártelos; d) enviarlos por correo. Si tu respuesta es la opción «c» (llevártelos), probablemente ya sepas que viajar con ellos es difícil.

Una de las formas más probadas de llegar sin problemas es llevarlos «atados al frente» del auto. Si tienes edad suficiente para recordar que los autos solían tener parachoques, tal vez imagines a tus pequeños Buford y Festus atados allí, por encima de los faros, lo cual te garantizará un viaje sin peleas, gritos y cuarenta y siete paradas. Pero como tal vez no tengas parachoques, y te parezca desalmado atar a tus hijos al frente del auto, sugiero que tengas en cuenta un par de cosas básicas para viajar con los niños:

1. *Si tus hijos son pequeños (cinco años o menos), graba todos sus cuentos favoritos.* Pueden pasar horas escuchándolos, en tanto para ti puede ser un poco aburrido escuchar una y otra vez los cuentitos que tanto les gustan, pero es infinitamente mejor a tener que oír gritos y llantos. Además, lleva cintas en blanco para que ellos puedan grabarse. Les encanta escuchar su propia voz.

2. *Los chicos suelen pedir cosas para beber y comer.* Los padres más sabios llevan siempre palomitas de maíz, que para los chicos es genial, y aunque ensucia, con la aspiradora se limpia fácil. Es mucho mejor que el chocolate, más sano y no mancha (siempre y cuando tenga poca manteca).

También es bueno llevar algo nutritivo para beber. Los chicos ya reciben mucha azúcar, y las bebidas de dieta son igual de malas o peores, a causa de los químicos. Lo mejor son las botellitas de jugo de manzana o ananá, y también el agua en botella.

3. *Muchos padres conocen y adoptan juegos a la hora de viajar, como contar los postes de teléfonos, las vacas, etc.* Es divertido jugar a encontrar chapas de licencias de otros estados. Y para «pasar el tiempo», servirá la bolsa llena de marcadores lavables no tóxicos, y libretas de papel. Mejor evitar los crayones, porque se derriten con el calor del sol y hacen un desastre dentro del auto.

También es buena idea, especialmente para los chicos de menos de cinco años, llevar figuras adhesivas, ideales para usar en autos y hasta en trenes o aviones, ya que se pueden quitar fácilmente. Los chicos se divierten durante horas con los personajes favoritos, pegando y despegando las figuritas.

4. *Vas a oír varias veces «tengo que ir al baño», y por lo general, será cada tantos kilómetros.* Una de las formas de mantener ese pedido a un nivel mínimo es esta: cada vez que se detengan, por el motivo que sea, lleva a los chicos a ver los baños, les fascinan. Les gusta explorar, sea que necesiten ir o no. Y una de cada dos veces, probablemente quieran usarlo. Todo esto ayuda a eliminar algunas de las paradas que los padres tantas veces tienen que hacer.

5. *Evita hacer promesas mientras viajan.* No les prometas nada a tus hijos. No hay razón para hacerlo, y puedes meterte en todo tipo de dificultades. Si les aseguras que no lloverá, o que «llegaremos para el mediodía», puedes llegar a sufrir un dolor de cabeza, literal o figurativo. Los chicos tienen memoria de elefante y no necesitas escuchar durante horas sus «pero prometiste que...».

6. *No escupas a los chicos.* Te parecerá una locura, pero lo digo en serio. Muchos padres se encuentran en situaciones en que hay que limpiar a los chicos y como no tienen nada a mano, usan su propia saliva y un pañuelo para limpiarle la cara al nene o a la nena. Si hay un recuerdo horrendo de mi infancia, es la saliva de mi mamá por toda la cara.

En lugar de llenarlos de saliva, lleva un recipiente cerrado con toallitas húmedas o cómpralas en la farmacia.

Todos los juegos que acabo de mencionar son «tácticas de desvío». Es frustrante (y te enloquece a medida que pasan las horas) tener a los chicos inquietos, peleando y exigiendo la atención de mami y papi. Estas ideas son para que los chicos puedan entretenerse y dejarlos tranquilos a ustedes. Con un poco de planificación y preparación, puedes hacer que ese viaje por todo el país con tus hijos sea mucho más agradable, para ellos y para ustedes los padres.

12

Cómo ganar

En nuestros días, algunos soldados entrenan con juegos de computadora de alta tecnología. Se cuenta que un recluta sumaba muchísimos puntos en un juego de simulación de guerra con tanques. Su comandante pasó para observar al joven prodigio y enseguida encontró un problema.

—Está matando a los suyos, joven.

—Sí —respondió el soldado mientras seguía presionando el botón de disparar—. Pero voy ganando igual.

Algunos padres se esfuerzan tanto por «ganar» en la crianza de sus hijos que terminan disparando contra sus propias tropas: sus hijos. Sí, claro que hay que estar al pie del cañón, incluso cuando tus hijos vengan con millones de razones para hacerte cambiar de idea. Pero la victoria final llega no cuando demuestras que tenías razón, sino cuando llegas a formar a tus hijos como personas que saben enfrentar las realidades de la vida.

En esta lucha diaria de ser padres y madres, hallamos muchísimos momentos en que habrá que tomar decisiones difíciles. Hemos examinado las conductas comunes de los chicos y las situaciones familiares que pueden convertirse en campos de batalla. En este capítulo, me enfocaré en estrategias generales que puedes usar para aplicar la disciplina de la realidad en tu hogar (además de algunas estrategias que te conviene evitar).

Escuchar activamente

La disciplina de la realidad se basa en la acción, pero también en escuchar. Cuando surge un problema, lo primero que hay que hacer es escuchar. Supongamos que tu pequeña de nueve años anda zapateando y protestando, enojada por algo que hizo su amiga de la cuadra, su maestra o quizá el entrenador de deportes. ¿Qué decirle? ¿Qué es lo que la ayudaría?

Si la escuchas activamente, no la corriges, ni le das un sermón ni la amenazas. Simplemente le haces saber que puedes ver que tiene un problema. Puedes decir algo como: «Oye, te ves molesta. ¿Quieres hablar de lo que te sucede?».

Si tu hija sale enojada de la habitación y da un portazo, puedes tener la certeza de que en ese momento no quiere hablar. En un rato, tal vez media hora, saldrá y con actitud contrita querrá aceptar tu ofrecimiento.

Cuando su actitud indique que sí quiere hablar, el segundo paso consiste en responder a sus sentimientos. Por ejemplo, si tu hijo te dice: «¡Nunca me dejas hacer nada!», la respuesta adecuada que le haría saber que estás al tanto de lo que siente sería algo como: «Estás molesto y enojado conmigo». Y la forma improductiva y poco saludable ante el comentario de tu hijo sobre «Nunca me dejas hacer nada» sería: «No me hables así, jovencito. ¿No sabes quién soy? ¡Soy tu madre!».

¿Qué debería decir el padre o la madre si el chico dice: «No puedo hacerlo, mami»? El que no ha escuchado activamente los sentimientos del chico diría algo desalentador, como: «Sí, claro que puedes. Si hiciste lo mismo la semana pasada». Pero si escuchas activamente lo que siente tu hijo, lo alentarás diciendo: «De veras parece difícil para ti».

Para la mayoría de los padres, casi parece natural sentir que su primera obligación es corregir a sus hijos o darles algún sermón para brindarles la solución correcta o señalar cuál es la respuesta adecuada. Al cultivar la capacidad de escuchar activamente, darás menos sermones y brindarás menos respuestas correctas. Te resistirás a la tentación de tratar de resolver enseguida todos los problemas en la vida de tu hijo. Y te dedicarás más a hacerle saber que entiendes cómo se siente y te importan sus sentimientos.

El enojo

En los seminarios de Vida en familia que doy en todo el país surge una pregunta común: «¿Los padres no tienen que enojarse nunca?».

¡Claro que sí tienen que enojarse! La pregunta es, más bien: ¿hay que enojarse con los hijos, o con lo que hacen? Si trazamos esa fina línea, podremos ver una diferencia mucho mayor en el efecto que tendrá nuestro enojo.

Los padres necesitamos la libertad de enojarnos ante lo que hacen los hijos. Por ejemplo, digamos que acabas de limpiar la casa y encuentras que tu hijo de cinco años sacó todos sus juguetes para dejarlos tirados por la sala. En ese momento, lo lógico sería que ejercitaras tus pulmones, comunicándole lo enojada o enojado que estás por la situación. El truco estará en la forma de comunicar tu enojo. Podrás decir: «Me enojo tanto cuando veo todos esos juguetes tirados por la sala. Pasé dos horas esta mañana limpiando la casa. ¡Quiero gritar!».

Ahora, esa sí es una afirmación sincera de lo que mamá podría sentir ante la irresponsable conducta de un chico de cinco años. ¿Le comunicó que no lo ama? No. No lo hizo. Simplemente le dio un mensaje en primera persona, que le hace saber que se siente enojada. No le está dando un mensaje en segunda persona, acusándolo: «Eres muy malo. No soporto estar contigo».

Es cierto que sería buena idea que mamá se sentara con su hijo (después de que el pequeño haya guardado los juguetes) para conversar un poco más. Podría explicarle lo que siente, parte de su enojo y su frustración. Podría intentar que entendiera que se esfuerza por ordenar la casa y que cuando él desordena, se siente desanimada. Todo eso puede hacerse con el niño sentado sobre la falda de mamá, mirándose a los ojos, mientras abraza y acaricia al niño reafirmando el hecho de que lo ama y acepta.

Para ver más sobre cómo tratar con el enojo centrándolo en la conducta y no en los hijos, puedes ver «La comunicación», en la página 211.

Cómo consolarlos

Los padres suelen encontrarse con que sus hijos están nerviosos, descontentos o llorando por algún problema. ¿Cuándo nos dice la disciplina de la realidad que tenemos que consolarlos? ¿Y cuándo conviene buscar otro camino?

Por ejemplo, ¿qué haces si tu hijo viene llorando porque su boletín tiene malas calificaciones? Lo más saludable por parte de mamá o papá sería decir algo como: «Te sientes mal por tus notas y estás desanimado. Temes que mami y papi tengan una idea más pobre de ti a causa de tus bajas notas». Es obvio que lo menos saludable sería: «Claro que lloras. Es lo que te corresponde. Con esas notas tan bajas. Me daría vergüenza llegar a casa con eso. En mi época...».

Apenas usas esa frase —«en mi época»— has cerrado la válvula de la comunicación en la mente de tu hijo. Si muestras desaprobación ante las malas notas, además refuerzas sus temores y motivos para llorar.

Si surgen problemas que hacen llorar a tu hijo o hija, te doy algunos pasos básicos como para comenzar.

1. *Escucha.* Escúchalo con atención y, lo más importante, escucha qué es lo que siente.

2. *Responde a sus sentimientos.* Por ejemplo, en la respuesta saludable que mencionamos antes, el padre o la madre dijeron: «Te sientes mal por tus notas. Estás desalentado». Ese tipo de comentario le hace saber al niño que sabes cómo se siente. Lo mejor que puedes hacer es no mostrar compasión sino comprensión, haciéndole

saber que tienes idea de cómo se siente y que tal vez también sentiste lo mismo en algunas ocasiones.

3. *Nunca temas tocar a tus hijos.* Cuando tocas a tus hijos les estás diciendo que los entiendes, que te importan. En muchos casos, vale más una caricia que muchas palabras.

En los inicios de mi carrera aprendí que hay chicos que lloran cuando se sienten presionados. Y a menudo lo hacen debido a una conducta aprendida. Saben que cuando las cosas se ponen difíciles, lo único que necesita es derramar unas lágrimas para que los adultos se contengan.

Hace años les estaba mostrando ciertas técnicas de consejería familiar a varios maestros y consejeros. Era un grupo de casi cien personas que me observaban mientras trabajaba con una familia real. Trabajaba con un niño de unos ocho años y vi que estaba por ponerse a llorar. No dejé de hablarle, pero sí me acerqué y le toqué la pierna. El chico sollozó un par de veces, se recompuso, y pudimos seguir con la demostración de técnicas de consejería.

Estoy seguro de que si hubiera dejado de hablar para mostrar que me preocupaban sus lágrimas, habría llorado a más no poder y la sesión se habría interrumpido. Habría tenido pocas probabilidades de poder reanudar la sesión.

Pero al tocarlo, le dije: «Oye, te entiendo. Entiendo que es difícil. Y entiendo cómo te sientes. En este momento no te sientes muy bien, pero vamos a seguir porque tenemos que resolver este problema».

Los padres pueden hacer lo mismo con sus hijos. Solo con tocarlos, les estarán haciendo saber que los entienden.

4. *Busca siempre alternativas.* En muchos casos, la madre o el padre ven que su hijo o hija lloran, oyen la queja y sienten la tentación de resolver el problema, fácil y rápido, desde el punto de vista del adulto. La disciplina de la realidad prefiere ayudar a los chicos a resolver sus propios problemas, si es posible. Piensa en alternativas que podrías mencionar, alentando a tus hijos para que piensen ellos también en las suyas. Por ejemplo, digamos que la familia tiene pensado ir de picnic el sábado. Pero cuando

despiertan, está lloviendo torrencialmente. No habrá picnic, y tu hijito llora y protesta.

Abrázalo, y muestra que tú también sientes desilusión. Pero luego pregúntale si se le ocurren alternativas. Tal vez puedan ir de picnic otro día. Aunque si es pequeño, eso de esperar no le parecerá buena idea. Quizá puedan hacerlo en casa (asegúrate de tener lugar donde crear un ambiente de picnic en la sala).

Más allá de lo que hagas, no reprendas a tu hijo por sentirse desilusionado. Pero tampoco le des la solución adulta, razonando: «Bueno, siempre puede haber tormentas. Tendremos que esperar otro día».

5. *Dale a elegir.* Cuando hayan repasado todas las alternativas, deja que elija él. No lo hagas tú. Porque cuando decides por tu hijo, en realidad, le estás faltando el respeto. La disciplina de la realidad siempre busca que los chicos aprendan a tomar decisiones propias con responsabilidad.

6. *Nunca aceptes excusas.* Cuando empiezas a aceptar las excusas de tus hijos, en realidad los tientas a señalar siempre a alguien o algo más. Les estás alentando a culpar a otros, sin asumir sus propias responsabilidades.

7. *Considera los errores de tus hijos como bloques de construcción y no como derrotas o frustraciones.* Tus hijos aprenden de los errores. Tú puedes hacer lo mismo. La disciplina de la realidad enseña siempre que los errores de la vida no son negativos, sino positivos. Son ayudas importantes para aprender cómo mejorar y hacer las cosas mejor la próxima vez.

8. *Promueve el compromiso.* Si estás resolviendo un problema con tu hijo, haz que se comprometa a resolverlo usando su propia fuerza y esfuerzo.

9. *Prepárate para reevaluar el problema después de que intente encontrar una solución.* Tendrás que hacer esto en varios pasos. No dejes que tu hijo llore el fracaso. Siempre muéstrale que estás con él para brindarle apoyo, para ayudar en caso de que haga falta. Pero la primera regla siempre será que la solución provenga de él mismo.

Recuerdo una ocasión en que Sande y yo llevamos a nuestros tres hijos mayores a la biblioteca pública. Holly estaba en el cuarto grado y necesitaba algo de ayuda para encontrar obras de referencia, como una enciclopedia. Empezó pidiendo que la ayudáramos pero, con ternura, sugerimos que hablara con la bibliotecaria para que le mostrara cómo encontrar varias obras. Krissy y Kevin fueron a buscar los libros que querían mientras Sande y yo mirábamos tratando de encontrar libros que nos interesaran.

Mientras tanto Holly conversó con la bibliotecaria, que la ayudó, y todo funcionó perfectamente. Pero creo que si hubiésemos tratado de ayudar a Holly a encontrar lo que buscaba, habríamos tenido un problema. Y, además, no habría aprendido a usar la biblioteca y a pedir ayuda a la bibliotecaria.

La comunicación

Sin buena comunicación, las técnicas de la disciplina de la realidad, orientadas a la acción, tendrán resultados limitados. Aquí van ocho principios o reglas para la buena comunicación con tus hijos.

1. *Piensa antes de hablar.* Esfuérzate por aceptar a tus hijos tan incondicionalmente como puedas. Ve a su encuentro. Jesús siempre iba al encuentro de la gente y se ocupaba de todos según la necesidad de cada quien. Busca siempre la forma de poder abrir puertas en la comunicación. Algunas de las formas más simples, y mejores, incluyen: «¿Sabes, cariño, tal vez me equivoque pero...», o «Podría estar totalmente equivocado, pero...». Con estas pocas palabras tus hijos estarán más receptivos, más dispuestos a escuchar lo que tienes que decir porque no vienes amenazante, tratando de imponerte.

2. *Destaca lo positivo.* Busca decir cosas que estimulen, que los halagos sean algo natural. Siempre busca interactuar con tus hijos estimulándolos. Porque es igual de fácil destacar lo positivo que lo negativo. Poner énfasis en lo positivo no lleva más tiempo que señalar lo negativo, y los resultados son mucho mejores. Por ejemplo, tu hija está en una muestra de gimnasia y su puntaje es muy bueno en cinco pruebas, y malo en una sola. Podrías decir: «En esas cinco pruebas tuviste tan buen puntaje que se veía que te estabas

divirtiendo, realmente la pasabas bien. Lo hiciste muy bien. Te felicito». Ni siquiera hace falta mencionar la prueba del bajo puntaje. Si ella lo menciona, podrás decir: «Bueno, sí, esa fue más difícil para ti pero si practicas mucho lo harás mejor. Realmente me gusta lo que hiciste en las otras cinco pruebas. Me pareció que estuviste especialmente bien en la barra de equilibrio».

3. *Cuando tengas que ocuparte de lo negativo, hazlo de manera positiva, sin escandalizarte.* En el punto 2 tienes una idea de cómo ocuparte de lo negativo, en el ejemplo de la prueba con bajo puntaje durante la muestra de gimnasia. Otro ejemplo podría ser el de tu hijo de cuatro años que llega a casa con algo ajeno, y te parece obvio que lo tomó del jardín del vecino. No lo reprendas ni le des un sermón, como si fuera el «Enemigo Público Número Uno». Dile sencillamente, como al pasar: «Eso no te pertenece, Buford. Vamos a devolvérselo a su dueño».

Luego, tómalo de la mano y camina con él hasta la casa del vecino para que devuelva el objeto. Sugiérele que diga que lamenta haberlo tomado y que no volverá a hacerlo. Al volver a casa, di algo más o menos así: «Seguro que te sientes bien por haberlo devuelto. ¿Por qué no vamos a jugar a las hamacas por un rato?».

4. *Tómate tiempo para estar con tu hijo.* Cuando te tomas el tiempo para estar con tu hijo le estás comunicando que realmente te importa. Y hablo de tiempo en especial, con cada uno de tus hijos, cada semana. Para muchos, eso será algo difícil de lograr. Pero, ¡ah! ¡Sí que vale la pena! Mamá y papá tendrán que hablar sobre cómo ayudarse entre sí para que cada uno pueda tener momentos a solas con cada uno de sus hijos. Claro que será difícil, pero repito que marcará una diferencia enorme.

5. *Siempre recuerda que no tiene que gustarte todo lo que hagan tus hijos, pero que siempre tienes que comunicarles que te importan y que los amas.* Algunas de las cosas más simples que puedes decir son: «Quiero que sepas que me siento muy triste cuando me hablas así. Te amo y me importas tanto que me duele cuando me hablas de ese modo. Sé que es porque no estás bien, pero no creo que debiéramos hablarnos así, ni siquiera cuando estamos enojados. ¿Qué crees tú?».

«¿Sabes por qué te grité tan fuerte para que te detuvieras cuando corrías hacia la calle? Porque si un auto te arrollara y te matara, estaría terriblemente triste. Te amo demasiado como para que pase algo como eso».

Cuando los chicos se portan mal, es natural que te enojes. No tienes que tener miedo de expresar tu enojo. Aunque tienes que recordar que el enojo debe centrarse en la acción o la conducta, no en los chicos.

6. *Cuando «estallas» con tus hijos, pídeles perdón.* Lograrás con esto dos cosas. Primero, una comunicación mucho mejor con tus hijos. Y en segundo lugar, les estarás mostrando con tu ejemplo cómo pedir perdón, ayudándoles a aprender este arte tan difícil.

Al admitir tus errores, comienza diciendo más o menos esto: «Me equivoqué...», «Te debo una disculpa...», «Actué con mal criterio...», «No usé la cabeza...». Todas estas frases le muestran al chico tu transparencia y voluntad de admitir tus imperfecciones. No te preocupes porque te pierda el respeto bajo estas circunstancias. Por el contrario, sucederá lo opuesto.

7. *Recuerda que los resultados no siempre son evidentes a corto plazo.* Criar hijos es una tarea a largo plazo. Una inversión de largo alcance. Si tu hijo no siempre responde a las técnicas de la disciplina de la realidad, no te rindas. Vas a disciplinar a tu hijo, de una forma u otra, más allá de los resultados, y bien podrás hacerlo utilizando un sistema basado en las Escrituras (Efesios 6:4) que rendirá frutos a largo plazo.

8. *Pídele a Dios todos los días que te guíe en tu vida y a tus hijos en la suya.* Que tu oración sea que la bondad de Dios resplandezca en tu vida de manera que tus hijos vean la realidad de tu relación personal con Él.

La cooperación

Las madres en particular me preguntan constantemente cómo lograr que sus hijos cooperen más en las tareas de la casa, en ser puntuales y otras cosas. Creo que la disciplina de la realidad es la herramienta perfecta para captar la atención de los chicos y señalar la necesidad de cooperar en el hogar, de manera rápida y directa. Básicamente, puedes enseñarles que si no cooperan contigo, no necesariamente tendrás que cooperar con ellos. Esta es la realidad que siempre enfrentará en la vida, sea en la escuela o cuando sea adulto y tenga empleo y familia.

Recuerdo haber trabajado con una mamá cuyo pequeño de cuatro años gimoteaba, lloraba y protestaba como medio para siempre estar al mando de toda situación en la casa. Una tarde, la mamá le pidió que recogiera sus juguetes. Era un pedido razonable. No había tantos en el suelo y sabía exactamente dónde tenía que ponerlos. Pero el pequeño Jimmy respondió: «Es que son muy pesados».

En ese momento la mamá estaba apurada porque tenía una cita con el dentista. Dejó los juguetes en el suelo y llevó consigo al niño al consultorio del dentista.

Mientras volvían a casa, Jimmy empezó a tratar de lograr que su mamá le comprara un cono de helado. Pero al pasar frente al puesto del heladero, mamá se volvió a Jimmy y le dijo con calma: «Amor, hoy no podrás. Porque todavía te quedan responsabilidades en casa. Te estoy hablando de tus juguetes».

Cuando llegaron, allí estaban los juguetes, justo donde los habían dejado. Jimmy entendió el mensaje. Recogió sus juguetes y los guardó.

En este simple incidente vemos demostrada la disciplina de la realidad en varios aspectos básicos:

1. La mamá amaba tanto a su hijo que no iba a sucumbir ante cada capricho.
2. No se dejaría usar ni manejar por él. Ella tenía autoridad sobre el niño, no al revés.
3. No allanó los caminos de la vida para su hijo, haciendo las cosas por él. Si la madre hubiera recogido los juguetes (que bien podría haberlo hecho, y más rápido), le habría enseñado a ser irresponsable.
4. El incidente le enseñó al pequeño una lección básica en cuanto a cooperación: no cooperes con mamá y mamá no podrá cooperar contigo. Aquí, el mensaje principal no es el concepto

del «ojo por ojo», sino la enseñanza de que cuando no cumples con tus responsabilidades, no puedes obtener lo que quieres.

Supongamos que el pequeño no hubiera querido recoger los juguetes al llegar a casa. La mamá podría haber invocado la disciplina de la realidad, al no permitirle hacer nada hasta tanto hubiera cumplido con su tarea. No habría juegos, ni televisión, no bocaditos, ni golosinas. La disciplina de la realidad destaca el orden, que A (la responsabilidad) viene antes que B (la recompensa o lo que nos gusta).

Otra cosa importante fue que la mamá se mantuvo en calma, pero firme. No le gritó ni abusó verbalmente del niño. Puedes tratar de gritar y hasta pegarles a tus hijos para que cooperen contigo, y a veces pensarás que lo has logrado. Pero la obediencia que resulta de la intimidación, la provocación y el miedo no es el camino a la cooperación. Eso solo le enseña al niño a intimidar a los demás, cuando sea mayor. Con la disciplina de la realidad siempre buscamos respetar a nuestros hijos tanto como a nosotros mismos. Siempre intentamos mostrarles que la cooperación es un camino de ida y vuelta, no un camino festivo en el que el chico es el que se divierte.

El estímulo y el aliento

Al trabajar con padres y madres, veo que para muchos es difícil ver la diferencia entre estimular y elogiar a sus hijos. Después de todo, hay muchos libros que aconsejan que hay que elogiar a los chicos con frecuencia. Y, de hecho, uno de los problemas que vemos en tantos hogares es que hay muchísimos chicos que jamás oyen un elogio o una palabra de aliento. Siempre oyen críticas por lo que no hicieron, en lugar de elogios por lo que hicieron bien.

Entiendo lo que motiva a los padres que amonestan a sus hijos, y sé que quieren elogiarlos cada tanto. Pero prefiero destacar que es mejor estimular y alentar que elogiar. No es fácil de entender, pero los elogios pueden llegar a ser muy desalentadores. Y la alabanza, en última instancia, le corresponde solo a Dios. Las personas necesitamos aliento, no alabanza.

El estímulo y el aliento se centran en el esfuerzo, el sentido de responsabilidad, las mejoras, la tenacidad y el aprecio por el progreso. Como ejemplos de frases alentadoras, podrás pensar en:

«Estoy seguro de que podrás con esto».

«Me alegra ver que te gusta aprender».

«Qué considerado... ¡la cocina se ve fantástica!».

«¡Ahora sí lo entendiste!»

«En el partido de hoy, se veía que estabas disfrutando del juego».

«Parece que todo lo que practicaste rindió sus frutos. ¡Felicitaciones!».

«¿Qué tal te sientes? Has avanzado mucho».

Y, por el contrario, los elogios suenan así:

«Oh, sí que eres un chico bueno».

«Mamá está tan orgullosa de ti. Lo hiciste todo tan bien en el concierto de esta noche».

«Te comiste todo. ¡Buena chica! Ahora puedes comerte el postre».

«Tres "Excelentes" y un "Muy bueno". Me pone feliz. Veamos si la próxima vez ese "Muy bueno" se ha convertido en "Excelente"».

«Hoy te portaste muy bien en la reunión de Scouts. Te doy cinco dólares para que veas lo mucho que significó para mí».

Como dije antes, en *Parenthood without hassles — well, almost,* incluí lo que llamo «Los diez mandamientos del niño a sus padres». Todos estos mandamientos están escritos con la voz de un pequeño que se dirige a sus padres. Uno de ellos es: «Necesito tu estímulo, pero no tus elogios, para crecer. Por favor, no seas duro con las críticas y recuerda que puedes criticar lo que hago, sin criticarme a mí».

Les sugiero a los padres que tomen en cuenta lo que les dicen a sus hijos. ¿Los elogias? ¿O más bien estás aprendiendo a estimularlos y alentarlos? La diferencia es sutil, pero muy importante. Los elogios pueden derrotar y reducir el sentido de autoestima de la persona, y en los chicos esto es particularmente cierto. El elogio sugiere que el amor es calificado. En la mente del niño, da lugar a ciertas preguntas como: *¿Me aman y elogian porque tengo buenas notas o porque limpié la cocina? ¿Qué pasaría si no hiciera nada de eso?*

El amor

Parece una sugerencia casi innecesaria, pero todo el tiempo encuentro padres y madres que no logran decirles: «Te amo», a sus hijos. Tal vez, crecieron en hogares donde nadie les decía que los amaba, por lo que les cuesta compartir los pensamientos y sentimientos más íntimos con sus hijos. Pero para que la disciplina de la realidad funcione como puede llegar a funcionar, tienes que poder comunicarles tu amor.

Tenemos cinco hijos, y no recuerdo ni un solo día en la vida de ninguno en que no estuviera en contacto con ellos, en que no les dijera «Te amo». Y no solo se los digo, sino que se los muestro. Se me ocurren tres formas de comunicarles amor a los hijos:

1. *Disciplínalos.* Y no hablo de castigos. Hablo de darles la corrección amorosa que necesitan, en el momento en que hace falta.
2. *Toca a tus hijos.* Abrázalos, mímalos, acarícialos. ¡Es increíble el poder que tiene ese contacto!
3. *Muestra interés en las cosas que les interesan a tus hijos.* Muchos chicos viven sus propias vidas en tanto parece que mami y papi viven las suyas.

Ya mencioné la encuesta que realizó el consejero familiar Craig Massey, que reveló que el setenta y nueve por ciento de los dos mil doscientos chicos de hogares cristianos a los que encuestó, se sentían faltos de amor. Una encuesta no necesariamente puede demostrar algo pero, aun así, que el setenta y nueve por ciento de cualquier grupo de chicos sienta que no son amados es algo que confunde, y cuando es una encuesta de hogares cristianos, confunde todavía más. ¿Cómo puede ser? ¿Por qué es que en esos hogares donde se supone que los padres tienen una relación con Dios en Cristo, y conocen algo del amor de Dios, los chicos sienten que no son amados? Creo que una de las respuestas básicas es que los padres sencillamente no saben cómo comunicar su amor. Les cuesta permitir que sus hijos crezcan y aprendan a tomar sus propias decisiones. Suena a paradoja, pero una manera de comunicarles a tus hijos ese amor que sientes por ellos es dándoles libertad para que puedan tomar decisiones. Y darles libertad para equivocarse. Cuando lleguen los errores, es el momento en que realmente podrás decirles: «Te amo», y mostrárselo con abrazos, sonrisas y caricias.

Los errores

No hablo de los errores de tus hijos. Hablo de los de los padres. Ahora, ¿qué hace un padre o una madre cuando cometen un error? Sé que parece fácil presentar una receta tipo paso a paso para resolver los problemas con tus hijos, y también conozco la sensación de frustración y fracaso cuando las cosas no salen a la perfección. Sé cómo es eso de planificar, tener convicciones y motivaciones, y que todo salga mal. La vida no es perfecta, tampoco lo somos nosotros.

Recuerdo esa ocasión en que mi hija Krissy tenía seis años y acababa de aprender a andar en bicicleta. Llegó al punto en que sentía que realmente podía andar sola, sin ayuda ni apoyo alguno. Daba un par de pasos, saltaba sobre la bicicleta, pedaleaba un par de veces y luego, se bajaba de un salto. Parecía que lo único que le faltaba era la confianza en sí misma para seguir adelante.

Así que una mañana, papá decidió que ese día Krissy aprendería a «andar en bici de veras».

Mi arbitraria decisión de que ese era el día en que Krissy aprendería algo que yo quería que aprendiera fue mi primer error. La llevé a la calle, en el barrio en que vivimos. Caminé junto a ella, sosteniendo la bicicleta con las dos manos. Entonces, pedaleó un poco y subimos una pendiente, que del otro lado bajaba. Ahora bien, ya pedaleaba casi todo el tiempo y yo iba trotando junto a ella, sosteniendo la bicicleta. Ya había soltado la bicicleta durante unos segundos para asegurarme de que podía mantener el equilibrio y todo iba bien. Avanzamos un poco más y tomé la decisión (sin consultarlo con Krissy) de soltarla para que terminara de bajar la pendiente. Al soltarla, la bicicleta tomó velocidad, perdió el control, se desvió y chocó directo con un cactus. No sé si has notado que mencioné que vivimos en Tucson, Arizona, donde encontrarás los cactus más terribles de todo el oeste. La pobrecita Krissy cayó justo sobre el cactus, por lo que pasamos un buen rato quitándole las espinas a su cuerpecito menudo de seis años.

Sí, claro que me dolía más a mí que a ella. Pero no por eso Krissy se sentía mejor. Y pasó muchísimo tiempo antes de que volviera a subir a su bicicleta. Al menos un año.

Por supuesto, ella aprendió un par de cosas de su experiencia de permitir que papi le enseñara a andar en bicicleta:

1. Aléjate de las bicicletas. Son peligrosas.
2. Aléjate de papá. ¡Es todavía más peligroso!

Y yo también aprendí bastante ese día. Aprendí que había interrumpido el aprendizaje de Krissy, que a su tiempo y a su propio ritmo había estado haciendo avances. Con toda mi motivación por ser buen tipo y buen papá, me había metido intentando obligarla a ir más rápido, más lejos. Intenté hacer que aprendiera a mi velocidad, y todo había terminado en desastre.

Te cuento esa historia para ayudarte a entender dos cosas:

1. *Nunca obligues a tus hijos a hacer más de lo que pueden.* Al usar la disciplina de la realidad, a veces podrás pasarte de la raya. Cuando intentas hacer que tus hijos sean responsables, podrás estar forzándolos a ir más allá de lo que son capaces en ese momento.

2. *Haz que asuman sus responsabilidades pero no apliques presión innecesaria.* ¿Cómo saber si estás aplicando presión innecesaria? No hay forma absoluta y garantizada de saberlo. Tendrás que sintonizar la frecuencia de tus hijos y tener buena comunicación (sugiero que veas «La comunicación»).

3. *La disciplina de la realidad es una espada de doble filo.* Quieres siempre que tus hijos entiendan lo que es la realidad, pero también tú tienes que entenderla y, en especial, lo real de las capacidades, los temores y las debilidades de tus hijos. Es decir que la disciplina de la realidad siempre se administra con una buena dosis de amor.

Los regañones

A veces los padres nos encontramos en aprietos. Tenemos que recordarles a los hijos que deben hacer o tienen que evitar ciertas cosas. Los padres se los recuerdan todo el tiempo, pero lo que los hijos oyen son «palabras de regañón o regañona».

La disciplina de la realidad tiene la repuesta a ese problema. Sencillamente, deja de recordarles todas esas cosas.

Los padres me miran como si estuviera loco cuando les sugiero eso. Y preguntan, con toda lógica: «¿Qué hay de malo en recordarles las cosas? ¿No necesitamos todos que nos recuerden algo cada tanto?».

Sí, seguro que la mayoría de los seres humanos necesitan recordatorios cada tanto, pero el problema con los padres es que se les va la mano. En muchas casas, se da el mismo patrón: Mamá y papá les recuerdan constantemente a los chicos las cosas que tienen que hacer como rutina. Les digo que dejen este patrón de recordarles y mandarles a hacer las cosas. Si sigues haciéndolo, y son cosas que tu hijo ya sabe que tiene que hacer, le están enseñando a ser irresponsable.

Por ejemplo, si constantemente tienes que recordarle que venga a comer, le estás enseñando que la primera llamada no tiene importancia. Puede seguir viendo televisión, jugando, armando su avioncito, y mamá lo llamará tres o cuatro veces más. Cuando el nivel de decibeles alcance determinada intensidad, sabrá que mejor será que obedezca.

Todo esto es difícil, para todos. La opción es clara: puedes enseñarles a responder a la primera vez que se les pide que hagan algo, o puedes enseñarles a no escuchar ese primer pedido o advertencia, y que sigan con lo suyo alegremente hasta que causen un problema.

Así que, ¿cómo aplicar la disciplina de la realidad a este problema de los regañones? Comunícales que dirás las cosas una sola vez. No vas a faltarles el respeto al repetírselas, pensando que son tan estúpidos que no han entendido. Diles que ya no vas a repetir las cosas una y otra vez. Si no vienen o no obedecen con la primera vez, seguirás hacia la otra etapa, con acciones y no con palabras. Diles cuáles serán las consecuencias si deciden que no vendrán a tu primera llamada (por ejemplo, si los llamas para cenar y no vienen, se quedan sin cena). Eso sí, cúmplelo.

Repito que la decisión es tuya. Podrás tratar a tus hijos de manera cuerda y sana, o no hacerlo. Si estás continuamente recordando, regañando y repitiendo las cosas, nada de eso será saludable, para ninguno de ustedes.

El tiempo afuera

Al decir «tiempo afuera» me refiero a interrumpir lo que esté haciendo tu hijo para que se siente un rato —en una silla o en su cuarto— a pensar.

Algunos padres me preguntan si eso es bueno. ¿Es una buena forma de disciplinarlos? Les digo que sí lo es. Hay muchos momentos en el día en que mamá o papá necesitan establecer un tiempo afuera. Por el bien del orden social del hogar, el pequeño Festus o la pequeña Felisa tendrán que sentarse en una silla, o en su cuarto, y pensar durante un rato, en calma.

Cuando aplicas el tiempo afuera con uno de tus hijos, le estás diciendo sencillamente: «Tu conducta es tan molesta que te has ganado el derecho a estar apartado del resto de la familia durante un rato».

Sin embargo, quiero advertirte algo: cuando apartes a uno de tus hijos, no exageres (cuatro meses es demasiado tiempo, aunque admito que hay momentos en que parecería una linda opción). Para los chicos de seis años o más, con cinco a diez minutos bastará. Y para los preescolares, dos minutos serían suficientes.

Recuerda que el tiempo afuera no es un castigo sino un método para ayudarle a entender que es responsable de sus acciones. Cuando sus acciones se vuelven inaceptables, tendrá que interrumpir lo que está haciendo para pensar en lo que hizo. Y si su conducta mejora después del tiempo afuera, todo estará bien. Pero si vuelve a hacer lo mismo que causó la interrupción, y sigue con la conducta molesta, tendrás que volver a apartarlo por un rato más.

Cada vez que veas que hace falta ese tiempo afuera, recuerda que es importante que hables con tu hijo o hija. Dile a la pequeña Felisa: «¿Cómo te sientes ahora? ¿Estás lista para volver y jugar según las reglas? Queremos que estés con nosotros, si es que estás lista».

Mientras le hablas, recuerda que es importante tocar a tu hijo o hija. Abrázalos y bríndales amor mientras explicas por qué se ha tenido que apartar por un rato y por qué esa conducta no es aceptable.

Unas palabras para terminar

Los niños son como el cemento fresco. Tienes muy poco tiempo, y precioso, en que podrás modelarlos para que sean responsables, afectuosos. Lo que hagas en ese tiempo, les dará la forma que tendrán durante el resto de sus vidas.

No lo digo para que te asustes, sino para que veas el desafío. Tienes una tarea increíblemente importante como papá o mamá. No quiero sonar a disco rayado, pero mi mensaje es simple: sí marcarás una diferencia.

Hace poco me recordaron la diferencia que marcó en la vida de una de mis hijas, Hannah, hoy de 13 años. Su clase tenía como tarea una redacción en que debían presentar una analogía, comparando a sus papás con algún objeto. Varios chicos, dijo Hannah, escribieron cosas como: «Mi papá es una roca», describiendo luego las cualidades de sus padres, con analogía de las rocas. Sin embargo, Hannah escribió:

> Mi papá es como el helado,
> suave, rico, sólido y dulce,
> sabroso, divertido, de colores y dulce.
> Refrescante como la brisa de verano,
> se derrite fácil, hasta el corazón.
> Nunca es aburrido

y siempre viene con alguna cobertura diferente.
Me hace feliz con todo esto.
Viene en un contenedor, y espera que yo me contenga
y siempre hay un poquito más.

Me conmovió la analogía de Hannah. Me decía que estaba haciendo algo bien (no todo, seguramente. En una o dos páginas más, te contaré otro de mis estrepitosos fracasos). Pero tenemos una relación de amor que establece el contexto para la disciplina de la realidad que describí en este libro. Conozco a muchos padres que no querrían ser «helados». Se esfuerzan muchísimo por ser la «roca» del hogar. No quieren «derretirse fácil, hasta el corazón». Supongo que solo estoy pidiéndoles a los padres y las madres que se derritan un poco, que sean reales, que amen y respeten a sus hijos y se lo demuestren, que hagan que sus familias sean «sabrosas».

En las páginas que has leído quise darte los principios fundacionales de la disciplina de la realidad, junto a varias sugerencias prácticas para situaciones con las que te cruzas a diario en la familia. Sé que no he cubierto todas las áreas. Los problemas de la crianza de los hijos son virtualmente ilimitados. Lo que he tratado de hacer, sin embargo, es mencionar las áreas que con mayor frecuencia motivan a padres y madres a acudir a consultarme como consejero.

He tratado de brindarte una estrategia básica para la crianza de tus hijos, que podrás modificar y adaptar según tu personalidad. Tal vez no uses exactamente las mismas acciones que sugiero en cada caso. Pero lo importante será que actúes —con rapidez y decisión— para enseñarles a tus hijos la realidad de asumir responsabilidad por lo que hacen.

Una de las noticias más trágicas que leí, llevaba por título «Niño lesionado gana juicio por $810,000.00». El artículo hablaba de un niño de doce años que había perdido parte de su pie izquierdo mientras intentaba subir como polizón en un tren de carga que iba avanzando lentamente. Al sentenciar el arreglo de $810,000 el juez estableció que el muchacho debía comenzar a recibir pagos mensuales a los dieciocho años, y que esos pagos continuarían durante el resto de su vida. El abogado que representaba al chico basó su argumento en la acusación por negligencia de parte del gobierno porque las autoridades sabían que el cerco que había junto a las vías estaba roto, y *que tendrían que haber sabido que representaba una tentación para que los niños pasaran por allí.*

Es una historia trágica por dos razones: Primero, hubo un niño que quedó discapacitado para toda la vida. Pero lo más trágico es el hecho de que el tribunal dictaminó a favor de la irresponsabilidad. A los doce años, un niño debiera poder tomar una decisión mejor que la de trepar un cerco y tratar de subir a un tren de carga en marcha. La misma ironía se observa en un aviso que vi hace años, y que decía: «¡No hagas que un chico se equivoque!». Estaba dirigido a los automovilistas, indicando que no debían dejar las llaves en el auto, ¡porque así tentaban a los jóvenes para que los robaran! ¿Hay duda de que ha llegado el momento en que se tiene que usar la disciplina de la realidad?

No digo que al usarla tengas garantía firme de que jamás habrá problemas o que tus hijos no se comportarán mal con respecto a otras cosas importantes. La disciplina de la realidad ni siquiera te garantiza que tus hijos vayan a ser creyentes. Pero al usar su plan de juego y sus estrategias básicas estarás enseñándoles a tus hijos en base a las acciones y no a las palabras, como ayuda para que aprendan a ser responsables de las decisiones que tomen.

La toma de decisiones —y en particular, de las decisiones importantes— es mucho más difícil para el chico o la chica a quienes se les ha permitido «hacer lo que les venga en gana». También es igual de difícil para el que ha vivido bajo el yugo autoritario, bajo el que alguien más tomaba todas las decisiones por él. Pero quien ha sido criado por medio de la disciplina de la realidad ha tenido oportunidad de ver lo que es la autoridad amorosa.

Sé que estarás pensando: *Luce como una linda teoría, doctor Leman. Si yo hubiera estudiado psicología, podría habérseme ocurrido.*

Créeme, yo —a quien llaman experto— sé muy bien lo difícil que puede ser. Los hijos nos ponen a prueba constantemente, y no siempre la pasamos con honores. Recuerdo un incidente en que

Holly estaba en esa «terrible edad de los dos años». Estaba de muy malhumor y me desafiaba en todo. Finalmente, tuve que levantarla, llevarla a su cuarto y decirle: «Holly, tienes que quedarte aquí hasta que te calmes y puedas portarte bien».

Según mi consejo a los demás padres (ver «Tiempo afuera», en el capítulo anterior), se suponía que Holly se quedaría sentada muy tranquila durante unos minutos, en que se daría cuenta de que tenía que asumir la responsabilidad de sus acciones, para luego reunirse con el grupo familiar, de mucho mejor ánimo. Pero no pasó así. En treinta segundos, mi diminuta hijita había salido de su cuarto y había vuelto a hacer lo posible para que mi vida fuera lo menos tranquila posible. La llevé de nuevo a su cuarto y le repetí: «Holly, me gustaría que volvieras donde estamos mami y yo, pero todavía no estás lista».

Salí y cerré la puerta, seguro de que esa vez entendería el mensaje. Pero ella no estaba de ánimo para recibir mensaje alguno. Esta vez, le llevó menos de treinta segundos salir por la puerta y volver a atosigarme con su mala conducta.

La situación se estaba poniendo bastante desesperada y ya había intentado con una nalgada, pero lo único que había logrado era que Holly se enfureciera todavía más. Decidí recurrir a mi última arma: el «Monumento al picaporte», de Kevin Leman. Es un ingenioso invento mío que simplemente consiste en un picaporte que tiene traba del lado de afuera. Podría haberlo usado la primera vez que llevé a Holly a su cuarto, pero había supuesto erróneamente que podía convencerla para que cooperara. Con solo apretar el botón, Holly quedaría en su cuarto sin poder salir. O al menos, eso pensé.

Como era de suponer, Holly empezó a rogar, a llorar y a gritar, como si estuviera en el potro de la sala de torturas medieval. Solo duró un minuto más o menos. Luego, calló. Mientras me felicitaba por haber sido valiente al punto de usar la «amorosa autoridad» sonó el timbre de la puerta. Quiso el destino que fuera mi madre, que llegaba de visita sin haberse anunciado, ¡y quería ver a Holly, especialmente!

La abuela me saludó y enseguida preguntó dónde estaba su «princesita». Eché una furtiva mirada a la puerta del cuarto de Holly y casi se me corta la respiración. Porque por debajo de la puerta, asomaban unos deditos blancos en muda metáfora de pedido de auxilio. Los avezados ojos de la abuela se posaron en los deditos de Holly, estirados sobre la alfombra azul. Mi madre me perforó con la mirada y preguntó:

—¿No has encerrado a mi nieta en su cuarto, verdad?

—Sí, mamá. Eso hice.

Con un resoplo de disgusto, me dijo:

—Tú... ¡el psicólogo! Tú... —y sin decir más, se alejó.

Allí estaba yo, mirando los deditos de Holly que seguían emitiendo su mensaje de «auxilio» a todo el mundo. No podía ver su carita, pero la imaginaba echada boca abajo, con su mantita preferida bajo el brazo y una sonrisa de victoria dibujada en ese rostro de angelito. Yo había ganado la batalla, pero en cuanto a ganar la guerra... Hmm. Esperé unos minutos más y luego abrí la puerta.

—¿Estás lista ahora para salir y ser parte de la familia? —le pregunté.

Mi nena de dos años y medio asintió apenas, y casi pasó de largo junto a mí para ir a ver a su abuela, que estaba sentada en la sala protestando por lo bajo contra los psicólogos y diciendo algo sobre qué había hecho ella para merecer que uno de sus hijos estudiara psicología.

Cuando pasé por allí minutos más tarde, vi que Holly estaba muy cómodamente sentada en la falda de la abuelita. Traté de saludarlas amablemente, pero las dos me miraron con frío desdén. Pasé el resto del día sintiéndome poco amoroso, ¡o con demasiada autoridad!

Te cuento esto para subrayar algo importante: al criar a los hijos pasarás por muchos momentos reales en que las cosas no salen como en los libros, y eso incluye este también, y a todos los que hayan escrito los expertos en crianza. Mi encuentro con Holly y la abuela me dejó con la sensación de que no era el profesional capaz, que sabe manejar cualquier crisis de familia con fluida precisión. Pasarían años antes de que Holly me escribiera la preciosa notita que te mostré antes. Allí, decía:

Mi papá es el mejor, porque eres el más grande y amoroso, ¡¡¡¡EL MEJOR!!!!

Y ¿por qué iba a decirme que era el mejor? El último renglón de su nota contenía el secreto:

Aun cuando me disciplinas, te amo igual.

Holly no entendía nada de estrategias y teorías para padres, pero sí que era disciplinada con amor. He escrito este libro para ayudarte a disciplinar con amor, tan eficazmente como puedas. No hace falta que busques la perfección. Habrá muchas veces en que sentirás frustración y confusión. Y momentos en que tus hijos, tu cónyuge (o tal vez, la abuelita) te harán sentir culpable, queriendo esconderte para ocultar tu vergüenza.

Esos son los momentos en que necesitarás *el coraje para ser imperfecto o imperfecta,* como me pasó al ver los deditos por debajo de la puerta. En esos momentos, nunca bajes los brazos. Sigue con tu plan de juego, recordando siempre que la crianza de los hijos es un juego muy largo y que un gol perdido no decide el resultado. Lo que lo decidirá es tu compromiso a criar a tus hijos para que asuman la responsabilidad de sus decisiones: «La amorosa disciplina que el Señor mismo aprueba».

Algo más

Si tuvieras inconvenientes en tu relación con tu hijo o hija, te doy una pequeña sugerencia, que puede darle vuelta a una relación. Jamás la verás en otro lugar, más que aquí. Porque es una idea original, basada en más de treinta años de trabajo con padres e hijos.

Estaba hablando ante un grupo de ejecutivos en Los Ángeles, cuando se acercó un hombre de negocios, prolijamente vestido, y me dijo:

—Doctor Leman. Le debo una disculpa.

—¿Una disculpa? ¿Por qué?

—Bueno, usted habló ante nuestro capítulo de la ciudad de Nueva York, de la Organización de Jóvenes Presidentes, y en ese momento teníamos muchos problemas con nuestro hijo de dieciséis años. Le pregunté qué podíamos hacer y usted me dio una repuesta, pero fue tan breve y simple que pensé que lo que quería era librarse de nosotros nada más.

A eso, retruqué de inmediato:

—Oh, sí, sé lo que le dije que hiciera. Le dije que dejara de hacer preguntas, ¿verdad?

—Finalmente, estábamos tan desesperados que probamos con lo que sugirió y, en dos semanas, teníamos un hijo que había cambiado por completo.

Por tanto, ya sabes que los padres establecemos el paradigma desde el principio, cuando no cesamos de preguntar cosas como:
—¿Qué tal tu día, cariño?
—Bien.
—¿Qué hiciste hoy en la escuela?
—Nada.
Más adelante, los padres les preguntan a sus adolescentes:
—¿Adónde estuviste?
—Salí por ahí.
—¿Y qué hiciste?
—Nada.
Cuando das un paso atrás y dejas de sobrevolar como helicóptero, le estás permitiendo a tu hijo o hija que empiecen a contarte qué es lo que pasa en sus vidas. Padres y madres, ustedes necesitan saber esto: los chicos no solo quieren pertenecer a la familia. Necesitan pertenecer a ella. Créase o no, quieren aprobación, afirmación y por supuesto, amor por parte de sus padres. Ah, sí, no olvides algo más: hay que disciplinarlos. Pero también recuerda que la disciplina no es algo que se hereda. La disciplina es la forma en que llevas tu vida.

Guía de discusión

Se puede realzar el progreso en la habilidad para criar a los hijos conversando con otros padres y madres. Hay gente como tú que se ha enfrentado a desafíos similares, que han tenido el mismo tipo de problemas con sus hijos. Por tanto, ¡es hora de conversarlo!

En las páginas que siguen, tendrás oportunidad de comparar notas. Estas páginas también les ayudarán a alentarse y apoyarse mutuamente en esta difícil aunque tan gratificante tarea de criar hijos para que sean adultos felices y sanos. La guía les ha de llevar por los tres pasos que les harán repasar y conversar cada uno de los capítulos de *Cría hijos sensatos sin perder la cabeza:*

Primero: Repasar el capítulo. Es la oportunidad para volver a pensar en los temas del capítulo y hablar sobre el modo en que han logrado un impacto práctico. Que todos puedan tener la oportunidad de explicar qué cosas «les resultaron conocidas».

Segundo: Responder al texto. Al releer dos o tres citas del texto, deberían poder iniciar una conversación más profunda, o incluso podrá haber algo de controversia.

Tercero: Reflexionar juntos. Encontrarán aquí preguntas específicas relacionadas con cosas que presenta el capítulo. Elijan una o varias, según el tiempo de que dispongan para este estudio.

Recuerden que la conversación será más fluida si tienen como meta mantener la mayor apertura posible. Es decir, que a veces uno solo preguntará qué es lo que «resulta conocido», dejando que todos respondan. Y en otras ocasiones, les convendrá pasar por cada una de las preguntas específicas. Siempre inicien y concluyan su tiempo de reflexión en oración, acordando compartir el puesto de liderazgo (la rotación semanal es una excelente opción).

¿Por qué no comer algún bocado mientras usan la guía? Más allá de cómo la empleen, van aquí mis mejores deseos para que disfruten y tengan éxito en esta aventura de explorar las bendiciones de los altibajos que todos los padres y las madres conocemos en nuestra tarea de criar hijos.

Y recuerda que el objetivo es ser buenos padres, no necesariamente excelentes. Hay una regla de oro, garantía de la tarea de criar a los hijos: Si eres buen padre o buena madre, ¡acabarás teniendo hijos grandiosos!

Dr. Kevin Leman

Capítulo 1

¡Porque afuera hay una selva! Toma una liana

✔ Repaso del capítulo

- Elige una porción del capítulo que te haya impresionado en particular. Habla con los demás miembros del grupo sobre lo que te «resultó conocido».
- ¿Qué historia o experiencia personal te viene a la mente en relación a esos temas del capítulo: 1) *El uso de los principios de la disciplina de la realidad con los hijos,* o 2) *Dar y recibir amor incondicional?* ¡Conversen sobre esto!

✔ Respuesta al texto

¿Cuál es tu reacción a las citas del texto que hay a continuación? Para cada una, indica de qué modo se aplica —o podría aplicarse— a tu situación familiar en particular. Si es posible, brinda un ejemplo a partir de tu experiencia en relación a ello.

De la página 20: No temas dejar que fracasen. Muchísimos padres se preocupan pensando que el fracaso puede dañar la autoestima de sus hijos. Y por eso, engañan, cambian las reglas, fingen que el chico no fracasó o impiden que intente cosas nuevas. Se sienten culpables por no haber protegido a sus pequeños de ese fracaso y esa culpa los lleva a tomar todo tipo de malas decisiones.

De la página 27: El amor de Dios por nosotros es incondicional. Nos ama justamente porque somos lo que somos, imperfectos, propensos a cometer errores. Y quiere que amemos a nuestros hijos del mismo modo: con amor incondicional. El deseo de amar tan incondicionalmente como sea posible es el primer prerrequisito para todo padre o madre que quiera poner en práctica la disciplina de la realidad.

✔ Para reflexionar en grupo

Conversen sobre uno o más puntos, según el tiempo del que dispongan:

1. El doctor Leman comienza hablando sobre nuestros temores como padres y madres. ¿En qué momento sentiste más miedo de cometer un error con tus hijos?
2. ¿En qué aspectos podemos aprender de nuestros errores como padres y madres?
3. Según tu opinión, ¿hasta qué punto ayuda «la comunidad» en la crianza de los hijos? ¿Estás de acuerdo con la postura del doctor Leman respecto a esto? Explícalo.
4. ¿Qué diferencias dirías que hay entre los padres perfectos y los buenos padres?
5. ¿Cuál sería tu descripción de la diferencia entre la disciplina y el castigo? ¿Y entre la permisividad y criar a los hijos con amor?
6. ¿Cuál sería tu definición de la disciplina de la realidad, en una sola oración? ¿Qué cosas te parecen sensatas en esta forma de criar a los hijos? ¿Qué preocupaciones te provoca?
7. En grupo, vean si pueden nombrar los siete principios de la disciplina de la realidad (sin volver a leer el texto). Digan cuál de esos principios les parece más relevante a cada uno en este momento de la crianza de sus hijos.
8. El doctor Leman afirma: «Los chicos están sobreexpuestos a actividades en nuestros días». ¿Has visto este problema en tu familia? ¿De qué manera pueden solucionarlo los padres?

9. ¿Cómo es que la permisividad «crea monstruos»? En tus propias palabras, resume la alternativa que sugiere este capítulo.
10. ¿Qué otras cosas entiendes a partir de este capítulo? ¿Qué nuevas preguntas surgen? ¿Tienes aplicaciones particulares que tomar en consideración? Explícalo.

Capítulo 2

La incongruencia o cómo criar a un yo-yo

✔ Repaso del capítulo

- Elige una porción de este capítulo que te haya impactado en particular. Cuéntales a los del grupo por qué «te resultó conocida».
- ¿Qué historia o experiencia te viene a la mente en relación a estos temas del capítulo: 1) *Ser demasiado autoritario o demasiado permisivo,* o 2) *Encontrar un terreno medio entre ambos extremos?* ¡Conversen sobre ello!

✔ Respuesta al texto

¿Cuál es tu reacción a las citas del texto que hay a continuación? Para cada una, indica de qué modo se aplica —o podría aplicarse— a tu situación familiar en particular. Si es posible, brinda un ejemplo a partir de tu experiencia en relación a ello.

De la página 34: Si quieres el caos y el desastre en tu vida, entonces hazlo todo por tus hijos.

De la página 39: En mis años de consejero de padres e hijos, he visto que el entorno permisivo hace que los chicos sean rebeldes. Y se rebelan porque sienten enojo y odio hacia los padres que no les pusieron límites ni les dieron pautas. Los chicos quieren orden en sus vidas.

De las páginas 43-44: En todos mis años de consejero y psicólogo jamás oí a ninguno de mis jóvenes pacientes (los niños) hablar del «tiempo de calidad». Lo único que sabe el niño es que quiere tu tiempo y tu atención, sea para verlo dar volteretas o para llevarlo a comer un Big Mac. Al tratar de encontrar tiempo para tus hijos, no te preocupes demasiado por la «calidad».

✔ Para reflexionar en grupo

Conversen sobre uno o más puntos, según el tiempo del que dispongan:

1. ¿Cuál es el «ingrediente esencial» para la disciplina efectiva en el hogar? ¿Qué evidencia notas de ello en tu hogar en estos días? ¿Y en tu hogar de origen, durante tu niñez?
2. ¿Qué aspecto tiene «el amor sin disciplina»? ¿Puedes dar ejemplos de la vida real?
3. ¿Cuándo comenzamos a incluir la disciplina en la vida de nuestros hijos? ¿Por qué? ¿Cómo?
4. ¿Por qué es importante que los hijos sepan que tienen derecho a equivocarse? ¿Hasta qué punto sentías que tenías ese derecho durante tu niñez?
5. ¿Cómo aprenden los hijos a tomar decisiones? ¿Y a ser responsables, asumiendo su responsabilidad? ¿Qué tan bien lo están haciendo tus hijos?
6. Describe algunas de las diferencias que hay entre los padres con autoridad y los autoritarios.
7. ¿Cuándo fue la última vez que hiciste que tus hijos asumieran su responsabilidad, con consecuencias de la vida real, como lo describe el doctor Leman? Cuenta qué sucedió.
8. ¿Cuál es la diferencia entre oír a tus hijos y escucharlos?
9. Para ti, en términos prácticos, ¿qué significaría darte más a tus hijos, como sugiere el doctor Leman?
10. ¿Qué otras cosas entiendes a partir de este capítulo? ¿Qué nuevas preguntas surgen? ¿Tienes aplicaciones para tomar en consideración? Explícalo.

Capítulo 3

Todo depende del lente con que se mire

✔ Repaso del capítulo

- Elige una porción de este capítulo que te haya impresionado en particular. Cuéntales a los del grupo por qué «te resultó conocida».
- ¿Qué historia o experiencia te viene a la mente en relación a estos temas del capítulo: 1) *Responder a las percepciones de tus hijos,* o 2) *Reconocer la forma en que aprenden tus hijos?* ¡Conversen al respecto!

✔ Respuesta al texto

¿Cuál es tu reacción a las citas del texto que hay a continuación? Para cada una, indica de qué modo se aplica —o podría aplicarse— a tu situación familiar en particular. Si es posible, brinda un ejemplo a partir de tu experiencia en relación a ello.

De la página 56: No importa cómo enfrentes la conducta de poder, recuerda que cada vez que tu hijo o hija inician una lucha de poder, estará de expedición en un viaje de aprendizaje. Está aprendiendo sobre la realidad. Si se sale con la suya con sus juegos de poder, aprenderá que la realidad consiste en manipular y controlar a mamá y papá tanto como sea posible. Pero si el juego de poder no rinde frutos, aprende una realidad diferente. Aprende que la realidad es asumir responsabilidad por sus acciones y que la conducta inaceptable no rinde beneficio alguno.

De la página 58: Por alguna razón, no pensamos que los niños puedan enfrentar la verdad y solemos «cubrir» las cosas al hablar con ellos. No les decimos todo lo que sucede, pensando que son «demasiado pequeños para entender». Aunque en ciertas situaciones habrá que restringirse un poco, suelo alentar a los padres y las madres a hablar de sus verdaderos sentimientos, problemas y preocupaciones.

✔ Para reflexionar en grupo

Conversen sobre uno o más puntos, según el tiempo del que dispongan:

1. ¿Cuál es tu posición en cuanto al orden de nacimiento de tu familia de origen? ¿Te parecen precisas las descripciones del doctor Leman en tu caso? Explícalo.
2. ¿De qué maneras representan tus hijos las características de su orden de nacimiento? ¿Y cómo, específicamente, podría ayudarte a ser mejor padre o madre esto del orden de nacimiento?
3. Presenta un ejemplo de un niño que aprende algo equivocado a causa de un «juego de poder». Luego presenta un ejemplo del buen aprendizaje por medio del juego de poder.
4. Según el doctor Leman, ¿cuál es la cualidad más importante que ha de poseer el modelo de rol parental? ¿Por qué?
5. ¿Hasta qué punto compartes franca y sinceramente tus miedos y preocupaciones con tus hijos, a medida que van creciendo? ¿Qué es lo que podría estar impidiéndotelo?
6. Vuelve a ver las tres razones por las que «vale la pena» arriesgarse a ser sinceros con nuestros hijos. ¿Cuáles de estos beneficios te parecen más valiosos? ¿Por qué?
7. ¿Estás de acuerdo en que «no se puede engañar a un niño»? ¿Cuál ha sido tu experiencia al respecto?
8. El doctor Leman llama afectuosamente «el enemigo» a los hijos. ¿Qué quiere decir? ¿Cuál es lo más subversivo que intentan hacerles los hijos a los padres? ¿Cuáles son algunas de las soluciones?

9. ¿Qué otras cosas entiendes a partir de este capítulo? ¿Qué nuevas preguntas surgen? ¿Tienes aplicaciones personales para tomar en consideración? Explícalo.

Capítulo 4

Por qué los premios y los castigos no dan resultado

✔ Repaso del capítulo

- Elige una porción de este capítulo que te haya impactado en particular. Cuéntales a los del grupo por qué «te resultó conocida».

- ¿Qué historia o experiencia te viene a la mente en relación a estos temas del capítulo: 1) *Usar la recompensa y el castigo*, o 2) *Fomentar la responsabilidad por medio de mesadas y tareas en el hogar*? ¡Conversen sobre ello!

✔ Respuesta al texto

¿Cuál es tu reacción a las citas del texto que hay a continuación? Para cada una, indica de qué modo se aplica —o podría aplicarse— a tu situación familiar en particular. Si es posible, brinda un ejemplo a partir de tu experiencia en relación a ello.

De la página 66: Observa que el énfasis está en la acción, no en Justin. Mamá no le dice: «Ah, eres un chico bueno porque limpiaste muy bien el jardín». Es siempre buena idea no asociar la «bondad» del chico con lo bien que haga algo.

De la página 69: El castigo les enseña a los niños que puesto que nosotros —sus padres— somos más grandes y fuertes, podemos

241

con ellos. Y que podemos obligarlos a hacer lo que queremos. Y que como nosotros —los padres— podemos hacer esto en nuestras mentes, se refuerza la idea de que está perfectamente bien obligar a nuestros hijos a hacer lo que queremos.

De la página 77: Con su constante acoso, presión y sobornos, los padres les están enseñando a sus hijos que cuando crezcan y salgan al mundo, siempre habrá alguien que los empujará, motivará y recompensará por su conducta. Por supuesto, la vida no es así.

✔ Para reflexionar en grupo

Conversen sobre uno o más puntos, según el tiempo del que dispongan:

1. ¿De qué modo explicarías la diferencia entre la recompensa y el estímulo?
2. ¿Cómo se crea un «buscador de zanahorias»? ¿Tienes uno en casa?
3. Piensa por un momento en dos o tres historias reales que demostrarán claramente la diferencia entre castigar y disciplinar a un niño.
4. Que alguien lea en voz alta Hebreos 12:5-11 (TLA): «Pero ustedes parecen haberse olvidado ya del consejo que Dios les da a sus hijos en la Biblia: "Hijo mío, no tomes mis correcciones como algo sin importancia. Ni te pongas triste cuando yo te reprenda. Porque yo corrijo y castigo a todo aquel que amo y que considero mi hijo". Si ahora ustedes están sufriendo, es porque Dios los ama y los está corrigiendo como si fueran sus hijos. Porque no hay un padre que no corrija a su hijo. Si Dios no los corrige, como lo hace con todos sus hijos, entonces ustedes no son en verdad sus hijos. Cuando éramos niños, nuestros padres aquí en la tierra nos corregían, y nosotros los respetábamos. Con mayor razón debemos obedecer a Dios, que es nuestro Padre que está en el cielo, pues así tendremos

vida eterna. Cuando éramos niños, nuestros padres nos corregían porque pensaban que eso era lo mejor para nosotros. Pero Dios nos corrige para hacernos un verdadero bien: para hacernos santos como él. Desde luego que ningún castigo nos gusta en el momento de recibirlo, pues nos duele. Pero si aprendemos la lección que Dios nos quiere dar, viviremos en paz y haremos el bien». ¿De qué modo trata Dios a sus hijos a medida que van madurando? ¿Qué principios de los que encuentras aquí podrían transferirse a tu tarea como padre o madre?

5. ¿Cuál es la mejor manera de desarrollar una conciencia sana en el niño?

6. ¿Les das mesada a tus hijos? ¿Por qué? ¿Cuál es tu reacción ante las pautas que ofrece el doctor Leman para las mesadas?

7. ¿Cuándo «regañaste» a tus hijos por última vez, para que hicieran sus tareas en la casa? ¿Qué te aconsejaría el doctor Leman en este caso?

8. ¿Qué otras cosas entiendes a partir de este capítulo? ¿Qué nuevas preguntas surgen? ¿Tienes aplicaciones para tomar en consideración? Explícalo.

Capítulo 5

«Hala la alfombra para que los monstritos caigan»

✔ Repaso del capítulo

- Elige una porción de este capítulo que te haya impactado en particular. Cuéntales a los del grupo por qué «te resultó conocida».
- ¿Qué historia o experiencia te viene a la mente en relación a estos temas del capítulo: 1) *Halar la alfombra,* o 2) *Darles opciones para decidir a tus hijos?,* o 3) *Ganarse el respeto del niño?* ¡Conversen al respecto!

✔ Respuesta al texto

¿Cuál es tu reacción a las citas del texto que hay a continuación? Para cada una, indica de qué modo se aplica —o podría aplicarse— a tu situación familiar en particular. Si es posible, brinda un ejemplo a partir de tu experiencia en relación a ello.

De la página 83: A los padres les han vendido algo que no es cierto. Les han dicho que los psicólogos creen que la psiquis del niño es tan frágil que no hay que contradecir ni herir en modo alguno a los pequeños... decir que son demasiado delicados como para aprender a partir de la disciplina basada en el amor y la realidad... es una tontería.

De la página 96: Creo que el hogar debe ser el lugar donde se puedan tomar decisiones buenas o malas. Y que no puede ser el sitio donde haya un castigo cuando se toma una mala decisión. En muchísimos hogares, veo padres que hacen demasiado escándalo por poca cosa.

De la página 98: Básicamente, he estado usando todo este capítulo para demostrar algo: cualquier cosa es más fácil que la disciplina verdadera. Es mucho más sencillo ser permisivos y «dejarlo pasar». Y es mucho más fácil castigar, porque así te das el lujo de descargarte y por lo general, no hace falta hacer el seguimiento para ver si tu hijo de veras aprende algo.

✔ Para reflexionar en grupo

Conversen sobre uno o más puntos, según el tiempo del que dispongan:

1. ¿Qué significa «halar la alfombra»? ¿Has visto que da resultados en la vida real? ¿Cuándo?
2. Según el doctor Leman, ¿cuándo es adecuado o inadecuado dar una nalgada? Habla sobre la forma correcta y la incorrecta de hacerlo. ¿Qué pautas te parecen más útiles?
3. ¿Es posible «dar una nalgada con amor»?
4. De las seis formas de ayudar a tus hijos a sentir que son amados, ¿cuál esperas poder poner en práctica con mayor frecuencia o habilidad en estos días?
5. ¿Cuál es el poder que hay en darles a los chicos «el poder de decidir»? ¿De qué manera podría funcionar esto en tu familia?
6. Sugiere formas prácticas en que los padres y las madres pueden ganarse el respeto de sus hijos.
7. ¿Te gustó la historia de Todd y la cena echada a la basura? ¿Cómo funcionaría eso en tu casa? ¿Puedes sugerir más formas de tratar al chico quisquilloso con la comida?
8. ¿Es verdad, como dice el doctor Leman, que «cualquier cosa es más fácil que la disciplina real»? Explícalo.

9. ¿Qué otras cosas entiendes a partir de este capítulo? ¿Qué nuevas preguntas surgen? ¿Tienes aplicaciones para tomar en consideración? Explícalo.

Capítulo 6

Peligro... ¡superpadres trabajando!

✔ Repaso del capítulo

- Elige una porción de este capítulo que te haya impresionado en particular. Cuéntales a los del grupo por qué «te resultó conocida».

- ¿Qué historia o experiencia te viene a la mente en relación a estos temas del capítulo: 1) *Ser un superpapá o una supermamá*, o 2) *Formar una familia sana?* ¡Conversen sobre ello!

✔ Respuesta al texto

¿Cuál es tu reacción a las citas del texto que hay a continuación? Para cada una, indica de qué modo se aplica —o podría aplicarse— a tu situación familiar en particular. Si es posible, brinda un ejemplo a partir de tu experiencia en relación a ello.

De la página 111: Cada vez que me encuentro con una familia que cree tener una «oveja negra», suelo pedir una reunión con toda la familia. Es importante que vean que la mala conducta de un hijo no es problema exclusivo de ese hijo. El problema es de toda la familia. Por lo general, hay razones que motivan al chico a comportarse como lo hace, muchas veces son los miembros de su familia los que contribuyen al problema.

De la página 115: Estos superpadres y estas supermadres dependen más de sí mismos que de Dios. Hablarán de la confianza en Él, pero su estilo muestra que básicamente confían más en sí mismos. Parece gustarles el rol de juez y jurado o de enciclopedia con todas las respuestas. Se esfuerzan tanto buscando la excelencia, que sus hijos quedan congelados por miedo al fracaso.

De la página 116: No hay nada de malo en ser humanos, pero sí lo hay en ser hipócritas. Creo que cuando admito libremente ante mis hijos que solo soy humano, estoy aprovechando una oportunidad ideal para enseñarles lo que es depender de la gracia de Dios.

✔ Para reflexionar en grupo

Conversen sobre uno o más puntos, según el tiempo del que dispongan:

1. ¿Cómo describirías el síndrome de los superpadres? Relata en qué aspectos has sufrido de esta temible enfermedad.
2. Repasa los cuatro tipos de razonamientos erróneos que atrapan a los superpadres. ¿Hay alguno que te haya perseguido? ¿Qué aconseja el doctor Leman a los padres que cometen cada uno de estos errores?
3. ¿Por qué uno se siente tan tentado a tratar de «ser el dueño» de los hijos?
4. ¿Cómo habrías tratado a Ricky y a Bobby a la hora de ir a dormir? En general, ¿qué hace falta para no ser juez y jurado con los hijos?
5. El doctor Leman afirma que el fracaso es beneficioso para los niños. ¿Estás de acuerdo? Como adulto, ¿has aprendido algo importante a través de un fracaso tuyo?
6. ¿Cuáles son los resultados más probables cuando intentas tomar todas las decisiones por tus hijos? ¿Qué alternativa hay?

7. ¿Cómo reaccionaste ante la historia de Michelle, la supermamá? ¿Tienes tendencias similares, como mamá o papá? Si es así, habla acerca de cómo podrías poner en práctica «una huelga».

8. ¿Qué otras cosas entiendes a partir de este capítulo? ¿Qué nuevas preguntas surgen? ¿Tienes aplicaciones para tomar en consideración? Explícalo.

Capítulo 7

Cómo ser el mejor amigo de tu hijo

✔ Repaso del capítulo

- Elige una porción de este capítulo que te haya impactado en particular. Cuéntales a los del grupo por qué esto «te resultó conocido».

- ¿Qué historia o experiencia personal te viene a la mente en relación a este tema del capítulo: *cómo ser el mejor amigo de tu hijo*? ¡Conversen sobre ello!

✔ Respuesta al texto

¿Cuál es tu reacción a las citas del texto que hay a continuación? Para cada una, indica de qué modo se aplica —o podría aplicarse— a tu situación familiar en particular. Si es posible, brinda un ejemplo a partir de tu experiencia en relación a ello.

De la página 124: Algunos de los que se han criado en hogares autoritarios siguen siendo «buenos chicos y chicas» hasta que llegan a los últimos años de la adolescencia, o hasta que son jóvenes adultos. Entonces, se vengarán mediante la rebeldía franca, el rechazo a su fe y otras cosas más. Como consejero, he visto adultos que se rebelan mucho más tarde en la vida. Muchas de las «crisis de la mediana edad» se deben a que la mujer o el hombre en cuestión buscan resolver sus sentimientos a partir de una crianza autoritaria.

De la página 125: Al utilizar las consecuencias lógicas o naturales, tenemos que explicarles las cosas pero sin repetir todo el tiempo las reglas y sin brindar muchas advertencias, segundas oportunidades y demás. Uno de los objetivos principales es enseñarles a los hijos que en la vida real hay consecuencias reales, y que la vida no siempre nos da segundas oportunidades.

De la página 127: Nuestros hijos son muy hábiles para mantenernos a raya y hacer que nos sintamos culpables. Tienen cantidad de maneras para transmitirnos que somos nosotros los que tenemos que advertirles, recordarles, indicarles y hasta sobornarlos. ¡Y todo eso es ilógico!

✔ Para reflexionar en grupo

Conversen sobre uno o más puntos, según el tiempo del que dispongan:

1. ¿En qué momentos has podido comunicar efectivamente lo siguiente: «Te amo, pero no me gusta lo que hiciste»? ¿Por qué nos cuesta tanto hacer esto con nuestros hijos?
2. ¿Cuál es la pregunta básica que los hijos les preguntan siempre a sus padres? ¿Hasta qué punto sigues formulando esta pregunta (sea que tus padres estén vivos o no)?
3. Describe el rol del «equilibrio» en la disciplina de la realidad. Evalúa en qué punto estás ahora sobre la «línea de equilibrio» entre la crianza autoritaria y la permisiva.
4. ¿Qué significa «no recordar viejas deudas» con los hijos? ¿Puedes dar un ejemplo práctico?
5. ¿En qué aspectos usan los hijos el remordimiento como arma? ¿Qué podemos hacer cuando nos apuntan con un arma como esa? (Con referencia a la niña de nueve años que no cumple con sus tareas del hogar).
6. ¿Por qué nos cuesta tanto «dejar de ser el número uno» en la lista de popularidad de nuestros hijos, cuando nos mantenemos firmes en cuanto a la responsabilidad? ¿Qué es lo que más te ayuda cuando tu hijo o hija intenta jugar con la culpa?

7. ¿Qué otras cosas entiendes a partir de este capítulo? ¿Qué nuevas preguntas surgen? ¿Tienes aplicaciones para tomar en consideración? Explícalo.

Capítulo 8

Cuando explota el núcleo familiar

✔ Repaso del capítulo

- Elige una porción de este capítulo que te haya impresionado en particular. Cuéntales a los del grupo por qué «te resultó conocida».
- ¿Qué historia o experiencia te viene a la mente en relación a estos temas del capítulo: 1) *Ser padre soltero o madre soltera*, o 2) *El apoyo a los que crían solos a sus hijos*? ¡Conversen sobre ello!

✔ Respuesta al texto

¿Cuál es tu reacción a las citas del texto que hay a continuación? Para cada una, indica de qué modo se aplica —o podría aplicarse— a tu situación familiar en particular. Si es posible, brinda un ejemplo a partir de tu experiencia en relación a ello.

De la página 134: En los primeros dos años, el dolor surgirá y se acentuará cada tanto, tomándote por sorpresa, aunque luego, años después, caerá de visita con menos frecuencia.

En ocasiones, tus hijos estallarán de ira. Si estás allí, serás el blanco de sus ataques (así es la ira, porque no siempre elige su blanco). Hay chicos que se retraen y se niegan a demostrar lo que sienten. Otros se muestran autodestructivos. Y hay algunos que no harán nada más de lo que tienen que hacer en la escuela. Hay casos de niños que se niegan a hacer lo que les pidas.

De la página 139: Recuerda que tus hijos son chicos. Muchos de tus sentimientos son de naturaleza «adulta», complejos y conflictivos. Tus hijos no están listos para eso todavía. Podrás sentirte genial después de desahogarte con el hijo que te escucha, pero ahora es él quien carga con tus problemas, y el peso puede aplastarlo.

✔ Para reflexionar en grupo

Conversen sobre uno o más puntos, según el tiempo del que dispongan:

1. El doctor Leman afirma que quienes crían solos a sus hijos tienen que enfrentarse con la cantidad de emociones que acompaña a toda pérdida. Habla sobre la especial dinámica emocional del hogar en que un padre o una madre deben criar solos a sus hijos.
2. ¿Qué haces para cuidarte? ¿Cómo puedes darte cuenta de que no te estás cuidando lo suficiente? (Nombra algunos de tus síntomas).
3. El doctor Leman aconseja que entendamos el sufrimiento de nuestros hijos sin ser indulgentes por eso. ¿A qué se refiere, en términos prácticos?
4. Si eres madre soltera o padre soltero, ¿qué piensas sobre la idea de las «reglas de la casa»? ¿Las tienes? Si no es así, trabaja con otras personas del grupo para tratar de redactar algunas que puedas probar en el futuro.
5. ¿Qué significa eso de evitar las relaciones triangulares?
6. ¿Dónde trazar la línea entre pedir que el mayor ayude con los menores, y convertirlo en padre o madre de tus otros hijos?
7. Repasa el consejo del doctor Leman sobre la vida amorosa de quienes crían solos a sus hijos. ¿Qué es lo que te resulta más útil de sus comentarios?

8. ¿Qué otras cosas entiendes a partir de este capítulo? ¿Qué nuevas preguntas surgen? ¿Tienes aplicaciones para tomar en consideración? Explícalo.

Capítulo 9

Las familias no se funden. Chocan

✔ Repaso del capítulo

- Elige una porción de este capítulo que te haya impactado en particular. Cuéntales a los del grupo por qué «te resultó conocida».
- ¿Qué historia o experiencia te viene a la mente en relación a estos temas del capítulo: 1) *La familia combinada,* o 2) *Los conflictos de familia?* ¡Conversen sobre ello!

✔ Respuesta al texto

¿Cuál es tu reacción a las citas del texto que hay a continuación? Para cada una, indica de qué modo se aplica —o podría aplicarse— a tu situación familiar en particular. Si es posible, brinda un ejemplo a partir de tu experiencia en relación a ello.

De la página 149: Ahora, la mejor forma de recibir respeto es dándolo. A veces, hay personas que me confiesan que en realidad no sienten amor por los hijos de su cónyuge. Y les digo que está bien. Que no es obligatorio que los amen. Pero sí tienen que respetarlos porque cuando menos, son seres humanos que viven en la misma casa. Son hijos de la persona a la que aman. Tienen sentimientos, ideas, sueños y metas. Cuanto más los escuches, cuanto más honor y respeto les demuestres, más a salvo se sentirán a tu lado. Al fin y al cabo, te devolverán ese respeto.

De la página 153: He oído muchísimas veces acerca de los esfuerzos de los hijastros por sabotear este nuevo matrimonio... Hay intentos periódicos por presentar un interrogante: «¿Quién te importa más: yo o tu nueva pareja?».

Podrás pelear y ganar esas batallas, pero creo que más sabio será salirse del triángulo. Es decir, encontrar maneras visibles en las que muestres tu apoyo a la relación que tu cónyuge tiene con sus hijos o hijas. Cuando los chicos ven que no se trata de una relación en la que alguien tiene que quedar excluido, ya no tendrán tantos motivos para pelear.

✔ Para reflexionar en grupo

Conversen sobre uno o más puntos, según el tiempo del que dispongan:

1. Repasa todas las pautas del doctor Leman para las familias combinadas. Que cada uno elija una o más pautas para describirlas e ilustrarlas con ejemplos.
2. El doctor Leman dice que en las bodas se casan al menos seis personas. ¿De qué está hablando?
3. ¿Te sorprende que lleve tanto tiempo por lo general el que una familia combinada funcione como tal? En tu experiencia u observación, ¿qué es lo que hace que sea tan difícil?
4. ¿Qué significa «comparar reglamentos» en la familia combinada? ¿Qué beneficios habrá?
5. ¿Por qué debiéramos esperar que nuestros hijastros e hijastras nos respeten, pero no necesariamente nos amen?
6. ¿Qué se puede hacer para ayudar a los chicos en su duelo por el pasado que han perdido? ¿Por qué suele presentar peligros o riesgos para los adultos?
7. ¿Qué clase de «granadas» podría arrojar el ex a la nueva familia? Sugiere algunos escenarios explosivos que puedas imaginar, luego habla de las posibles respuestas y soluciones con tu grupo.

8. ¿Qué otras cosas entiendes a partir de este capítulo? ¿Qué nuevas preguntas surgen? ¿Tienes aplicaciones para tomar en consideración? Explícalo.

Capítulo 10

Cómo actuar cuando se portan mal

✔ Repaso del capítulo

- Elige una porción de este capítulo que te haya impactado en particular. Cuéntales a los del grupo por qué «te resultó conocida».
- ¿Qué historia o experiencia te viene a la mente en relación a este tema del capítulo: *cómo manejar la mala conducta de los hijos?*

✔ Respuesta al texto

¿Cuál es tu reacción a las citas del texto que hay a continuación? Para cada una, indica de qué modo se aplica —o podría aplicarse— a tu situación familiar en particular. Si es posible, brinda un ejemplo a partir de tu experiencia en relación a ello.

De la página 164: Todo padre o madre debe saber que la mayoría de los miedos que dan lugar a las pesadillas, los terrores en la noche, los pensamientos y los sentimientos anormales, es resultado directo de permitir que los pequeños vean escenas de violencia en la televisión... los padres de clase media con hijos en edad preescolar, pasan como promedio treinta y siete segundos al día con sus hijos, ¡o menos de cinco minutos a la semana!

De la página 175: Siempre que puedas intenta transmitirles a tus hijos desde temprano que todas las partes de su cuerpo son buenas, maravillosas y que se las ha dado Dios. Todo lo que somos forma parte del plan divino para nuestras vidas. Cuando tus hijos crezcan (más de seis años) podrás empezar a hablar del regalo del sexo y de cómo mamá y papá hacen los bebés.

De la página 177: [Los padres y las madres] quieren que sus hijos puedan expresar lo que sienten y defender lo suyo, pero cuando cruzan esa línea tan invisible pero real, y se vuelven insolentes, dentro del cerebro de los padres se enciende una lucecita de alarma, y una vocecita les dice: *No puedes decirme eso. ¿No sabes quién soy? ¡Soy tu madre!*

✔ Para reflexionar en grupo

Conversen sobre uno o más puntos, según el tiempo del que dispongan:

1. De las once conductas que cubrimos en este capítulo, ¿cuáles son las que hoy son más relevantes en tu situación?
2. ¿A qué se refiere el doctor Leman con «ponerte tras los ojos de tus hijos»?
3. Leman afirma que una de las mejores formas de ayudar a los chicos con sus miedos es hablándoles de tus propios temores. ¿Estás de acuerdo? Habla de los que sentías en tu niñez. ¿De qué manera respondían tus padres? ¿Qué fue lo que más te ayudó a perder esos miedos?
4. ¿Por qué pelean los hermanos y las hermanas? ¿Qué puedes decir sobre las cosas que el doctor Leman sugiere que podemos hacer para prevenirlo?
5. ¿Qué «recompensas» obtiene un chico con sus olvidos?
6. Habla de la relación especial de la madre con su hijo y del padre con su hija. ¿Cuál es la actitud crucial de los padres y las madres en esta relación?

7. ¿Qué haces cuando alguno de tus hijos «viene con cuentos» sobre su(s) hermano(s) o hermana(s)? ¿Funciona tu método? ¡Cuéntanos!

8. ¿Qué otras cosas entiendes a partir de este capítulo? ¿Qué nuevas preguntas surgen? ¿Tienes aplicaciones para tomar en consideración? Explícalo.

Capítulo 11

La batalla cotidiana

✔ Repaso del capítulo

* Elige una porción de este capítulo que te haya impresionado en particular. Cuéntales a los del grupo por qué «te resultó conocida».
* ¿Qué historia o experiencia te viene a la mente en relación a estos temas del capítulo: 1) *Las batallas diarias,* o, 2) *Estrategias para la resolución de conflictos entre los chicos?* ¡Conversen al respecto!

✔ Respuesta al texto

¿Cuál es tu reacción a las citas del texto que hay a continuación? Para cada una, indica de qué modo se aplica —o podría aplicarse— a tu situación familiar en particular. Si es posible, brinda un ejemplo a partir de tu experiencia en relación a ello.

De la página 188: Cada año vemos que suben las estadísticas de niños maltratados, secuestrados o incluso, asesinados. Es una realidad y debes tomarte el tiempo para ayudarles a entenderlo. No estás tratando de asustarlos. Más bien, les enseñas sabiduría.

De la página 195: Para que los padres puedan cumplir con su misión, tienen que entender que a los chicos les gusta pertenecer. Todos tienen dos opciones básicas: identificarse con su familia o con el grupo de pares, que son los chicos del barrio o la escuela. Ten por seguro, sin embargo, que siempre pertenecerán a algo.

De las páginas 197 a 198: No es difícil entender por qué sienten que tienen poder. Actuamos como tontos y decimos cosas tontas cuando los chicos usan la bacinilla. Es bueno reforzar el aprendizaje, pero decir: «Ahhh, ¡mira eso», o «Mira qué lindo regalo le dio Festus a mami», es exagerar las cosas. Después de todo, se trata de un acto elemental.

✔ Para reflexionar en grupo

Conversen sobre uno o más puntos, según el tiempo del que dispongan:

1. ¿Cuál es la rutina a la hora de ir a dormir en tu familia? ¿Hasta qué punto contribuye esa rutina a la intención de evitar las batallas de esa hora?
2. ¿Funcionaría en tu casa «el juego del penique»? Si alguien lo ha intentado, ¡por favor, digan cómo les fue!
3. El doctor Leman dice que no puedes obligar a nadie a que haga nada. Si es cierto, ¿cuál es la alternativa básica que ofrece la disciplina de la realidad? Por ejemplo, pensemos en el pequeño Buford, que no quiere levantarse para ir a la escuela.
4. Repasa las sugerencias con respecto a los problemas con la tarea escolar. ¿Serían potencialmente efectivas en tu hogar?
5. Responde a la sugerencia del doctor Leman de ayudar a los hijos a sentir que «pertenecen», o tienen su espacio en la familia. ¿En cuál centrarías personalmente la atención en estos días? ¿Por qué?
6. ¿Está el monstruo de la tele en tu casa? Si es así, evalúa las sugerencias que se ofrecen. ¿Tienes alguna otra idea?
7. Habla de tu mejor experiencia de viajes, y también de la peor, sea en tu familia de ahora, o en tu familia de origen durante tu niñez. ¿Qué es lo mejor para mantener a raya a los «terrores del camino»?

8. ¿Qué otras cosas entiendes a partir de este capítulo? ¿Qué nuevas preguntas surgen? ¿Tienes aplicaciones para tomar en consideración? Explícalo.

Capítulo 12

Cómo ganar

✔ Repaso del capítulo

- Elige una porción de este capítulo que te haya impresionado en particular. Cuéntales a los del grupo por qué «te resultó conocida».
- ¿Qué historia o experiencia te viene a la mente en relación a este tema del capítulo: *estrategias para aplicar la disciplina de la realidad con los hijos*? ¡Conversen sobre ello!

✔ Respuesta al texto

¿Cuál es tu reacción a las citas del texto que hay a continuación? Para cada una, indica de qué modo se aplica —o podría aplicarse— a tu situación familiar en particular. Si es posible, brinda un ejemplo a partir de tu experiencia en relación a ello.

De la página 207: Al cultivar la capacidad de escuchar activamente, darás menos sermones y brindarás menos respuestas correctas. Te resistirás a la tentación de tratar de resolver enseguida todos los problemas en la vida de tu hijo. Y te dedicarás más a hacerle saber que entiendes cómo se siente y que te importan sus sentimientos.

De la página 210: Nunca aceptes excusas. Cuando empiezas a aceptar las excusas de tus hijos, en realidad los tientas a señalar siempre a alguien o algo más. Les estás alentando a culpar a otros, sin asumir sus propias responsabilidades.

De la página 213: Recuerda que los resultados no siempre son evidentes a corto plazo. Criar hijos es una tarea a largo plazo. Una inversión de largo alcance. Si tu hijo no siempre responde a las técnicas de la disciplina de la realidad, no bajes los brazos. Vas a disciplinar a tu hijo, de una forma u otra, más allá de los resultados, y bien podrás hacerlo utilizando un sistema basado en las Escrituras (Efesios 6:4) que rendirá frutos a largo plazo.

✔ Para reflexionar en grupo

Conversen sobre uno o más puntos, según el tiempo del que dispongan:

1. Ante un problema, los dos primeros pasos son: escuchar y responder a los sentimientos. ¿Qué tan bien logras hacer estas dos cosas? ¿Puedes relatar un incidente reciente?
2. ¿Por qué es importante distinguir entre el enojo con tu hijo y el que te produjo lo que hizo? ¿Qué papel juegan las afirmaciones del tipo «yo» y «tú», en este contexto?
3. ¿Cuáles son algunas de las diferencias más importantes entre el elogio a los hijos y estimularlos? ¿Por qué podría ser desalentador el elogio?
4. ¿Qué tan fácil o tan difícil es para ti decirle: «Te amo» a tu(s) hijo(s)? ¿A tu cónyuge? ¿A ti mismo?
5. El doctor Leman declara que la disciplina de la realidad es una espada de dos filos. ¿A qué se refiere? ¿Cuál es el papel del amor?
6. Repasa las pautas del «tiempo afuera», y evalúa cómo las aplicarías con tus hijos. En tu opinión, ¿cuáles son los pro y los contra?
7. ¿Qué otras cosas entiendes a partir de este capítulo? ¿Qué nuevas preguntas surgen? ¿Tienes aplicaciones para tomar en consideración? Explícalo.

Como fundador de matchwise.com, el internacionalmente reconocido psicólogo cristiano, premiado autor y disertante, doctor **Kevin Leman,** es a la vez una figura de radio y televisión que ha ministrado y ayudado con humor a audiencias del mundo entero, con su ingenio y su psicología del sentido común.

El doctor Kevin Leman, autor de éxitos de librería, también ha visitado junto al doctor James Dobson, de Enfoque a la familia, numerosos programas de radio y televisión como *Oprah, American Morning, The Early Show de la CBS, Today* y *The View.* El doctor Leman ha sido también psicólogo familiar para *Good Morning America.*

Es fundador y presidente de *Couples of Promise,* una organización creada y comprometida con el propósito de ayudar a los matrimonios a permanecer felizmente casados.

Como profesional, el doctor Leman es miembro de la Asociación de Psicólogos de los Estados Unidos, la Federación Norteamericana de Artistas de Radio y Televisión, el Registro Nacional de Profesionales de la Salud en Psicología y la Sociedad Estadounidense de Psicología Adleriana.

El doctor Leman asistió al Colegio Preuniversitario de North Park y se graduó en la Universidad de Arizona, donde luego obtuvo su diploma de maestría y doctorado. Es originario de Williamsville, Nueva York. Él y su esposa Sande, viven en Tucson. Tienen cinco hijos y un nieto.

Otros libros del Dr. Kevin Leman

My Firstborn, There's No One Like You
My Middle Child, There's No One Like You
My Youngest, There's No One Like You
My Only Child, There's No One Like You (forthcoming)
The Birth Order BookFirst Time Mom
A Chicken's Guide to Talking Turkey to Your Kids about Sex
The Way of the Shepherd
The Perfect Match
The Real YouSheet Music
Ten Secrets to Raising Sensible, Successful Kids
When Your Best Isn't Good Enough
Running the Rapids
Say Good-bye to Stress
Keeping Your Family Strong in a World Gone Wrong
What a Difference a Daddy Makes
Making Sense of the Men in Your Life
Sex Begins in the Kitchen
Becoming a Couple of Promise
Women Who Try Too Hard
Becoming the Parent God Wants You to Be
Winning the Rat Race without Becoming a Rat
Living in a Stepfamily without Getting Stepped On
Bringing Up Kids without Tearing Them Down
Unlocking the Secrets of Your Childhood Memories

Libros para adultos (en español)
Mamá por primera vez
En tiempos difíciles mantenga unida a su familia
Guía fácil para padres cobardes que quieren hablar
  sinceramente de sexo con sus hijos
Obtenga lo mejor de sus hijos
Para niños, con Kevin Leman II

Recursos por el Dr. Kevin Leman

Para más información en cuanto a la disponibilidad para conferencias, consultas para empresas o seminarios, en inglés, por favor contacta al doctor Leman:

Doctor Kevin Leman
P. O. Box 35370
Tucson, AZ 85740
Phone: (520) 797-3830
Fax: (520) 797-3809
Website: www.lemanbooksandvideos.com